Generative AI
in Legal Practice

Theoretical Overview
and Compliance Framework

生成式
人工智能法律
实务

理论概览与合规要点

张 欣 主编

陈 晨
王新锐 副主编
吴 涵

中国法治出版社
CHINA LEGAL PUBLISHING HOUSE

本书是北京市社会科学基金重点项目"大国竞争背景下通用人工智能的创新治理研究"(项目号24DTR048)的阶段性成果

前　言

在科技演进的长河中，总有一些里程碑式的节点，不仅重新定义了技术的疆界，更深刻地重塑了人类与世界互动的范式，并对现有的社会结构、伦理规范及法律体系带来了深远的机遇与挑战。2022年，以ChatGPT为代表的大型语言模型横空出世，其所展现出的颠覆性交互与内容生成能力，犹如平地惊雷，宣告了生成式人工智能时代的到来。这场由生成式人工智能驱动的技术浪潮，迅速从实验室走向公众，在全球范围内点燃了对人工智能及其未来的无尽想象与热烈讨论，清晰预示着一场堪比工业革命与信息革命的深刻变革正在加速降临。生成式人工智能，正以其前所未有的力量，叩响着一个全新时代的大门。

正当ChatGPT引发的技术浪潮席卷全球、其深远影响尚在持续发酵之际，人工智能技术演进的历史脚步却从未有片刻停歇，生成式人工智能领域不断涌现出具有理论突破性与实践创新性的新兴力量。我国的人工智能初创企业深度求索（DeepSeek）的技术突破具有重要战略意义。其相继推出的DeepSeek-R1和DeepSeek V3模型，成功在降低算力依赖的同时保持了卓越性能，实现了效能与成本的优化平衡。其在代码生成、深度推理、乃至模型开源策略等方面所展现的特色与突破，进一步印证了生成式人工智能技术的蓬勃生命力与无限可能，为全球生成式人工智能的技术发展注入了东方智慧，彰显了技术创新道路的多样性与包容性。

如果说ChatGPT的出现点燃了生成式人工智能的引线，掀起了第一波全球性的关注与应用探索热潮，那么DeepSeek等后续优秀模型的涌现，便象征着这场技术革命正加速向纵深发展。这些新一代模型不再局限于追求"无所不能"的通用性，而是日益聚焦于特定应用场景进行深度优化，致力于实现更高的运行效率、更优的成本效益、更精深的专业能力以及更灵活的部署选项。这种向纵深发展的趋势，一方面显著拓宽了生成式人工智能技术的应用版图，使其影响力迅速超越最初的猎奇体验和内容辅助创作阶段，加速渗透至软件开发、科学研究、金融分析、教育医疗等关系国计民生的核心生产力领域；另一方面也驱动着围绕生成式人工智能的产业生态系统日趋复杂和繁荣。参与主体不再局限于少数科技巨头，更多元化的创新力量，包括活跃的开源社区以及不同规模和背景的科技企业，都在积极投身其中，共同塑造着这一新兴领域的发展格局与未来走向。

技术演进的加速与应用场景的深化，如同硬币的两面，在释放技术前所未有的创新潜能之时，也折射出复杂的法律风险与伦理挑战，将合规问题推至人工智能治理的前沿领域。当以DeepSeek为代表的生成式人工智能模型以超越传统认知的效率生成代码、构建文本、创作艺术作品时，一系列具有挑战性的法律问题随之浮现：首先，是数据获取合法性边界与知识产权法律框架的调适问题。生成式人工智能的核心能力植根于对海量数据的深度学习与特征提取，这些训练数据不可避免地涵盖了受著作权法保护的作品、个人信息保护法规制的事关个体隐私的数据乃至商业秘密视域下的专有知识。模型训练过程是否构成对原作品的"合理使用"仍然存在争议；模型生成内容的权利归属如何在人类创作者、模型开发者与最终用户之间进行合理配置，尚缺乏系统性的规范依据；当模型输出与既有作品呈现高度相似性时，侵权认定的构成要件与责任阈值如何科学设定，亟待"规范性重构"。其次，是内容生成与责任体系的模糊地带。人工智能生成内容可能包含事实偏差、认知偏见、侵犯人格权的表述，甚至被恶意引导用于网络攻击、诈骗等违法活动。当算法逻辑取代部分人类判断，成为信息生产的关键源头，内容的真实性、准确性与合法性责任如何在多层次且复杂的产业链条中进行合理分配？传统的法律责任体系如何适应这一技术变革？责任主体的认定与归责原则的构建，均需要法律理论的创新突破与实务经验的系统总结。最后，是企业技术创新与法律合规的辩证关系。生成式人工智能的发展速度远超传统法律的演进周期，催生治理滞后与技术失控的潜在风险。生成式人工智能的竞争本质上是技术创新、产品应用、人才储备与制度建设的系统性竞争。我国科技企业的合规能力不仅关乎产品开发的源头治理效能，更为负责任的人工智能创新提供了落地机制。生成式人工智能的出现，使得企业合规管理呈现出前所未有的复杂性与重要性，也内含对科技企业的法律合规体系具备更高的适应性、前瞻性与实践操作性的系统要求。

在生成式人工智能时代，上述治理挑战的有效解决，将成为决定生成式人工智能健康发展的关键变量。正是在这样波澜壮阔而又颇具挑战的时代背景下，在以 DeepSeek 为代表的生成式人工智能技术持续深化、应用场景日益广泛而法律合规挑战日益凸显的关键节点上，本书应运而生。本书的撰写，旨在回应当前社会各界对于理解和应对生成式人工智能法律风险的迫切需求，为在汹涌浪潮中航行的科技企业、产品开发者、法律从业者以及研究人员提供一个清晰、系统、实用的合规框架。

本书的贡献，不仅在于对生成式人工智能法律议题的系统性梳理与理论化解读，亦在于其对法律规范体系与技术发展动态互动关系的深度剖析。本书以生成式人工智能全生命周期为视角，涵盖了从产品准备阶段到训练过程阶段，以及内容输出阶段的各个关键合规节点。此外，本书就生成式人工智能的基准和评估，以及生成式人工智能部署环节的合规以及域外合规动态也进行了系统梳理，力求做到理论与实务的紧密结合。我们深知，面对日新月异的技术和尚在形成中的法律规则，空泛的理论探讨难以满足合规实践的迫切需求。因此，本书在阐释基本合规原理的同时，还侧重于提炼合规要点，探讨风险评估与合规管理策略，并尝试提出具有可操作性的解决方案。我们希望通过"理论深度"与"实务精度"的双重打磨，为读者构建一个既能理解"为什么"，又能知道"怎么办"的知识体系。

在形成本书的编撰构想后，我们深感荣幸能够与中国法治出版社建立出版合作关系，由此得以邀请来自法律实务领域的一线资深专家共同探索生成式人工智能合规治理的理论基础与实践路径。本书编者群体长期耕耘于人工智能产业界与法律实务领域的前沿地带，既深度参与人工智能企业内部合规体系的构建与实施，又持续关注人工智能法律政策研究的前沿动态，具备理论研究与实践经验的双重背景。我们期冀本书能够为人工智能领域的理论研究者与法律实务工作者提供一个理解生成式人工智能产业发展与合规治理的系统性知识框架，为其把握技术演进趋势与规范生态演化提供多维度的分析视角与合规指引。在此，谨向参与本书编写的世辉律师事务所王新锐律师团队的冯博林、李慧、梁钊、罗雨、臧翌晗、朱赞、刘洋、夏文燕、鄢布凡、余扬横波、刘雨薇、陈思行、刘冉、杨葳葳、王靓迪、杨芷瑶、陈缘、张旖琳、江婷婷律师，金杜律师事务所吴涵律师团队的张浣然、刘畅、罗嗣昊、高彤悦、陈琳珺、吴舸、吴仁浩、王储、董方倩、刘阳律师以及某互联网公司法律研究中心陈晨老师团队的李轶夫、董昱诚表谢意。值得特别致谢的是，植德律师事务所合伙人时萧楠律师基于其丰富的在日法律实务经验，为本书提供了关于日本人工智能规制体系的第一手资料与合规要点分析。上海君伦律师事务所高级合伙人、副主任金昌华律师就韩国人工智能立法的最新发展态势提供了详实的制度梳理，虽因篇幅所限未能全部收录于本书定稿，但其学术贡献仍值得特别感谢。与此同时，我们向中国法治出版社的程思老师、于昆老师致以诚挚谢意。本书的筹备、编辑与出版凝聚了他们的心血和智慧。他们的专业和严谨为本书的顺利出版提供了坚实保障。

面对生成式人工智能合规这一崭新课题，我们期望本书能提供一个可靠的思考支点，引发更多有价值的讨论与实践。对于科技企业而言，它可以作为构建内部合规体系、评估产品风险、制定发展战略的一个基础参考;对于法律专业人士而言,它可以提供理解新兴技术法律问题的系统框架和实务工具;对于技术开发者而言,它可以帮助其在创新过程中更好地融入法律与伦理考量,实现"负责任的创新";对于政策制定者和研究者而言,它可以为完善相关法律法规、推动人工智能治理提供一些有益的借鉴。

  科技向善,法治护航。愿本书能襄助各位读者朋友在这场颠覆性的技术变革中找到合规的航标,行稳致远。

张　欣

2025年8月于惠园

目录

第一编 生成式人工智能的技术机理与产业发展

第一章 生成式人工智能的前世今生 / 003

一、生成式人工智能与人工智能生成内容的定义 / 003

二、生成式人工智能的发展历程 / 005

（一）前深度学习时代（20世纪50年代—20世纪80年代）/ 006

（二）深度学习时代（20世纪80年代至今）/ 006

三、生成式人工智能的技术原理 / 008

（一）芯片层 / 009

（二）深度学习框架层 / 010

（三）模型层 / 011

（四）应用层 / 012

四、生成式大模型的技术特点 / 014

（一）生成式大模型以海量数据为学习基础 / 014

（二）生成式大模型以深度神经网络为学习架构 / 016

（三）人类可以对大模型进行一定程度的干预 / 017

（四）生成式大模型是基于概率预测生成内容 / 018

五、生成式人工智能的应用 / 019
　　（一）从一个例子看人工智能在应用中发挥的重要作用 / 019
　　（二）从应用场景看人工智能原生应用 / 021
　　（三）从投融资角度看人工智能原生应用 / 023

六、AIGC产业发展情况和展望 / 024
　　（一）MaaS打造AIGC新业态 / 026
　　（二）AIGC应用从to-B和to-C两端构建生态 / 027
　　（三）聊天机器人应用场景多样化 / 027
　　（四）多模态、跨模态 / 028
　　（五）AI Agent（智能体）将获得更广阔的角色价值与发展空间 / 028

第二章　生成式人工智能的风险 / 029

一、硬件层：人工智能芯片短缺风险 / 029

二、数据层 / 031
　　（一）数据质量风险 / 032
　　（二）数据安全风险 / 035
　　（三）使用版权数据做预训练的侵权风险 / 037
　　（四）数据爬取导致的不正当竞争风险 / 040
　　（五）数据孤岛与数据交易不足风险 / 041

三、算法层 / 043
　　（一）算法安全风险 / 048
　　（二）算法公平风险 / 050
　　（三）算法透明度风险 / 052
　　（四）算法归责风险 / 054

四、应用层 / 055
　　（一）内容安全风险 / 055
　　（二）著作权法律风险 / 058

目 录

（三）新型不正当竞争和垄断风险 / 061

（四）侵犯人格权、肖像权等风险 / 063

（五）伦理风险 / 065

第二编　生成式人工智能技术和产品合规要点

第三章　生成式人工智能产品准备阶段的合规要点 / 073

一、训练数据集合规要点 / 073

（一）数据来源合规 / 073

（二）数据集的预处理工作 / 091

（三）数据安全 / 099

二、算法/模型合规要点 / 104

（一）准入类资质 / 104

（二）算法备案 / 110

（三）算法机制机理审核研究 / 117

（四）安全评估 / 125

（五）科技伦理审查 / 131

第四章　生成式人工智能模型训练阶段的合规要点 / 138

一、训练阶段 / 138

（一）预训练 / 139

（二）优化训练 / 141

二、训练阶段的合规要点 / 146

（一）采取完善的数据治理措施 / 147

（二）编制技术文件 / 148

（三）日志记录和保存义务 / 148
（四）解释说明的义务 / 149
（五）管理优化训练中的标注人员 / 149
（六）模型的安全性测评 / 150

三、内容输出阶段 / 151

（一）知识产权合规要点 / 151
（二）信息发布审核 / 153
（三）平台内容管理 / 154
（四）标识要求 / 156
（五）协助监管 / 158
（六）生态治理 / 158

第五章　生成式人工智能的基准和评估 / 161

一、安全性评估标准 / 161

（一）评估"模型欺骗"或"模型出逃"的风险 / 161
（二）评估被"滥用"的风险 / 164
（三）安全评估的方法及要求 / 165

二、合规评估标准 / 167

（一）算法备案的合规标准 / 167
（二）欧盟"高风险人工智能系统"的合规标准 / 171

第六章　生成式人工智能部署环节的合规 / 180

一、大模型垂直部署 / 180

（一）保证数据质量的义务 / 180
（二）全周期的内容评估义务 / 181
（三）大模型开发者的提示义务 / 181

目 录

二、基于API调用的部署 / 182

（一）开源合规 / 184

（二）数据合规 / 185

（三）安全评估和算法合规 / 188

（四）内容合规 / 189

三、基于插件模式的部署 / 190

（一）插件模式下反馈信息的合规问题 / 190

（二）生成式人工智能基于插件模式调用第三方程序合规问题 / 193

四、"一站式"大模型集成平台 / 195

（一）内容管理 / 195

（二）用户管理 / 196

（三）应急处理 / 199

第三编　生成式人工智能域外合规要览

第七章　欧盟生成式人工智能合规框架 / 206

一、欧盟生成式人工智能合规监管体系概述 / 206

（一）欧盟生成式人工智能技术产业现状 / 206

（二）欧盟生成式人工智能治理的基本原则 / 209

（三）主要监管部门及职责 / 212

二、主要规定与历史沿革 / 216

（一）监管法律及其历史沿革 / 216

（二）主要监管及激励措施 / 218

三、合规要点 / 221

（一）高风险人工智能系统的合规要求 / 221

（二）有限风险人工智能系统的合规要求 / 233
（三）通用人工智能模型提供者的合规要求 / 235

第八章　美国生成式人工智能合规框架 / 237

一、美国生成式人工智能合规监管体系概述 / 237
（一）美国生成式人工智能治理的基本原则 / 237
（二）主要治理主体及职责 / 241

二、主要规定与历史沿革 / 251
（一）美国生成式人工智能联邦监管立法及政策概述 / 251
（二）《人工智能基础模型透明法案》重点制度框架 / 254

三、合规要点 / 256
（一）生成式人工智能大模型训练数据合规 / 256
（二）知识产权保护合规 / 259
（三）产品准入及前置程序合规 / 263
（四）内容安全及伦理安全 / 265

第九章　英国生成式人工智能合规框架 / 267

一、英国生成式人工智能合规监管体系概述 / 267
（一）英国生成式人工智能治理的基本原则 / 267
（二）主要监管部门及职责 / 268
（三）监管框架思路、依据、风险 / 269

二、主要规定与历史沿革 / 271
（一）《国家人工智能战略》提出的未来立法监管规划 / 271
（二）英国生成式人工智能监管规则概览 / 274

三、英国治理体系特征 / 276
（一）秉承去中心化监管理念，以行业自主治理为主 / 276
（二）重点行业治理特点与制度 / 279

四、合规要点 / 283

    （一）确定适用的人工智能监管规范与范围 / 283

    （二）追踪主管行业立法与监管措施 / 285

    （三）关注持续性合规义务与成本 / 285

    （四）关注人工智能训练数据的版权合规 / 286

第十章　日本生成式人工智能合规框架 / 288

一、日本生成式人工智能合规监管体系概述 / 288

    （一）日本生成式人工智能治理的基本原则 / 288

    （二）主要治理主体以及职责 / 289

二、主要法律规定与监管文件 / 290

    （一）《日本AI法》/ 290

    （二）日本生成式人工智能治理的现有法律适用 / 291

    （三）日本生成式人工智能现有监管体系 / 292

第一编

生成式人工智能的技术机理与产业发展

第一章 | 生成式人工智能的前世今生

一、生成式人工智能与人工智能生成内容的定义

如同20世纪初的电气化、内燃机等通用技术一样，通用人工智能（Artificial General Intelligence，AGI）必将改变未来的世界，而人们普遍认为，生成式人工智能（Generative Artificial Intelligence，GAI）正是打开通用人工智能之门的那把钥匙。2022年至今，随着ChatGPT、StableDiffusion、MidJourney等新型生成式人工智能技术与应用的诞生，国内以百度、阿里为首的互联网"大厂"的迅速跟进，人工智能一夜之间由1.0时代迈进了2.0时代，而人工智能生成内容（Artificial Intelligence Generated Content，AIGC）这个概念不断激发着社会公众和产业界新的兴趣，也引起了各国政府主管部门的关注和重视。

与很多术语一样，人们从多重维度为AIGC赋予了多种定义，如麦肯锡（Mckinsey & Company）从使用体验角度将其定义为"生成式人工智能旨在通过以一种接近人类行为,（与人类）进行交互式协作"[①]；加特纳（Gartner）从技术进步角度将其定义为"生成式人工智能是一种颠覆性的技术，它可以生成以前依赖于人类的工件，在没有人类经验和思维过程偏见的情况下提供

[①] *What is Generative AI?*, McKinsey & Company (Apr 2, 2024), https://www.mckinsey.com/featured-insights/mckinsey-explainers/what-is-generative-ai.（参见麦肯锡官网上的"什么是生成式人工智能"，2025年2月5日访问）

创新的结果"[1]等。然而，在"Artificial Intelligence Generated Content"这四个单词中，法律工作者最关注的词汇则是这个词组的中心词，即"Content（内容）"。可以说，AIGC的法律合规实务就是要解决人工智能（Artificial Intelligence，AI）生成的内容本身及其生成技术、生成过程所触及和引发的各类法律问题。因此，结合百度、阿里、科大讯飞等AIGC头部企业[2]，信通院等权威研究机构[3]对AIGC的相关表述，本书将AIGC定义为：人工智能按照人类的输入要求自动生成的内容。这一定义首先符合AIGC的字面本意，其次符合当前AIGC的内容生产范式，最重要的是能够从根本上明晰本书后续部分即将讨论的法律实务中涉及的边界性问题。值得注意的是，由于本书非技术性文献，术语可能存在不严谨之处，为方便读者理解，本书所述的"生成式大模型""生成式语言大模型""大模型"均等同于"生成式人工智能"。

实际上，自人工智能进入深度学习时代以来，神经网络已经逐步发展成为可以"拟合一切"的信息技术。AIGC萌芽于深度学习土壤之上，成果于生成式人工智能成熟之时，在其产生过程中，人工智能遵循人类的指令，从其压缩的知识中大规模自动搜索可能的组合，并可以极高的效率找到最优或有创新潜力的新组合。重组增长理论认为[4]，技术与创意的重组可以将现有想法和技术进行新的组合和应用，而不是依靠从零创造新想法，跨领域、跨行业的融合又会推动更多领域的融合创新，加速知识的流通和扩散，而知识的流通和扩散正是增长产生的关键因素，因此这种重组式创新会产生强烈

---

[1] Gartner, *What Is Artificial Intelligence?*, https://www.gartner.com/en/topics/artificial-intelligence.（参见加特纳官网上的"什么是人工智能"，2025年2月5日访问）

[2]《600年传世名画"重生"，李彦宏定义AIGC》，载百家号"36氪"2022年7月21日，https://baijiahao.baidu.com/s?id=1738947073742656786&wfr=spider&for=pc，2025年6月9日访问。

[3] 参见《人工智能生成内容（AIGC）白皮书（2022年）》，载信通院官网，http://www.caict.ac.cn/kxyj/qwfb/bps/202209/t20220902_408420.html，2025年2月25日访问。

[4] Martin L. Weitzman, *Recombinant growth*, The Quarterly Journal of Economics, 113.2: 331–360 (1998).（参见《经济学季刊》"重组增长"，第113卷第2期，第331—360页）

的协同效应和网络效应，带来指数级的增长。目前的AIGC在ChatGPT诞生以前就已经悄然向各生产领域渗透，并在文本、图像、音频、视频、程序代码、科研内容（如蛋白质结构）、多模态（模态间组合搭配、混合生成，如文生图、图生视频等）等多条赛道上展现实力或取得了显著的成果。可以说，AIGC是人工智能技术发展带来的丰硕成果，它正在也将要重塑人类社会内容产生方式，创造大量的市场机会并带来增长。互联网将从专业人员生产的内容（Professional Generated Content，PGC）到用户生产的内容（User Generated Content，UGC），最终走向AIGC，它不仅会提升内容生产的效率，也会创造出有独特价值和独立视角的内容。

二、生成式人工智能的发展历程

创造力长期以来被视作人区别于机器乃至大多数动物的一项重要能力，因此，教会计算机创作是人工智能界一直以来的一项重大目标。1950年，英国科学家艾伦·图灵在其重要论文《Computing Machinery and Intelligence（计算机与智能）》[①]中提出了判断机器是否能够思考的著名试验，即图灵测试。在这项测试的设定中，图灵认为，会思考的机器应该能生成关于人类测试者聊天问题的回答，并可以在另一位人类受测者的百般干扰下，成功让测试者无法区分哪一位才是真正的人类。图灵测试的这一目标引领了自1957年达特茅斯会议至今人工智能界探索的脚步。回顾人工智能多年来起起伏伏的发展历程，最重要的分水岭是辛顿（Geoffrey Hinton）等专家在20世纪80年代逐步探索并发展起来的深度学习。可以说，当今人工智能领域的主要技术成果都是基于深度学习技术的。了解人工智能，必须了解人工智能的发展历史，

---

① 在20世纪50年代，电子计算机还没有发明，但是图灵计算理论已经发明了。在当时人们心目中的"计算机"可能是一种机械，因此叫Computing Machinery，而Computer当时指的是从事手工计算职业的人员。

本节将重点梳理深度学习出现前后AIGC发展的主要历程。

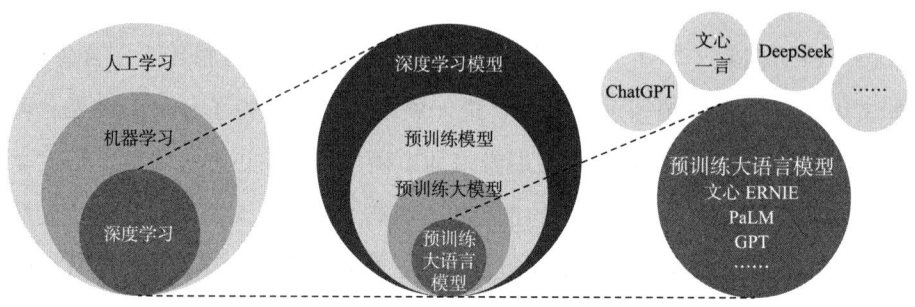

图1 从人工智能到大语言模型

（一）前深度学习时代（20世纪50年代—20世纪80年代）

在这个时代，以马文·明斯基（Marvin Minsky）、赫伯特·西蒙（Herbert Simon）、纽厄尔（Allen Newell）等为代表的早期理性主义人工智能学者，提倡研究"命题逻辑、谓词逻辑"等知识表达，以及启发式搜索算法。在此同期，机器学习、第一代神经网络"感知机"等新的路线，刚刚显露头角就面临被彻底否定的尴尬局面。1969年，计算机科学家马克·米尔（Marvin Minsky）和西摩·帕帕特（Seymour Papert）发表了一本名为《感知机》的书，指出线性感知机功能有限，甚至不能解决简单的异或（Exclusive OR，XOR）问题。受此批判影响，整个20世纪70年代的神经网络研究进入了低谷期。其后，人工智能研究又因无法很好地解决各类实际问题，而陷入缺乏资源投入的窘境。这个时代的AIGC限于当时的技术水平，内容都较为简单，应用场景也非常局限。

（二）深度学习时代（20世纪80年代至今）

深度学习是机器学习的一种形式，其主要特征是通过深层神经网络学习样本数据的内在规律和表示层次，从而使计算机获得像人一样分析学习的能力。深度学习在搜索技术、数据挖掘、机器学习、机器翻译、自然语言处理、多媒体学习、语音、推荐和个性化技术以及其他相关领域都取得了很多成果，远远超过了先前相关技术，是目前实用人工智能领域最重要的理论基础。

在深度学习出现以前，人工智能技术先后遭遇两次寒冬。很大一部分原因，是理性主义人工智能会遭遇逻辑爆炸、脱离实际的问题。比如，乔姆斯基（Avram Chomsky）提出的"中心嵌套（Chomsky hierarchy）"理论就认为，人类自然语言逻辑不收敛，因此无法用有限状态机（图灵机）有效处理，有限状态机就像一个只能记住几个固定步骤的自动售货机，而自然语言中的复杂句子就像俄罗斯套娃，自动售货机无法有效处理套娃的拆分工作。如果从这个角度出发，人工智能技术似乎既无法最终实现，也难以完成现实任务，而这显然不符合人类对客观自然的基本认知和判断。

既然此路不通，人们又把眼光投向了另一条路线，即"机器学习""神经网络"技术路线，正是这次思想转变使得人工智能技术在今天开花结果。机器学习概念起源于1952年，当时塞缪尔（Arthur Samuel）通过一款西洋跳棋程序提出了"在不直接针对问题进行明确编程的情况下，通过赋予计算机学习能力解决问题"的机器学习理论。神经网络概念起源于1957年，当时罗森布拉特（Frank Rosenblatt）模仿人类神经元工作原理发明了单层的第一代神经网络"感知器"及其训练方法，可以解决线性二分问题，即对具备不同特点的样本实施分类。1986年，辛顿（Geoffrey Hinton）从芬兰科学家林纳因玛（Seppo Linnainmaa）的自动差分中获得灵感，提出了（在训练过程中对模型参数的修正量）反向传播（Back Propagation）方法[1]，实现了多层感知机，解决了初版感知机无法解决连通性问题（平面上字母X斜边两对定点

---

[1] Rumelhart, D., Hinton, G. & Williams, R., *Learning representations by back-propagating errors*, Nature 323, 533–536 (1986), https://www.nature.com/articles/323533a0.（参见自然杂志官网上的"通过反向传播误差学习表征"，2025年2月5日访问）

的切分问题）和异或问题（负负得正、敌人的敌人是朋友）。2006年，辛顿又从统计力学的玻尔兹曼分布（Boltzmann Distribution，冶金淬火问题）理论中取经，提出了受限玻尔兹曼机，解决了多层神经网络训练过程中，参数稳定全局最优的问题。2012年，辛顿等人提出的AlexNet[①]夺取了ImageNet[②]大规模视觉识别挑战赛（ImageNet Large Scale Visual Recognition Challenge，ILSVRC）的冠军，且远远领先第二名，这一成绩被誉为是深度学习的第一个显著成果，同时验证了图形处理单元即显卡（Graphic Processing Unit，GPU）加速在人工智能领域的重要作用。

自20世纪80年代至今，深度学习从萌芽到繁荣发展的同时，神经网络技术也取得了长足进步，先后出现了适合处理二维信号的卷积神经网络（Convolutional Neural Networks，CNN）、适合处理自然语言的循环神经网络（Recurrent Neural Network，RNN）、长短期记忆网络（Long Short-Term Memory，LSTM）以及Transformer[③]等。这些神经网络与深度学习思想相结合，就形成了各类人工智能"大模型"。

三、生成式人工智能的技术原理

深度学习时代的人工智能技术利用深层次神经网络，在海量的样本数据上实施训练，从而可以将蕴含于样本中的知识压缩（训练）并推导出来完成相应的任务（推理）。计算机获取知识并完成任务范式的改变，推动了技术栈的变化，从信息化时代的三层，即芯片层、操作系统层和应用层向人工智

---

① 2012年由辛顿及其学生阿莱克斯设立的卷积神经网络模型。
② ImageNet项目是一个用于视觉对象识别软件研究的大型可视化数据库，该项目每年举办一次软件比赛，即ImageNet大规模视觉识别挑战赛。
③ Transformer是一种基于自注意力机制的深度学习模型，用于自然语言处理任务，最初由谷歌的研究团队在2017年提出。

能时代的四层,即芯片层、深度学习框架层、模型层和应用层演变。

技术研发范式的转变使得经济实力强、技术布局全面的互联网企业与高校、科研机构和小型创业企业齐头并进,成为深度学习人工智能时代的创新主体。2015年后,人工智能领域几乎所有的显著创新都是由企业参与孵化的,而互联网公司参与得更为深入。这是因为:首先,互联网公司可以应用海量的自有数据实施模型训练,而其他类型的机构在数据方面处于劣势;其次,巨量的运算资源消耗意味着在计算集群搭建、运维乃至能源消耗方面的巨额开销,只有大型科技企业才有可能做到长期坚持投入;最后,大数据、大算力意味着高度的工程化,这就需要在芯片、深度学习框架、模型和应用四层之间实施联合调试和调优,形成层与层之间的反馈,端到端之间的优化。目前,人工智能技术前沿的明星机构或创新联合体都满足上述条件,如OpenAI[①]在成立之初获得了芯片企业英伟达的大力支持,2018年以后又获得了微软在云计算方面的大力支持,因此,OpenAI才能在2022年先后发布众多"爆款"产品。百度在芯片层有自研人工智能训推一体芯片昆仑芯,在深度学习框架层有自研开源开放平台飞桨(PaddlePaddle),在模型层有文心系列大模型,在应用层又推出"文心一言",目前正在用生成式人工智能技术重构自身全部产品线,力图"生成未来"。2024年底,DeepSeek横空出世,打破了人工智能产业长期由大型科技企业引领的状态,初创企业开始崭露头角,人工智能产业迎来了最大的变局。

(一)芯片层

深度学习技术之所以需要强大的算力,是因为它要从大量数据中揭示图像、语言等复杂信号的底层规律。在20世纪90年代,随着计算机技术的进

---

① OpenAI是一家开放人工智能研究和部署公司,创立于2015年12月,总部位于美国旧金山。

步,电子游戏越来越受欢迎,人们期待游戏能呈现出逼真的虚拟世界并实时与玩家互动。为了实现这一效果,计算机需要持续渲染物体在不同光线下的外观,这涉及大量的像素数据运算。这类运算主要是矩阵运算,虽然简单但是计算量大,且技术上对实时性运算的要求非常高,原有的CPU已经无法满足这样的技术要求。因此,市场上逐渐出现了专为图形加速而设计的GPU。有趣的是,人工智能深度学习与GPU的兴起几乎同时发生,而且深度学习的计算方式与图形渲染非常相似。因此,GPU很快被深度学习领域所采纳。2012年,深度学习结合GPU的方案在图像识别大赛中大放异彩,确立了GPU在深度学习中的重要地位。

如今,随着深度学习技术的不断成熟和应用的普及,人工智能产业对算力的需求急剧增加。预计2024年,算力短缺问题将更加严重。人工智能对芯片的需求迅速推动了高端GPU的发展,以支持更大规模的模型训练和推理。同时,市场上还出现了专为深度学习优化的智算芯片和现场可编程门阵列(Field Programmable Gate Array,FPGA)加速方案。全球科技巨头如英伟达、英特尔、超微器件公司(Advanced Micro Devices,AMD)、谷歌等都在积极投入智算芯片的研发。国内人工智能龙头企业如百度、阿里等,也早已布局人工智能芯片领域,推出了支持推理和计算场景的云端人工智能芯片,为大模型的落地提供了强大的算力支持。

(二)深度学习框架层

深度学习框架是一种软件工具,用于支持和简化深度学习算法的设计、训练和部署。深度学习框架是人工智能时代的操作系统,提供开发人工智能模型、应用的各类应用程序接口(Application Program Interface,API)、工具、文档,并提供开发者社区等技术支持。深度学习框架上承人工智能模型层,可以方便地定义和训练神经网络模型;下接人工智能芯片层,可以在不同的硬件上进行优化和部署。

在深度学习技术萌发的早期，深度学习框架只是一些封装好的算子工具的简单集合。随着深度学习技术的不断发展，特别是大模型时代的到来，深度学习框架的重要性日益凸显。一方面，因为大模型通常是在大规模的计算集群上训练，机器数量增多提升了很多长尾问题的发生概率。比如，谷歌在其最新的模型Gemini技术报告[①]中提到，运算资源投入的增加降低了整个系统的平均故障周期，宇宙射线使得原发性机器故障成为家常便饭，而由于芯片制造缺陷导致的沉默数据损坏（Silent Data Corruption，SDC）大概每一两周就会发生一次。对单机而言，这些问题发生的概率很小，而对于大规模的计算集群则会发生得很频繁，该如何规避、处理与恢复这些问题，只能在深度学习框架中予以解决。另一方面，框架层对模型层的影响也非常大，深度学习框架可以在模型压缩、推理定制计算、推理引擎与服务部署联动方面进行优化，实现低时延、高吞吐，提升GPU资源利用率。

（三）模型层

深度学习时代的人工智能模型，是指基于模拟人类实际神经网络的数学方法，依托电子计算机技术构建的神经网络（Neural Networks，NN）模型。这种模型是由大量的、简单的处理单元（称为神经元）广泛地互相连接而形成复杂的网络系统，它反映了人脑功能的许多基本特征，是一个高度复杂的非线性动力学习系统。神经网络具有大规模并行、分布式存储和处理、自组织、自适应和自学能力，特别适合处理不精确和模糊的信息。Transformer（变压器模型）成为大语言模型的基石架构。

Transformer是谷歌于2017年提出的神经网络架构，相较于CNN、RNN

---

① Team, Gemini, et al., *Gemini: A Family of Highly Capable Multimodal Models*, arXiv preprint arXiv:2312.11805 (2023).（参见arXiv开放论文数据库"Gemini：高性能多模态模型系列"，编号为arXiv:2312.11805，https://arxiv.org/abs/2312.11805，2025年2月5日访问）

等当时主流的神经网络架构，Transformer具有运算复杂度低、并行性好、处理长输入序列效果好等优点。在Transformer诞生之时，人们对自然语言任务的认知是"序列到序列"（Sequence to Sequence，Seq2Seq）的形式。比如，机器翻译就是典型的Seq2Seq任务，需要把一种语言的一段话（序列）转化成另一种语言的另一段话（序列）。因此，原版的Transformer采用"编码器—解码器"（Encoder-Decoder）架构，也即由编码器理解输入序列、再由解码器生成输出序列。随着人们认知的进步，技术专家逐渐把自然语言任务抽象为"续写"的形式。比如，学生答卷子就属于"续写"，虽然学生是在考题的提示下完成任务，有问有答，但实际上就是在考题下面继续书写。由此，人们转而抛弃了Transformer的"编码器"，仅训练由"解码器"组成的模型，这就是生成式大语言模型的由来。现在主流的大语言模型如GPT系列、文心大模型等都采用仅有解码器的Transformer架构。

（四）应用层

基于芯片层提供的算力用深度学习框架开发，将大模型的能力导出应用于具体任务，就实现了AIGC的应用。目前，除大众广为熟知的生成式人工智能聊天机器人、文生图、图生图等应用形式外，AIGC应用还在向各行各业加速渗透。

大模型的真实价值必须通过应用来体现，依靠大模型和生成式人工智能来打造一个拥有亿级用户的应用产品才是真正的价值所在。虽然微软未涉足大模型领域，但在人工智能原生应用方面却是领先者，其推出的Copilot[①]服务已经开始收费（月需支付30美元，且至少需要订购300个账户）。与国内众多厂商"卷"大模型的道路不同，微软专注于开发人工智能原生应用这一战略。尽管OpenAI已经开发出全球领先、优秀的基础大模

---

① Copilot是微软在Windows 11中加入的AI助手，是一个集成在操作系统中的侧边栏工具。

型，但其价值与微软相比仍然相形见绌。OpenAI的价值约为800亿至900亿美元，而微软的价值则高达2.8万亿美元。因此，未来的机会将主要集中在应用层。

应用层需要与各行各业相结合，并逐步降低成本。大模型的真实价值必须通过应用来体现，人们都在等待着基于生成式大模型的超级应用的爆发。目前，得到全球市场广泛认可的是微软推出的Copilot服务，也正是这款人工智能服务让微软的市值再创新高，市值达到3.5万亿美元。微软并不创造、拥有人工智能大模型，但它通过与OpenAI的深入合作，让人工智能走进千家万户。我国大规模的应用人工智能化开发逐渐走入快速发展期，政策扶持、技术突破与场景创新形成三重驱动合力。

应用层面的技术演进呈现两大鲜明路径：以DeepSeek-R1为代表的开源模型实现性能与成本的颠覆性突破，其推理成本仅为国际顶尖模型的3%，推动国产推理芯片需求激增。百度、阿里等头部企业则通过"基座模型+行业插件"模式，在政务、制造等领域形成标准化解决方案。商业化进程加速催生新型服务模式，WPS通过整合DeepSeek、文心等主流模型，打造出支持表格深度思考的办公助手，个人用户云端文档数量突破2600亿份；阿里云平台支撑的电商虚拟试衣系统，使服装品类转化率提升19%。展望未来，多模态大模型将深度融入硬件终端，预计2026年75%的智能设备实现人工智能原生交互。在政策、市场、技术三重共振下，我国人工智能大模型产业正从技术验证迈向价值创造新阶段。

值得关注的是，我国主流大模型输入价格低至0.0005元/千Tokens（1元可购200万Tokens），输出价格仅为0.002元/千Tokens。而美国大模型如GPT-4.5输入成本达0.075美元/千Tokens，输出更飙升至0.15美元/千Tokens，价格差异达数百倍。这足以说明，"模型越贵越好用"的认知此前已经被以DeepSeek为代表的国产开源大模型打破。在DeepSeek开源生态和普惠定价策略的影响下，百度、阿里、字节跳动等大模型企业纷纷跟进，在低价领域展开激烈角逐。这为大模型的应用打下了坚实的基础。

四、生成式大模型的技术特点

（一）生成式大模型以海量数据为学习基础

在生成式大模型出现以前，数据在机器学习领域已经占据了举足轻重的地位。例如，在自然语言处理、图像识别系统的研发中都需要使用标记后的数据进行训练。在大模型进入生成式阶段后，类似于GPT系列的模型具备自我监督或无监督学习的能力，可以使用未标注的数据进行预训练，[1]结合标注数据和人类反馈进行强化学习。其原理是通过大量的训练，使机器自主识别并捕捉数据中的隐藏模式和规则，从而实现对人类自然语言的理解和模拟。而自然语言复杂且多变，涉及语法、语境、修辞、文化和历史等多种因素，为了让机器能够理解人类的语言并生成与之相似的创造性产出，模型需要从海量数据中学习尽可能多的语言模式和变化，并提取这些复杂、多层次的信息，从而将其转化为有意义的输出。2022年，DeepMind在论文中提出了使用最佳模型大小和数据集（标记数量）训练大语言模型（Large Language Model，LLM）的缩放法则，指出"大语言模型的训练所使用的标记数应该是模型参数数量的20倍"。[2]

---

[1] Kenny Lee, *Data Labeling and Large Language Models Training: A Deep Dive*, Kili (accessed Aug 21, 2023), https://kili-technology.com/large-language-models-llms/data-labeling-and-large-language-models-training.（参见kili科技官网上的"数据标记和大型语言模型训练：深入探究"，2025年2月5日访问）

[2] Hoffmann J, et al., *Training compute-optimal large language models*, arXiv preprint arXiv:2203.15556 (2022).（参见arXiv开放论文数据库"训练计算最优的大型语言模型"，编号为arXiv:2203.15556，https://arxiv.org/abs/2203.15556，2025年2月5日访问）

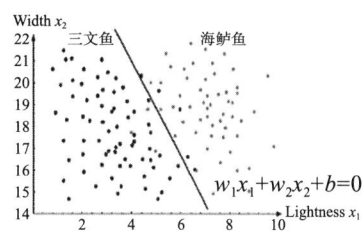

图2　人工智能机器学习训练原理[1]

机器学习的训练原理理解起来并不复杂。以一个分类任务为例，上图是两条鱼，a是三文鱼，b是海鲈鱼。现在需要设计一个方案，对这两条鱼做分类，可以用100条鱼为样本做一个分布图并选择出这些样本的两个维度。例如，一个是鱼的亮度，另一个是鱼的宽度，而后将100条鱼所代表的"点"画到一个坐标系里面。如此就可以很直观地看出图中呈现出了一定的规律性，并可以通过一个最简单的直线来对这两个特征进行划分，这条直线对特征的划分就是一个最简单的线性分类器。因此，所谓的数据预训练就是要找到这条"直线"，建立这个模型的参数。有了这个参数，就可以将另外任意一条鱼的特征放到上图的公式中去推理计算，从而得到这条鱼属于三文鱼还是海鲈鱼。这就是机器学习一个最简单的数据训练例子。

大语言模型的深度学习与机器学习的逻辑基本一致，只是参数量是海量的，可能达到上亿个以上。这些参数经过一层层的叠加，组成一个神经网络分类器。线性分类器参数少，只有两个维度，如宽度和亮度。而神经网络分类器能够接受更加简单直接的输入，在处理图像时，可以直接使用像素值作为输入，如一张1000×1000像素的图像就有100万个像素值，如果每个像素

---

[1] Celebi Tutorial: Neural Networks and Pattern Recognition Using MATLAB, Ömer Cengiz ÇELEB, http://ibrahimerkutlu.com/Chapter-1-Pattern-Classification.（参见易卜拉欣·埃尔库特鲁博士个人网站上的"Celebi教程：使用MATLAB进行神经网络和模式识别"第一章，2025年6月10日访问）

值用三个数值（如RGB颜色值）来表示，那么总的输入参数就是300万个。通过大量的训练数据，神经网络能够学习到从输入到输出的映射关系，从而在分类、回归等任务上取得很好的性能。

（二）生成式大模型以深度神经网络为学习架构

深度神经网络（Deep Neural Networks，DNN）是生成式大模型背后的关键技术，能够模仿人脑中神经元突触相互发出信号的工作方式，使得生成式大模型可以学习和处理复杂的信息，并准确模拟真实世界的内容。深度神经网络由节点层组成，包括一个输入层、多个隐藏层和一个输出层。输入层负责接收原始数据，如图像或声音；隐藏层则对这些数据进行处理和转化；输出层最后将处理后的数据传递出去，通常用于分类或回归等任务[1]。而每个节点都是一个与下一节点连接的人工神经元，且都有权重和阈值。当一个节点的输出高于阈值时，该节点被激活并将其数据发送到网络的下一层。如果低于阈值，则不会传递任何数据。在深度神经网络中，多个隐藏层即为"深度"一词的来源，每个隐藏层都可以被视为数据的一个新表示，提取了输入数据中的某种特定模式或特性，第一个隐藏层可能会捕捉到一些基础的、简单的模式，而随后的隐藏层可能会基于前一层捕捉到的模式，继续提取更为复杂、抽象的特性。

深度神经网络的分层结构使模型可以快速地对数据进行分类和聚类，捕捉数据中复杂的模式和关系并进行预测。随着隐藏层的增加，深度神经网络的能力也会指数级增加，使其能够处理非常复杂的任务。其多层结构也为生成式大模型提供了强大的基础，能够生成全新的数据样本。当神经网络设计与大型训练数据集、复杂算法以及频繁的迭代相结合时，这些模型能够随着

---

[1] IBM Data and AI Team, *AI vs. Machine Learning vs. Deep Learning vs. Neural Networks: What's the difference?*, IBM Blog (Jul 6, 2023), https://www.ibm.com/think/topics/ai-vs-machine-learning-vs-deep-learning-vs-neural-networks.（参见IBM官网上的"人工智能、机器学习、深度学习、神经网络：有什么区别？"，2025年2月5日访问）

时间的推移而进行大规模的改进和学习。[①] 开发者可以通过调整神经元之间连接的权重或参数，将预测输出和期望输出之间的差异最小化，使得模型能够从错误中学习并根据数据作出更准确的预测。

（三）人类可以对大模型进行一定程度的干预

目前主流的大语言模型一般会经过三个阶段的训练：预训练、有监督精调和人类反馈学习。

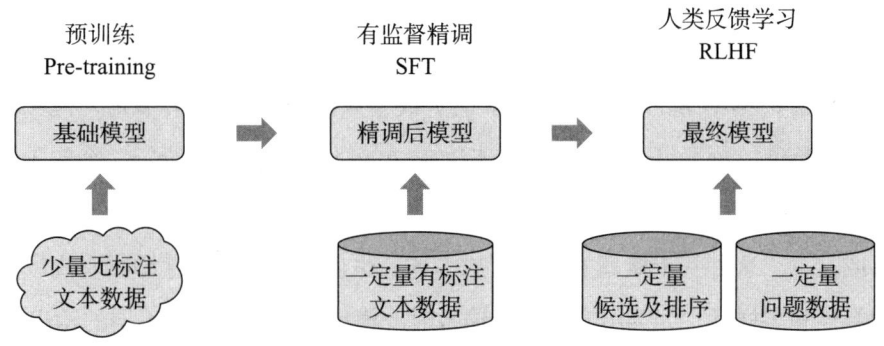

图3　训练大语言模型的三个阶段

在预训练阶段，首先需要对数据进行预处理，包括数据清洗、标准化和适当的转换[②]，使得数据能够更好地适应深度学习的环境。随后，模型底层的多层神经网络结构会自动识别数据内在的关键特征和模式。例如，文本结构、图像风格等，并将这些模式用于生成新的内容。当生成的内容与预期不符时，模型会反复对其多层神经网络的参数进行调整和优化，直至

[①] Shelby Hiter, *What Is a Generative AI Model,* eWEEK (Jun 26, 2023), https://www.eweek.com/artificial-intelligence/generative-ai-model/.（参见每周电脑报官网上的"生成式AI模型：详细指南"，2025年2月5日访问）

[②] Michael Atkin, *Large Language Models and Data Management*, Ontotext (Jul 25, 2023), https://www.ontotext.com/blog/large-language-models-and-data-management/.（参见ontotext官网上的"大型语言模型和数据管理"，2025年2月5日访问）

生成的内容满足特定的标准或用户需求。预训练阶段模型学习的是未标注语料，这些语料通常来自网页和代码等。在第二个阶段，有监督的精细调整阶段可以通过让两个模型相互学习来提高效果，这是一个半自动化的、模型之间的相互训练。最后一个阶段是人类反馈学习，模型的学习必须遵循国家法律规定和道德价值观，这时候就需要人类进行正反馈和负反馈。

（四）生成式大模型是基于概率预测生成内容

生成式大模型在训练期间会学习大量样本，在此过程中不断学习概率分布特征，在每次迭代中，模型都会根据其对数据分布更深入的理解来调整权重，从而根据给定的 prompt（提示词）或输入的 token（文本单元）模拟概率分布特征，预测最可能的输出。例如，在文本生成任务中给定一个句子的开头，模型能够预测出句子的下一个字或短语，甚至可以生成一个完整的段落或文章。这种基于概率的预测生成方式，也使得生成式大模型具有高度的创新性和多样性，人类给定同样的输入时，模型可能会有多种不同的输出。

基于概率预测内容的技术特点也造成了大语言模型虽然在文本任务上表现出色，却难以处理某些无法预测概率的任务。例如，"鸡兔同笼"这类的数学或推理问题需要特定的算法和逻辑思考，没有经过特定训练和引导可能无法给出准确的答案。同时，尽管计算单词序列的概率分布可能是语言模型的有效选择，但人类生成语言是通过选择最适合的文本序列，并使用相关的背景知识、经验和常识来生成语言，与模型的训练方式存在区别。因此，大语言模型难以具备人类的直觉和情景感知，在价值观上也可能与使用者不同，在大语言模型需要高度信任或可靠性的应用场景时可能会出现问题。[1]

---

[1] Marco Ramponi, *How ChatGPT actually works*, AssemblyAI (Dec 23, 2022), https://www.assemblyai.com/blog/how-chatgpt-actually-works/.（参见 AssemblyAI 官网上的"ChatGPT 的实际工作原理"，2025 年 2 月 5 日访问）

五、生成式人工智能的应用

生成式人工智能的想象空间非常大,"卷"大模型已经进入到了白刃战,但生成式人工智能存在商业模式不明确、大模型同质化、开源闭源方向不定等问题。目前大模型在面对诸如法律、医疗等严肃专业时,仍然无法突破自身产生的"幻想"问题。大模型并不知道自己回答的内容是错的,对权威观点的引述能力仍然较弱。这既是生成式人工智能的魅力,也是其最大的问题。因此,至2025年,整个生成式人工智能的应用场景仍然处在探索阶段,尚未出现具有统治力的人工智能原生应用,资本市场从初期的快速膨胀到野蛮发展,再到如今已处于相对冷静谨慎的状态。

(一)从一个例子看人工智能在应用中发挥的重要作用

笔者以平台对商业广告与直播带货内容的审核和监测为例,说明大模型给传统审核监测工作带来的代际变革。商业广告内容审核与监测是一个非常基础的工作,但基于传统违规词库的监测方案耗时耗人。比如,《广告法》中不允许出现极限词,所以传统审核平台会把"顶级"这个词加入违规词库,那么广告主提交相关的广告物料就会受到违规词库的限制。广告主提交一个广告物料"顶级的产品,无人可及",由于刚好包含违规词"顶级",这条广告就会被判定为违规广告而无法通过。但也有一种情况,广告主提交的广告物料是"奔驰汽车的顶级配置",这里的"顶级"是汽车产业中经常使用的用语,并非《广告法》中说的极限词,这个时候违规词库就需要做一个反向的操作,将"顶级配置"列为合法。人类的语言是极度复杂的,类似上文说所的正向操作与反向操作多如牛毛,因此,积累了上百万条、上千万条的各类违规词的传统审核平台是非常普遍的。广告主在使用这套广告内容审核系统时,体验会越来越差。由于命中的是各种"违规词",广告主就需要不停地尝试不同的广告内容,直到刚好"躲过"了违规词。比如,如果广告主在广告语中增加几个空格或是一些奇怪的字符，"顶（空格）级的产品，无人可及"就可以让违规词的命中率变得很低。

然而，大模型的出现可以改变原先以违规词为核心的传统模式带来的问题。大模型的判断逻辑不是违规词库，而是基于自然语言的理解体验广告语中是否存在违规广告。例如，如果提前在prompt中告诉大模型，"在广告内容中使用'顶级''第一'这样的词汇，属于使用极限语，这是违反广告法的。但也有一些情况，使用'顶级''第一'是一种合理使用。你作为一名广告审查员，你认为如下广告是否存在违反广告法的内容：奔驰汽车的顶级配置"。大模型在经过学习后，它给出了这样的回复："在这种情况下，如果奔驰汽车的广告只是强调其车辆配置的高级和优质，使用'顶级配置'的描述可能是合理的。例如，如果广告中说明了奔驰汽车配备了最高品质的零部件、最先进的科技和最舒适的内饰，那么这种表述可以被视为对产品特性的客观描述，因此并不违反广告法。"无疑，大模型的判断是十分正确的。

另一项被大模型彻底颠覆的是针对直播带货广告的审核和监测。通常直播带货的主播每场直播的语音文字输出量约为10万字，在经过技术处理成文本文字后，由于文字内容过多，违规词库的命中率非常高，准确率却非常低。如果使用常规的方法，一场直播监测的人力审核工作量是巨大的，且审核人员因为枯燥和疲惫，根本无法完成大批量文字的审核。经过初步估算，一个审核员一天最多完成2场直播的审核，阅读量在20万字以上。在这种情况下，由大模型对直播进行学习并输出结果，反而取得了非常好的效果。具体的方案是，先把直播切分成20段，每段文字不超过5000字，随后通过固定的prompt，即"最符合直播广告宣传语的内容，每段内容不超过300字"，在找出宣传广告语片段之后，再通过另一个大模型去判断这些广告语的合规性。大模型可以让人工阅读量从10万字减少到1000字以内，大大提高了人工的阅读效率。

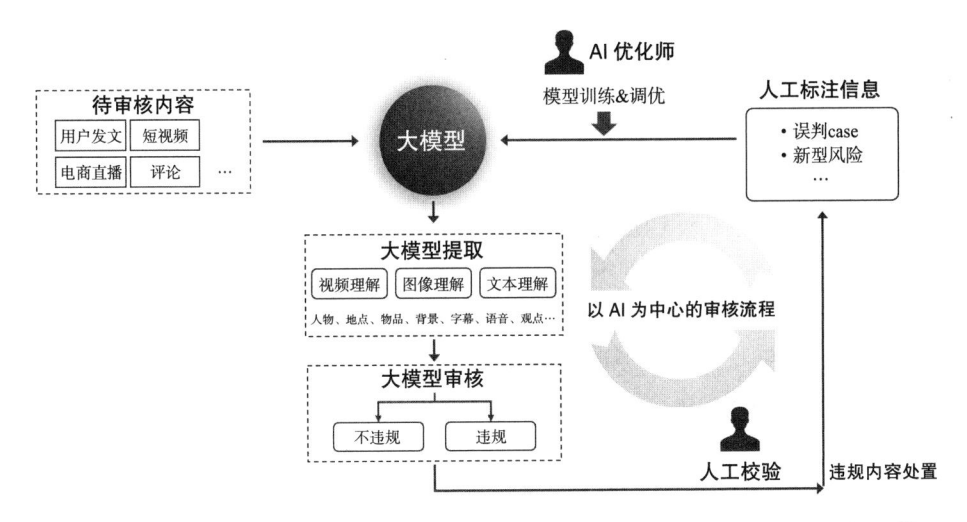

图4 人工智能大模型形成的数据飞轮

大模型几乎重塑了直播广告内容审核工作，人工智能可以用智慧帮助人们作出正确的判断，而且这还是在没有进行特殊训练的情况下完成的。如果将市面上的违法广告案例作为训练数据，大模型的正确率还可以大幅度提高。

（二）从应用场景看人工智能原生应用

大模型应用于广告监测只是大模型的一个落地案例，也是经过实践证明成功的应用场景。实际上，几乎各行各业都可以被大模型改造。目前，我国生成式人工智能大模型的应用场景主要可以分为生产可消费内容、结合底层系统生产高附加值内容、提供体系化解决方案三类。

1. AIGC生产可供消费的内容

这类应用核心场景是生产直接面向用户的内容，如撰写新闻、创作诗歌、生成音乐或美术作品等，对PGC可以高效生产大规模的可消费内容，广泛应用于娱乐、教育、新闻等行业；对UGC能够降低非专业人员的创作门槛。

表1　国内部分直接生产可消费内容的AI

公司	应用	公司	应用
百度	文心一言、文心一格	Minimax	海螺视频
深度求索	DeepSeek	月之暗面	Kimi
必优科技	YOO简历、CopyDone、合同嗖嗖、MotionGo	阶跃星辰	阶跃AI
智谱华章	清影视频	万兴科技	万兴爱画
西湖心辰	FridayAI、造梦日记	科大讯飞	讯飞绘文
香侬科技	火龙果写作	心识宇宙	Mindverse
快手	可灵AI	小问科技	奇妙元、魔音工坊

2. AIGC结合底层系统生产高附加值内容

在结合底层系统生产高附加值内容的场景中，AIGC模型不作为单独服务对外提供，而是结合数字人等技术和具体业务场景，提供具有个性化的服务。例如，AIGC技术能够为人工智能虚拟主播提供更加准确、自然的语言能力和更加高效的文字、音视频生成能力，只需要一段较短的视频就能够训练出一个与真人相似的虚拟主播，再结合用户提供的关键词快速生成直播话术，通过数字人技术将视频与音频相结合，就能够实现对外24小时直播。

表2　国内部分结合底层系统生产高附加值内容的AI

公司	应用	公司	应用
百度	数字人、CV大模型	小冰	小冰框架
聚力维度	赛博演猿	科大讯飞	AI虚拟数字人
追一科技	多模态数字人（Face）	云舶科技	小K数字人、小K直播姬
网易伏羲	有灵虚拟人	腾讯	腾讯智影AI平台
启元世界	AI玩家、AI角色	硅基智能	DUIX、小播秀
万兴科技	万兴爆播	商汤科技	商汤如影数字人

3. AIGC提供体系化解决方案

AIGC的另一个应用场景就是以生成式大模型为基础能力，为高价值场景提供智能化、体系化解决方案，如应用于金融、能源、制造等领域，不仅能够生产内容，也能够代替其他工种提供服务，如制作游戏、贷款审核等。头部大厂及垂类解决方案服务商相继推出适用于各垂直行业的解决方案，助力行业变革。

表3 国内部分提供体系化解决方案的AIGC

公司	应用	公司	应用
商汤	金融智脑FinAgent	华为	Atlas人工智能计算解决方案
启元世界	游戏AI	超参数	Game Bot
网易伏羲	瑶台	成都潜在	谛听安全、游戏机器人
蓝色光标	心影	瑞莱智慧	RealAI

（三）从投融资角度看人工智能原生应用

从投融资视角来看，2023年年初以来AIGC行业火热，随着各企业对商业模式的尝试逐渐展开，投融资活动日益频繁。根据创业邦报告分析[①]，2023年我国AIGC应用层的融资事件相较于基础层、模型层更多。而从融资规模均值分布图来看，2023年上半年，AIGC模型层的融资规模均值一直较高，由于产业对人工智能的竞逐，市场对算力和数据具有刚性需求，在2024年以后大额融资逐渐注入算力、数据两大AIGC基础层领域，直到2025年DeepSeek爆发才宣告结束，而应用层的融资规模一直增速较为平稳。这种融资事件与规模的差异主要来自不同赛道的所需资源与风险预期不同。与传统互联网产品相比，AIGC产品的最大特点是"底层模型重、前端轻"，各产品在现阶段的核心竞争要素从功能设计转向了模型能力。基础层和模型层往往涉及昂贵的芯片等硬件购买和维护成本，以及大规模数据存储和处理能力，

---

① 参见创业邦研究中心：《2023年Q3 AIGC产业观察》，载搜狐网2023年12月1日，https://www.sohu.com/a/740490215_121124365，2025年2月5日访问。

需要大规模初始资本支撑；而应用层主要基于现有的基础层和模型层构建具体的应用和服务，更多地依赖于商业模式和市场适应性。在资本市场中，投资者偏好投资于具有高增长潜力和技术壁垒的领域。基础层和模型层在2023年以来已经逐渐证明了其商业化落地的可行性，因此更容易吸引大型投资。相比之下，AIGC的应用层爆发期未到，其主要原因是市场需求还不成熟，大模型过于快速的技术变革，也让应用层的开发者无所适从。更为重要的是，应用层的商业模式存在一定的悖论，应用层的技术门槛低，对底层大模型有很强的依赖，一旦某款应用爆火，大模型的厂家也可以轻易地复制这一成功模式。

六、AIGC产业发展情况和展望

AIGC技术突破是2022年年底以来最大的科技新闻，AIGC产业顺理成章成为2023年全球最受关注的新兴产业赛道，吸引了国内外人工智能头部企业持续关注，纷纷加码布局。各行业的智能化升级也看到了新的可能性，"人工智能产业"与"产业人工智能"的想象空间进一步拓展。据物联网分析（IoT Analytics）报告表明，2022年全球首席执行官们最关心的话题是通胀、供应链、能源等，而2023年的压倒性话题则成了生成式人工智能（大模型、ChatGPT、OpenAI），因为它可能成为改变各行各业的通用技术。[1]有投资研究机构数据表明，2024年投资规模激增，金额跃升至1161.66亿元，说明赛道虽然处于起步阶段，但其战略价值已被公认。

中国自2023年进入大语言模型加速发展期，目前与美国保持同步增长

---

[1] Philipp Wegner, *What CEOs talked about in Q3 2023: Generative AI, AI chips, and sustainability*, IoT Analytics (Sep 27, 2023), https://iot-analytics.com/what-ceos-talked-about-q3-2023/.（参见物联网分析官网上的"2023年第三季度首席执行官们谈论的内容：生成式人工智能、人工智能芯片和可持续性"，2025年2月5日访问）

态势。在自然语言处理、机器视觉和多模态等各技术分支上均在同步跟进、快速发展，涌现出 DeepSeek、文心一言、盘古、悟道、通义千问、星火认知等一批具有行业影响力的预训练大模型，形成了紧跟世界前沿的大模型技术群。目前中国在14个省市/地区均有团队在开展大模型研发，北京、广东两地最多，地域集中度相对较高。从领域分布来看，自然语言处理仍是目前大模型研发最为活跃的重点领域，然后是多模态领域，在计算机视觉和智能语音等领域的大模型还较少。[①]

表4 国内部分互联网公司推出的大模型产品[②]

公司名称	大模型名称	产品或功能模块	发布时间	定位以及应用场景
百度	文心4.0	文心一言	2023-10	五大能力：文学创作、商业文案创作、数理逻辑推算、中文理解、多模态生成
阿里巴巴	M6大模型	—	2021-3	提供语言理解、图像处理、知识表征等智能服务
阿里巴巴	通义	通义千问	2023-4	阿里巴巴所有产品接入，进行全面改造
华为	盘古	—	2021-4	包括NLP大模型、CV大模型、科学计算大模型
腾讯	混元	混元助手	2022-12	该模型完整覆盖NLP、CV、多模态、文生图等基础模型和众多行业、领域、任务模型，跨模态视频检索、中文语义理解能力领先
深度求索	DeepSeek	DeepSeek R1	2025-1	开源大模型，对标OpenAI

---

① 参见《报告显示：中国人工智能大模型已发布79个》，载新湖南网2023年5月29日，https://m.voc.com.cn/xhn/news/202305/18104010.html，2025年2月5日访问。

② 依据量子位智库《2023中国AIGC产业全景报告》整理，参见原创力文档平台，https://max.book118.com/html/2024/1201/5211040320012003.shtm，2025年2月5日访问。

续表

公司名称	大模型名称	产品或功能模块	发布时间	定位以及应用场景
字节跳动	火山方舟	飞书MyAI	2023-6	面向企业提供模型精调、评测、推理等全方位的平台服务
快手	K7	—	2023-4	在推荐、直播、商业化、电商等诸多业务场景中全量应用

总体而言，在接下来的数年内AIGC产业将迅猛发展，模型技术水平将不断提升、基础和关键能力将显著增强、产品类型将不断丰富、应用领域将更加广泛。AIGC技术作为新型内容生产方式，有望全面渗透人类生产生活，为千行百业带来颠覆性变革。艾瑞咨询预测，2023年中国AIGC产业规模将超过100亿元，随后进入大模型生态培育期，到2028年中国AIGC产业规模预计将突破7000亿元，届时中国AIGC产业生态将日益稳固，完成重点领域、关键场景的技术价值兑现，逐步建立MaaS产业生态。① 到2030年，中国AIGC产业规模有望突破万亿元。基于此，笔者有如下预测。

（一）MaaS打造AIGC新业态

大模型的出现彻底改变云计算的游戏规则。云计算从原先的基础设施即服务（Infrastructure as a Service，IaaS）、平台即服务（Platform as a Service，PaaS）向模型即服务（Model as a Service，MaaS）进化。MaaS是指以云计算为基础，将大模型作为一项服务提供给用户使用的新业态，一些人工智能企业开始为下游客户提供以大模型为核心的数据处理、特征工程、模型训练、模型调优、推理部署等服务。MaaS服务商将不断发力大模型生态建设，提升模型能力、丰富模型类型，持续改进工具链产品服务，通过业务积累、

---

① 参见《2023年中国AIGC产业全景报告》，载艾瑞网2023年8月22日，https://report.iresearch.cn/report/202308/4227.shtml，2025年2月5日访问。

数据回流、模型迭代逐步形成壁垒，在拉高云服务营收天花板的同时进一步塑造厂商的核心竞争力。

（二）AIGC应用从to-B和to-C两端构建生态①

遵循数字产业的基本发展逻辑，AIGC技术的渗透路径按照客户类型、产品形态和商业模式，划分为to-B和to-C两个领域。但与以往信息技术不同，AIGC的应用将从to-B和to-C两端同时展开。在to-B赛道中，AIGC技术通过大模型能力去补充或替代原有场景的小模型或传统软件，从而向各行各业渗透以提高企业生产办公效率，典型的应用场景如法律行业的合同起草、营销行业的文案生成、医疗行业的辅助诊断等。在to-C赛道中，AIGC产品以内容和工具形式触达消费者，各类C端应用可通过直接调用通用大模型API形成各种人工智能创作工具。AIGC可以更好地抽象来自真实世界的多模态数据并进行有效表达，展现出其作为内容生产的通用工具在各行各业大规模应用的潜力。

生成式人工智能的突破会更多地集中在"应用端"，更多的中小企业、个人开发者将开始"卷"应用。为此，成熟大模型厂商将着手建立应用生态，大模型与应用将成为泾渭分明的两条发展路线，而那些不成熟的大模型厂商将面临转型。

（三）聊天机器人应用场景多样化

聊天机器人的应用场景越来越多样化，聊天式用户界面（Chat User Interface，CUI）将与图形用户界面（Graphic User Interface，GUI）并跑或取而代之，从而提高人们事务处理的效率，节省人们的时间与精力。通过聊天机器人，企业能够提高生产效率，加快反馈速度，优化客户体验，从

---

① to-B即to Business，意为面向企业；to-C即to Consumer，意为面向消费者。

而增强自身的竞争力。

（四）多模态、跨模态

知识增强将进一步赋能跨模态、多模态链接能力。AIGC技术可以通过文本分析和图像处理等多模态技术，从海量的文本和图像数据中自动抽取和识别实体和关系，并将它们映射到知识图谱中，自动产生新的实体和关系，帮助知识图谱不断丰富和扩展。

（五）AI Agent（智能体）将获得更广阔的角色价值与发展空间

当下，大模型的涌现能力成功赋予AI Agent更多想象与落地空间。一方面，大模型的语料资源包含了大量的人类行为数据，填补了AI Agent可行性与合理性的关键要素。另一方面，大模型涌现出优秀的上下文学习能力、复杂推理能力，在接受目标及设定后，可自发性将其拆解成简单细化的子任务，无须人类干预去完成剩下的全部工作。目前AI Agent已成为继大模型之后更贴近原生应用的下一个爆发点。未来，人与人工智能的协作交流将进一步由Agents作为智能媒介实现，每个人都可以使用各类AI Agent完成现实任务的处理执行。

第二章 ｜ 生成式人工智能的风险

一、硬件层：人工智能芯片短缺风险

《芯片战争》一书中提到："人工智能芯片作为人工智能产业的基础层，提供了大量及特定运算所必需的算力支持，是整个人工智能产业发展的基石。"据行业组织预测，全球芯片市场规模预计将在2025年达到创纪录的6971.8亿美元，人工智能领域将基本被美国和中国两个国家主导，新兴的人工智能芯片将是中国芯片企业崛起的一大时代机会。[1]2024年，美国本土半导体企业占据全球市场的50.4%，美国仍然在该领域占据主导地位。[2]因此，芯片短缺的风险始终像一把达摩克利斯之剑，高悬在中国生成式人工智能产业之上。

提到人工智能芯片，就必须从英伟达公司（NVIDIA）说起。从20年前游戏显卡起家到如今，英伟达芯片已经成为人工智能大模型训练竞赛的必备武器。英伟达的A100芯片，价格一路上涨，但在市场上仍然是一卡难求。英伟达最大的优势就是GPU芯片，该芯片在图形计算方面的性能非常优异，非常适合大模型的训练和部署。可以说，算力的比拼变成了英伟达GPU芯片数量的比拼，百度、字节、阿里、腾讯等大型科技公司，购买了相当数量

---

[1] 余盛：《芯片战争》，华中科技大学出版社2022年版，第408页。
[2] 参见《SIA：美国半导体实力，官方数据来了》，载百家号"钛媒体APP"2025年6月11日，https://baijiahao.baidu.com/s?id=1834637945067081723&wfr=spider&for=pc，2025年6月12日访问。

的A800芯片。英伟达的GPU已经把生态建立完整，并占领了大部分的市场，无论是开发者还是使用者，都已经习惯了英伟达产品。英伟达的另一个优势是与台积电等供应链的深度合作，英伟达做好前期的产品和设计，台积电提供先进的制程去实现，产品迭代非常高效，其他人工智能芯片厂商很难与之竞争。目前，英伟达最先进的H100 GPU的成本为3320美元，而英伟达公司以25000美元到30000美元的价格出售这些GPU，仅2023年计划销售量就超过55万块。[1]

生成式人工智能中的很大一部分成本就来自人工智能芯片。在训练方面，根据中金公司的测算，175亿参数的GPT-3[2]模型大概需要375台至625台8卡DGX A100服务器，总计需要3000张至5000张英伟达A100进行训练（耗费约10天）[3]。此外，在运营方面，以英伟达A100 GPU单卡单字输出需要350ms为基准计算，假设每日访问客户数量为2000万人，单客户每日访问ChatGPT应用10次，单次需要回答50字，则每日消耗GPU的计算时间为972222个运行小时，对应的GPU需求数量为40509个。根据报道，OpenAI公司仅运营ChatGPT，每天支出的计算费用就达到69.4万美元，每次对话费用为0.36美分。[4]按此估算，1亿用户每月只做1次对话，每月也至少需要5682万美元（约3.86亿元人民币）的开支。这还仅仅是美国其中一个大模型，如果将全世界大模型的计算费用、运营费用加在一起，最终的结果一定是天

---

[1] 参见《国产AI芯片如何翻越英伟达这座大山？》，载财新网2023年8月29日，https://science.caixin.com/red/2023-08-29/102097762.html，2025年2月5日访问。

[2] GPT-3是OpenAI于2020年6月发布的第三代生成式预训练大语言模型，发布后即引发广泛关注。

[3] 参见《中金公司：AI浪潮之巅要属东数西算，数据大动脉》，载巨丰财经网2023年4月25日，https://topnews.jfinfo.com/news/4023014，2025年2月5日访问。

[4] *The Inference Cost Of Search Disruption–Large Language Model Cost Analysis,* SemiAnalysis (Feb 9, 2023), https://www.semianalysis.com/p/the-inference-cost-of-search-disruption.（参见Semi分析官网上的"搜索中断的推理成本—大型语言模型成本分析"，2025年2月5日访问）

文数字，其中绝大多数利润属于美国的芯片公司。因此，芯片"断供"风险是制约我国人工智能产业发展的重要因素之一。芯片中的地缘政治正加剧全球商业合同的不稳定性，企业并购需额外通过反垄断审查，自由市场下的商业逻辑越来越羸弱混乱。在商业合同、原材料供应等环节，贸易摩擦会让合同违约概率陡增，企业为避险转向短期合同。最终全球芯片产业协作蜕变为"零和博弈战场"。商业合同的稳定性已被地缘风险所动摇。

中国唯有尽快发展自己的人工智能芯片，才能真正摆脱芯片"卡脖子"风险。为应对这一挑战，我国持续通过政策引导、资金支持，鼓励国内芯片的自主研发。而产业上，中国的芯片公司也在一路追赶。虽然在供应链上，国内芯片厂商在获取国际供应链最新技术上存在风险隐患，但中国公司没有芯片设计上的历史包袱，因此在设计层面上可以大胆使用更高效的芯片架构。国内人工智能芯片公司，包括百度昆仑芯、华为昇腾、寒武纪、海光信息、阿里平头哥等厂商已经开始发力，利用中国应用场景丰富的优势快速迭代。

"对中国来说，一块小小的芯片是一部命运交响曲。"余盛在《芯片战争》中最后总结道。中国绕不开芯片，而中国人工智能产业的腾飞更离不开人工智能芯片。

二、数据层

数据是大语言模型的生命线。"读书破万卷，下笔如有神"，这是我们形容大语言模型工作方法最浪漫的语言。现实中，训练一个大语言模型何止要读万卷书。一些数据表明，GPT-3经过了大约570GB文本数据的训练[①]，这些数据来自各种渠道，主要包括书籍、网站和其他类型的文本。考虑到模型

[①]《没有身体，会是ChatGPT最大的障碍吗？》，载百家号"钛媒体APP"2023年12月14日，https://baijiahao.baidu.com/s?id=1785249824859981381&wfr=spider&for=pc，2025年2月5日访问。

规模和训练数据量通常是同步增长的，因此GPT-4的训练数据量又会远远超过GPT-3。谁掌握了数据，谁就掌握了生成式人工智能的发展和应用的关键，数据既是生成式人工智能的驱动力，也是其潜在风险的来源。

（一）数据质量风险

大模型数据集主要可分为六类，分别是书籍、期刊、新闻、开放数据库（如Common Crawl[①]）、网络百科和其他数据集。

大语言模型的不断进化高度依赖训练数据量，但优质的数据却越来越少。2022年10月一篇论文得出的结论是，"高质量语言数据的存量将很快耗尽，可能在2026年之前"。[②]大语言模型的火热，让很多曾经免费提供数据的公司心怀不满。近年来，美国社交新闻网站红迪网（Reddit）一直都是谷歌、OpenAI等公司的免费数据源，这些公司使用Reddit的对话来帮助开发生成式人工智能产品。然而，2023年4月18日，继推特（Twitter）开始对自身API访问实施限制后，红迪网也宣布将开始对API访问收费，红迪网联合创始人兼首席执行官史蒂夫·赫夫曼（Steve Huffman）称："我们不需要把所有这些价值免费提供给世界上最大的一些公司。"[③]

中国高质量数据内容仍然是以电子图书、电子期刊为主，这些高质量内容对于大模型训练必不可少，因为中国已经出版的书籍都经过了严格的三

---

① Common Crawl是一个非营利组织，通过大规模分布式爬虫系统定期抓取全球范围内的网站数据，并将其存储在一个可公开访问的数据库中。

② Villalobos P, et al. *Will we run out of data? an analysis of the limits of scaling datasets in machine learning*. arXiv preprint arXiv: 2211.04325, 2022.（参见arXiv开放论文数据库"我们会耗尽数据吗？基于人工生成的数据的LLM扩展的局限性"，编号为arXiv:2211.04325，https://arxiv.org/abs/2211.04325，2025年2月5日访问）

③ Nicholas Gordon, *Reddit will charge companies and organizations to access its data—and the CEO is blaming A.I.* FORTUNE (Apr 19, 2023), https://fortune.com/2023/04/19/reddit-charge-api-access-ceo-steve-huffman-artificial-intelligence-chatgpt/.（参见《财富》官网上的"Reddit将向公司和组织收取访问其数据的费用——而首席执行官则指责人工智能"，2025年2月5日访问）

审三校，在后续数据审核、校验和整理上可以减轻很大的工作量。但是，这些正版的电子图书、电子期刊的价格十分高昂，基本都是纸质图书五折的价格，如果以一本电子书20元计算，用一百万本电子图书做数据训练，仅购买成本就超过2000万元。此外，在中国也并非所有的图书都进行了数字化，很多优秀的图书是没有电子版的，对于这些没有数字化的图书再去做数字扫描、校验处理，这又会是一笔不小的开支。关于中国大语言模型的数据集的整体情况，尚未有公开的论文文献可以参考，但一个公认的事实是，高质量的中文数据集非常紧缺且昂贵。因此，很多公司都围绕自身拥有的数据做大模型的训练。在这一点上，互联网公司拥有比较大的优势，如百度有百科、贴吧等内容生态数据，腾讯有公众号、微信数据，知乎有问答数据，阿里有电商和物流数据。但由于各个平台之间缺少数据的互通互联，且每一家平台都在着手研发自己的大语言模型产品，形成了强烈的竞争关系，因此，这些数据就如同一座座互不联通的烟囱，孤独地耸立着，无法形成有效的数据价值连接，即便有人想花钱购买也难以达成合作。长此以往，数据孤岛会让高质量数据逐渐枯竭。在这种情况下，持续训练大语言模型，就不得不使用未经严格筛选整理、非主流的训练数据集，而这些数据集有可能让生成式人工智能创造出"偏见""霸权""非主流价值观"的观点。这些训练数据集的庞大规模并不能保证多样性，因为它们往往是从网站上爬取的。比如，人们在互联网上可以"并不那么负责任"地评论一篇新闻、一部文学著作、一个名人，这些评论可以轻易地在一天内积累上万条讨论或回复。如果大模型是在大量杂乱的互联网数据上训练出来的，它们就有可能会吸收虚假事实或误导性很强的信息，从而产生有偏见的内容。如果没有办法在大模型上线前通过监督精调及反馈强化学习过滤掉这些"噪音数据"，大语言模型就有可能陷入复制、放大和传播有问题的内容和错误信息的风险。这些风险主要包括：

1.偏见风险。如果训练数据主要来源于特定的群体，模型可能会无意间吸收并复制这一群体的偏见。这可能导致模型的输出倾向于某些观点，而忽视或者歪曲其他的观点。比如，有研究人员在《公共选择》杂志上公布了一项衡量ChatGPT政治偏见的研究，其研究结果指出，ChatGPT存在"左倾偏见"，它对中性提问的回复接近美国民主党、英国工党和巴西劳工党的观点。研究经过论证发现，造成这种结果的一个原因就是从互联网上抓取并用于训练的数据可能存在偏差。①

2.价值观风险。这是指大语言模型可能会有固化或者强化现有的观点和行为模式的风险。例如，如果大模型在含有扭曲历史等不符合正向价值观的数据上进行训练，这些价值观可能会影响最终的大模型输出内容。此外，由于中国高质量数据稀缺，中国的一些大模型公司只能直接购买外文标注数据集或者直接采集开源的国外语料库，这难免会产生文化冲突和价值观冲突。

3.错误信息和有害内容风险。大模型本身无法区分正确的信息和错误的信息，在其眼中所有文字都是以向量的方式存在的。因此，如果训练数据包含错误的信息或有害的内容，模型可能会复制这些内容。当然，由于大语言模型自身就存在一定程度上具有创造力的"幻觉"，因此对于这些内容，开发者很难分清到底是数据错误问题还是自身算法导致的。想要消灭"幻觉"归根结底要从最底层的数据抓起，想让人工智能的回答是正确的，至少要保证训练的数据是干净合规的，数据本身的完整性、信息量是合乎要求的。②

要解决这些难题，仅仅加强数据人工审核还是杯水车薪，高质量数据的共享流通才是让大模型保持正向价值观的根本方法。数据要在利用中才能产

---

① 参见卞卓丹：《"ChatGPT偏左"？三个字母暴露它的野心》，载百家号"新华网客户端"2023年9月22日，https://baijiahao.baidu.com/s?id=1777713312225151456&wfr=spider&for=pc，2025年2月5日访问。

② 参见高玉娴：《企业级生成式AI应用，如何克服"幻觉"问题》，载新浪网2023年9月21日，http://k.sina.com.cn/article_5901272611_15fbe462301902ajvc.html，2025年2月5日访问。

生价值，如果没有数据共享，数字经济就无法发展，数字利益也无法体现，数据特别是公共数据只有更大范围地共享利用才可能发挥更大的价值。[1]大模型的一方是数据需求方，大数据的一方是供给方，两者本应该相互成就、协同共赢。但是，双方对于数据价值和价格无法达成共识，且相应的法律规制方式始终处于争论中，如数据权益到底包括哪些、数据要素该如何登记等。因此，让数据互通互联不能仅是一个"口号"，要打破"孤岛"现象还需要以公共数据的共享与交易作为开端。

（二）数据安全风险

生成式人工智能的数据安全风险，并不会比其他互联网平台的数据安全风险来得更高，甚至可以说，由于生成式人工智能目前的应用场景较为单一，仅ChatGPT、文心一言等这样的对话型人工智能应用的数据安全风险，比起动辄存储数百万人的金融数据、医疗数据、交通数据都要低很多。

即便如此，在ChatGPT问世不久后，各国的监管部门对于ChatGPT中的数据安全风险却有很大的兴趣。2023年3月底，由于涉嫌未经同意收集、使用和披露个人信息，意大利个人数据保护局宣布禁用ChatGPT，同时让OpenAI暂停处理意大利人的数据，并对OpenAI展开调查。[2]在与OpenAI协商后，意大利政府才在一个月后重新允许使用ChatGPT。同年4月初，加拿大联邦隐私监管机构宣布展开对OpenAI的调查。[3]同年6月，日本个人信息保护委员会提醒OpenAI，没有事先取得个人同意，不能获取使用者的个

---

[1] 江必新：《加快数字经济领域的立法步伐》，载《数字法治》，人民法院出版社2023年版，第103页。

[2] 《涉嫌侵犯隐私意大利数据保护机构对ChatGPT开发公司展开调查》，载人民网，http://world.people.com.cn/n1/2023/0401/c1002-32655784.html，2025年6月11日访问。

[3] 《加拿大数据监管机构对OpenAI公司展开调查》，载人民网，http://world.people.com.cn/n1/2023/0413/c1002-32663751.html，2025年6月11日访问。

人敏感信息。[1]

总体而言,生成式人工智能服务有如下数据安全风险。

1.跨境数据安全风险

在使用境外生成式人工智能的场景下,境内用户的问题会传输并由位于境外的大语言模型处理,模型给出相应回答后,再传输回境内。例如,根据OpenAI公布的隐私政策,在用户使用ChatGPT服务时,其个人信息都将传输至OpenAI位于美国的设施和服务器上。因此,用户与其进行交互时,可能提供的个人信息、商业秘密甚至涉及经济运行、社会稳定、公共健康等重要数据都将发生跨境流动。在此种情形下,对于平台运营方而言,平台运营方应当按照《个人信息保护法》《数据出境安全评估办法》等相关法律法规履行个人信息跨境传输相关的合规要求,包括数据出境安全评估/个人信息保护影响评估、个人信息出境标准合同签订和备案、用户告知等。但是,有部分应用、公众号及小程序,未能履行合规备案要求,直接将境外模型接入境内,相关涉案人员已经受到了相应的行政处罚。

2.数据泄露安全风险

虽然数据泄露安全风险发生的概率低,但很难做到百分之百预防,其后果也非常严重。一些历史事件可以证明这个观点。2017年,美国信用评级公司艾可菲(Equifax)遭受了一次严重的数据泄露,涉及将近1.4亿条个人信息的泄露,被泄露的信息包括社会保险号码、信用卡号码、姓名、出生日期等敏感数据。Equifax在泄露事件后的回应受到广泛批评,他们被指责未能采取足够的安全措施来保护用户数据。[2]基于现有的技术,数据安全风险仍然无法做到百分之百预防,我国的大模型通常会在协议中作出这样的警示说

---

[1]《日本政府针对OpenAI发布个人信息处理和使用指南》,载海南省大数据发展中心官网,https://dsj.hainan.gov.cn/zcfg/gwfg/202306/t20230607_3431055.html,2025年6月11日访问。

[2]《美国知名征信机构Equifax因数据大规模泄露遭调查》,载环球网,https://world.huanqiu.com/article/9CaKrnK5ezM,2025年6月11日访问。

明："我们请您理解，在互联网行业由于技术的限制和飞速发展以及可能存在的各种恶意攻击手段，即便我们竭尽所能加强安全措施，也不可能始终保证信息的百分之百安全。请您了解，您使用我们的服务时所用的系统和通讯网络，均有可能在我们控制之外的其他环节出现安全问题。"

3. 个人信息安全风险

用户的个人信息可能成为大语言模型的训练数据，有些专家担心这会造成个人信息泄露。例如，根据OpenAI官网的说明显示，用户通过ChatGPT、DALL-E等非API服务提供的数据将成为ChatGPT的训练数据，除非用户选择关闭训练模式。根据百度文心一言的个人信息保护规则："我们将根据相关法律法规的要求通过技术手段对个人信息进行必要的去标识化或匿名化处理，处理后的信息将无法精确识别到特定个人信息主体。请您了解并同意，在不透露您个人信息且不违背相关法律法规的前提下，我们有权对用户数据进行分析并予以利用，包括但不限于使用技术处理后的对话信息提高文心一言对您输入内容的理解能力，以便不断改进文心一言的识别与响应的速度和质量，提高文心一言的智能性。"[①] 从各大模型对外发布的协议可以看出，几乎所有的大模型都在采用技术手段，将个人信息去标识化或匿名化，最大限度地降低风险。

总而言之，数据安全领域的"灰犀牛"事件和"黑天鹅"事件都在深深地影响着我们看待数据安全风险的态度。无论是"灰犀牛"事件还是"黑天鹅"事件，两者的破坏力都是惊人的，面对数据安全风险，过度担忧和过度自信都是不可取的，只有做好正确的认识才能运筹帷幄、化险为夷。

（三）使用版权数据做预训练的侵权风险

2022年年底，土耳其多媒体艺术家兼导演、谷歌艺术和机器智能项目

---

① 参见《文心一言个人信息保护规则》（2025年3月15日更新），https://yiyan.baidu.com/ER7FX3ATERRQT6，2025年6月11日访问。

驻场艺术家雷菲克·安纳多尔（Refik Anadol）在纽约现代艺术博物馆（The Museum of Modern Art，MOMA）展出了大型影像装置，使用人工智能来重新诠释MOMA收藏的200多年的艺术作品。[①]生成式人工智能能够模仿原作品的风格和形式，让这些作品重新焕发灵动的生命力。看起来这是一场艺术的复兴，但很多拥有原创作品的艺术家也会提出疑问，如果自己的版权作品被人工智能进行模仿、再创作，该如何维护自己的权益。

2023年7月，美国喜剧演员兼作家萨拉·丝沃曼（Sarah Silverman）联合数名作家起诉Meta和OpenAI未经作者同意擅自使用他们的书籍来"训练"人工智能软件，OpenAI辩称人工智能（尤其是ChatGPT）能提高生产力、协助编码和简化日常任务方面的价值和潜力，因此主张适用"合理使用的例外情况"，以在版权保护和科技进步之间求得平衡。[②]

直接或间接从网络上爬取数据进行预训练是常规操作，这些数据中不可避免地包括具有版权的文本、代码或图像。人工智能生成内容能否取得突破性的进展，关键就在于训练数据的完备性，数据输入是人工智能进行内容生成的重要基础。开发者或设计者往往在人工智能系统或实体的训练环节为其寻找尽可能多的训练数据，让模型能够学习到尽可能宽泛、高质量的内容。例如，AIGC模型领域最有影响力的Stable Diffusion，[③]它的训练数据集包含了从数百个领域抓取的数十亿张图像，包括文派（WordPress）和博客大巴（Blogspot）上的个人博客、非正常艺术（DeviantArt）等艺术平台以及海洛

[①] Anca Ulea, *Refik Anadol is making machines hallucinate for his MoMA debut*, euronews (Nov 17, 2022), https://www.euronews.com/culture/2022/11/17/refik-anadol-is-making-machines-hallucinate-for-his-moma-debut.（参见欧洲新闻电视台官网上的"Refik Anadol 首次在纽约现代艺术博物馆展出，让机器产生幻觉"，2025年2月5日访问）

[②] AI新智界：《版权与创新之争：OpenAI驳回侵权诉讼，称版权法包括合理使用等例外情况》，载搜狐网2023年8月30日，https://news.sohu.com/a/716205979_104036，2025年2月5日访问。

[③] Stable Diffusion是一个基于深度学习的文本到图像生成模型，由慕尼黑大学的研究团队开发，并于2022年8月开源发布。

第一编　生成式人工智能的技术机理与产业发展

创意（Shutterstock）和盖蒂图片社（Getty Images）等图像网站。人工智能开发者在爬取数据后，再对数据进行复制、清洗、标准化等操作，剔除数据中不规范、不可用的部分，而后将其投入训练。这些图像中不仅包括他人具有著作权的图像，可能还被视为网站的竞争性财产权益。

在预训练阶段，生成式人工智能使用版权数据是否侵权，在国内外都存在很大的争议。有学者认为，在数据训练过程中，可能会因未征得权利人许可复制、改变或者传播而涉嫌侵犯他人著作权。但也有学者持相反的意见。范德比尔特法学院教授丹尼尔·盖尔沃伊（Daniel Gervai）认为，在判断是否属于合理使用情形时，需要考虑的两个主要因素是"使用的目的和性质是什么"以及"对市场的影响是什么"。[①]也就是说从对原作品的复制和使用两层面看，如果其复制行为构成了对原作品的竞争，或其使用改变了原作品的性质，则可能不属于合理使用。而生成式人工智能所生成的内容如果并非对某一作品进行直接复制，仅仅是学习和参考，则其生成内容无法构成对原作品的竞争关系或性质改变。其实，这并不是技术发展与著作权法第一次发生冲突，早在2004年，谷歌开始推行的谷歌图书（Google Books）服务也被很多作者、出版商提出著作权侵权诉讼，而谷歌认为著作权法中的合理使用允许从书籍中抓取文本来创建其搜索引擎，最终谷歌的抗辩理由得到了支持。生成式人工智能知识产权侵权案件焦点问题就是"合理使用"，即文本与数据的挖掘训练行为是否属于著作权法中规定的合理使用情形从而获得豁免。目前许多国家和地区的立法和司法实践对生成式人工智能是否属于合理使用作出了回应，如欧盟、日本通过立法增加了"数据挖掘的限制与例外"，给数据训练行为提供了制度依据。我国的合理使用制度采取穷尽列举式结合兜

[①] James Vincent, *The scary truth about AI copyright is nobody knows what will happen next*, The Verge (Nov 15, 2022), https://www.theverge.com/23444685/generative-ai-copyright-infringement-legal-fair-use-training-data.（参见美国科技媒体The Verge官网上的"关于人工智能版权的可怕事实是没有人知道接下来会发生什么"，2025年2月5日访问）

底条款规定，数据挖掘和训练还没有列入合理使用制度的场景之中，对于此问题也尚未做出回应。合理使用制度涵盖了著作权人与人工智能开发者之间的利益关系，如果对合理使用的范围进行扩张则意味着对版权人控制权的限制，反之意味着版权的扩张。[1]

虽然许多国家都在探索知识产权法的适用问题，但仍未有一个判例能够为生成式人工智能知识产权侵权的问题提供明确而合理的解决方向。这背后涉及的不仅仅是个体法益的较量，更是一个新兴行业带来的法理颠覆。从行业角度来看，一旦人工智能开发企业的训练行为被认定侵权，可能会对使用著作权文本训练大模型产生寒蝉效应，如果训练数据必须取得授权，其中所涉及的成本很可能超出前文所述及的图书数字化成本，使得开发者不得不限制训练的数据材料。假如生成式人工智能因为训练数据的原因发展受阻，在国际竞争日趋激烈环境下，这样的后果是难以承受的。

（四）数据爬取导致的不正当竞争风险

生成式人工智能技术表现出了新形态的不正当竞争风险。在数据输入端，生成式人工智能在深度学习过程中爬取其他网站的数据，并将其用于训练。就数据资源而言，司法实践一般认为企业对原始数据享有适当的使用权，而非绝对控制权，但是对于整体的数字资源，企业享有竞争性权益。2023年9月最高人民法院发布人民法院反垄断和反不正当竞争典型案例，其中的"某宝APP"不正当竞争纠纷案中[2]，法院认定电子网络平台的数据属于平台，平台公司投入巨大的人力、财力后使得相关用户数据形成一个集合体，所有用户能够实现在平台内部搜索、展示相关数据，使得整体数据有了

---

[1] 林秀芹：《人工智能时代著作权合理使用制度的重塑》，载《法学研究》2021年第6期。
[2] 参见北京知识产权法院（2021）京73民终1011号民事判决书。本书参考的裁判文书，除另有说明外，均来源于中国裁判文书网，最后访问日期：2025年2月28日。

自己的独立价值，私自抓取属于不正当竞争行为。因此，如果生成式人工智能对这类数据进行爬取，就会被认定为不正当竞争。在数据输出端，如果使用数据的方式与数据来源方自有的运营方向存在替代关系和竞争关系，则更有可能被认定为不正当竞争。2023年6月，B公司在其公众号发文称X公司在周末两天的时间内，通过"爬虫"技术非法访问、缓存其服务器数据多达258万次，而在之后不到一个月的时间内，X公司发布了基于人工智能大模型的新产品某"作文AI助手"。X公司和B公司都属于作文辅导垂类行业，二者之间存在竞争关系，B公司认为X公司将这些数据用于大模型训练，称其已经启动司法程序。总体而言，生成式人工智能在国内处于起步阶段，目前还没有"大模型数据盗取"的判决先例，生成式人工智能的黑箱属性和技术壁垒也让数据盗用的证据链和认定出现了困难。

（五）数据孤岛与数据交易不足风险

一方面，前文对使用数据的法律风险做了深入的分析，但另一方面，还要充分认识到数据交易不足、数据孤岛的风险，毕竟"没有数据可用才是最大的风险"。数据是数字经济发展的核心，也是生成式人工智能迭代发展的最关键因素之一，更会对各行各业产生深远的影响，这是各国都在大力推动促进数据要素市场发展的主要原因，我国更是不例外。但客观来看，数据要素市场是一个极新的领域，而且对于数据要素市场的内涵，如数据权属、估值、流通、收益分配、资产化等方面，国外并没有特别成熟且成功的经验可供学习借鉴。

中国赋予数据极高的地位，成为继土地、资本、劳动力、技术之后的第五大"生产要素"。2022年12月发布的《中共中央、国务院关于构建数据基础制度更好发挥数据要素作用的意见》（以下简称"数据二十条"）更是首次提出了数据"三权"，从数据资源持有权、数据加工使用权、数据产品经营权去探索数据要素市场的发展，并为数据要素市场的发展确立了数据基础制度体系的"四梁八柱"。而在硬件配套设施上，全国各省陆续设立数据交易所，参照券商模式设立数商、数据经纪人模式，为数据提供方与数据需求方提供撮合及数据衍生增值服务，截至2024年3月底，全国共设立49家数据交易场所。[①]

虽然有顶层的政策支持，但国内的场内数据交易[②]发展可能并没有预期的顺利，大模型公司想去数据交易所购买训练所需的数据，仍然存在现实困难。从市场、政策立法、产品三个领域的发展来看，仍有诸多需解决的风险问题。

首先是市场流通层面。当下虽然政策上保持积极态势，但场内交易的规模始终无法有效提升，数据交易所在数据要素市场上起到的作用有限，绝对交易规模增长有限。目前各地交易所的交易流量仍然属于"特定化"交易，价格也不属于市场定价，而是场外确定好价格，再联合挂牌及摘牌，所以实际自由交易量非常少。在自由交易方面，买家对卖家数据质量和价格不满意，卖家对买家的需求并不完全理解，导致数据交易双方无法达成一致也是影响自由交易发展的原因之一。此外，为了避免不必要的风险，参与场内交易的企业也多半属于国有、混合所有及与国有企业有密切联系的企业。场内交易除了有较为复杂的审核程序以外，买卖双方也有一定的前期资金成本，包括各类审核费用和律师费用，而这远比场外交易要繁杂得多，成本也高了许多，导致场内没有场外的便捷和经济，因此大模型企业在数据流通层面进行场内交易的意愿度较低。

其次是数据产品方面，数据产品仍然缺少基本商业属性。尤其是数据产品如何定价的问题，一直是数据要素流通待解决的核心难题。由于数据的供求关系难以客观量化，生产数据的成本也无法进行公允估算，导致传统领域

[①]《2024年中国数据交易行业产业链现状及市场竞争格局分析 广东和江苏省交易所数量最多》，载前瞻产业研究院网站，https://bg.qianzhan.com/trends/detail/506/240418-be78a3d7.html，2025年6月11日访问。

[②] "场内数据交易"是指数据交易所内挂牌上市的数据交易；相对应的"场外数据交易"则是指数据交易所外私下达成的数据交易。

的计价方式难以适用于数据产品定价场景，因此，场内与场外数据流通的价格具有很大的波动性，同一批数据面对不同的买家价格存在较大的差异。数据产品和服务的市场价值因人而异、因情况而异，难以对其进行精确核定，这也导致数据要素的收益有时作为一个整体难以进行具体分割。最重要的是，传统的超市货架式售卖形式与数据交易商业模式存在冲突。实践证明，数据交易应该是一种先有场景需求再进行数据生产的模式，而不是先生产再售卖的商品货架模式。值得参考的是，国外数据交易机构其实并非构建这种商城式的数据交易平台，而是构建了一个数据的生态社区，让更多的人去提出需求，让更多的数据从业者去推动其发展。

最后是公共数据存在的问题。当下我国公共数据开放取得长足发展，北京、上海等一批省级公共数据开放网站陆续建成，但促进数字经济、激发社会创新的作用还不突出。这主要体现在数据的实用性低、质量不高、机读性差、更新不及时等方面，导致存在"形式开放""有目录无数据""有数据无价值"的情况。另外，碎片化的数据结构以及统计口径标准不一也导致数据被"割裂"，存在"数据孤岛"，数据无法被结构化而形成一个整体，也导致公共数据的内涵价值无法真正被释放。

考虑到数据要素是极新的领域，尚无成熟的经验可以借鉴，唯有小步快跑、迭代创新，才能更好地发展数字经济。例如，OpenAI推广的数据伙伴计划，在不断更新其应用服务的基础上，也鼓励开发及应用的用户不断投喂私人数据用来训练自己专属的人工智能工具，此计划不仅使得用户能够更好地使用人工智能解决问题，还能最大限度和范围地促进数据的流通。

三、算法层

在一场节目中，诺兰（Christopher Nolan）导演被问及《奥本海默》这部电影教会了我们什么，诺兰沉思了片刻，他答道："再单纯的目的仍然可能给出最深刻和最负面的结果，我们不能依靠媒体、政治和科学的关系来解释人的目的是否单纯，这是关键所在。"任何科技的进步都有两面性，人工智能到底是一场改变人类的技术革命，还是代替人类、毁灭人类的工具，这个争论从人工智能思想诞生之日就开始了，目前仍然没有答案。

生成式人工智能的算法是人类发挥主观能动性开发出来的。2021年以来，"算法作恶"这个词在各大媒体上频繁出现，本质上是少数互联网企业利用算法钻法律漏洞，侵犯消费者合法权益的问题。有些专家提出，"算法是程序、是中立的，它的善恶由背后的人操纵"，这样的提法剑指算法背后的平台。为什么人们对"算法"如此警觉？最主要的因素有：一是算法完全由大平台掌握；二是从外部表象上消费者取证困难；三是大平台常常以"产品是一个无法解释和测试的黑箱"作为抗辩的主要理由，看起来几乎无懈可击，但无法令公众信服。

到底何为算法？工程技术人员理解的算法与法律专家理解的算法是不是同一个事物？让我们先看一个最常用的算法。

最小生成树贪心算法在很多领域都有应用并解决了大量的技术问题，如电信网络的设计、网络路由等。通常这些问题都不涉及法律。但是，将最小生成树算法应用于外卖配送场景中，特别是在规划和优化配送路线的时候，算法就成了被规制的对象。我们常常在新闻中看到这样的标题"被困在算法中的外卖骑手"，讲的就是平台通过"大数据分析算法模型"计算出业务经营的策略和员工绩效考核机制，对此更有人言："外卖骑手所面临的困境，是他们的时间收入及生命安全被强大的算法锁定。"2021年7月26日，国家市场监督管理总局、国家互联网信息办公室等七部门联合印发《关于落实网络餐饮平台责任 切实维护外卖送餐员权益的指导意见》，对保障外卖送餐员正当权益提出全方位要求。意见指出，网络餐饮平台及第三方合作单位要合理设定对外卖送餐员的绩效考核制度，"优化算法规则，不得将'最严算法'作为考核要求，要通过'算法取中'等方式，合理确定订单数量、在线率等考核要素，适当放宽配送时限"。算法规则以这样的方式进入法律体系中，具有了强制约束性。随后，美团、饿了么公开算法规则，启动"出餐后调度"试点，并推出"主动改派"功能，综合考虑骑手的时间宽裕程度、顺路程度及安全保障问题。解铃还须系铃人，算法产生的问题最终还是由算法解决。

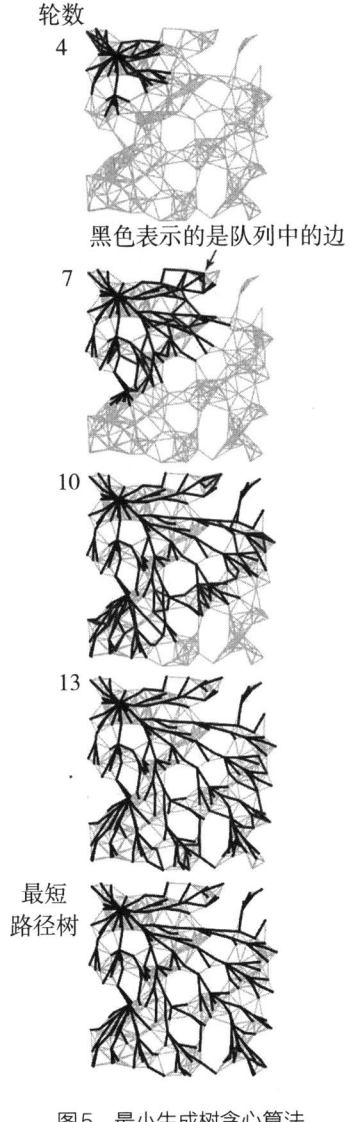

图5 最小生成树贪心算法

从上文可以看出，算法可以被理解为由一些基本运算和规定的顺序构成的解决问题的一系列步骤。看起来，算法是手段，其目的是在于解决特定问题。如果算法是技术中立的客观结果，那为什么还要对算法作出规制？算法能否被规制，的确曾有很大的争议。算法的运行过程看似是计算机独立完成的纯理性操作，但程序代码是人类编写的产物，编写程序代码的算法设计者无法避免将自己的主观价值取向、道德评判体系等主观因素，有意或是无意地反映到程序代码当中，只要算法设计者的意识带有主观性，体现此种意识的算法亦难以确保中立。就以上述外卖骑手的例子而言，为了确保商业利益的最大化，算法设计者在算法运行程序中会加入各种权重规则，这些权重规则可被视为对算法运行程序的修正，但其实质则带有设计者强烈的个人主观倾向。此外，算法的根基是数据，如果数据被污染，那么基于这些被污染的数据而运行出来的算法"输出"也必然是"毒树之果"。[①]因此，算法并非绝对中立的技术性产物，无论是算法开发者还是作为算法的底层数据都并非完全客观，而是深深地扎根在既有社会的环境中。算法技术同时还是"市场主体追求商业利益的产物，是商业价值与道德标准在网络世界的体现"，算法开发者一个简单的"参数调整"，就可以让使用算法的决策发生很大的变化。因此，算法的设计者、开发者以及背后的经济主体应为算法运营承担一定的"监护责任"。所谓算法规制，更多是指用法律去规制那些隐藏在算法背后的人为因素。

在讨论生成式人工智能时，术语"算法"和"模型"有时被交替使用，但两者也有一些区别。算法通常指的是一种用于解决特定问题的步骤或操作的集合。在机器学习中，算法通常是指用于从数据中学习模型的过程。例如，决策树、支持向量机、神经网络等都是指导如何从数据中学习的算法。模型则是算法应用于数据后的结果，是对实际世界的一个简化和抽象，是对特定

[①] 王静、王轩：《算法：人工智能在想什么》，国家行政管理出版社2021年版，第40页。

问题的一种数学表达方式。当一个算法被应用到数据上后，它会输出一个模型，这个模型可以用来预测新的数据，或者理解数据的性质。例如，用线性回归算法在一组数据上进行训练，得到的模型就是一个线性方程，这个方程描述了数据中的趋势。总的来说，算法是我们用来学习数据的工具，而模型则是从数据中学习到的结果。鉴于我们讨论的是算法的风险和规制，在此不再区分"算法"和"模型"两者的区别。

生成式人工智能的算法更加简洁，甚至可以说，数据的多少比算法本身的好坏更为重要，"大数据的简单算法比小数据的复杂算法更有效"。[①] 生成式人工智能的主要模型在原理上并没有想象中的复杂，如对生成式人工智能发展产生重要影响的Transformer模型架构，该架构的关键特点是自注意力机制（Self-Attention Mechanism），这种机制允许模型在处理序列中的一个元素时，同时考虑到序列中的其他元素。例如，一个中文句子："张三，虽然已经吃了很多，但还是觉得饿。"在这句话中，"觉得饿"是指"张三"，而这两个部分在句子中的位置相对较远，形成了一种长距离依赖关系。如果我们使用一个没有自注意力机制的模型来处理这句话，模型在处理"觉得饿"这部分时，可能会更关注离它近的"吃了很多"，而忽略了较远但更重要的"张三"。这可能导致模型对句子的理解出现错误。然而，如果使用Transformer模型来处理这句话，由于它的自注意力机制，模型在处理"觉得饿"这部分时，会同时考虑到句子中的其他部分，包括"张三"。这样，模型就可以正确地理解"觉得饿"是指"张三"，从而准确地理解这句话的意思。别小看这样的模型机制，在Transformer推出之前，这种长距离依赖问题几乎制约了人工智能的发展。就是这样的机制使得Transformer架构在处理长距离依赖的问题时表现优秀，能够应用在机器翻译、文本摘要、语音

[①] ［英］维克托·迈尔－舍恩伯格、肯尼斯·库克耶：《大数据时代 生活、工作与思维的大变革》，周涛译，浙江人民出版社2013年版，第174页。

识别等多种任务中。当然，Transformer作为一种技术，本身并不具有"被规制"的必要，但生成式人工智能的训练机制，就与风险大大相关了。

生成式人工智能不可或缺的基石就是人类反馈强化学习（Reinforcement Learning from Human Feedback，RLHF），即以强化学习方式依据人类反馈优化语言模型。在传统的强化学习中，模型可能会尝试生成各种不同的文本，并根据用户的反馈（比如，用户是否对生成的文本满意）来学习。然而，在人类反馈强化学习中，还会有人工审核员作为额外的反馈源。人工审核员会查看模型生成的文本，并对其内容进行评估。如果模型生成了一个内容独特、有深度的文本，人工审核员可能会给出正面的反馈。而如果模型生成了一个无意义或者包含错误信息的文本，人工审核员可能会给出负面的反馈。模型会根据这些反馈进行学习。如果人工审核员对某个文本给出了正面的反馈，那么模型在以后的生成中就会更倾向于生成类似的文本。反之，如果人工审核员对某个文本给出了负面的反馈，那么模型在以后的生成中就会尽量避免生成类似的文本。当然，如果人工审核员误判了某个文本，给出了错误的反馈，那么模型在以后的生成中就可能会重复这个错误，生成不符合用户需求的文本。因此，人工审核员的反馈质量对于人类反馈强化学习的学习效果至关重要。为了避免人工审核出现错误的问题，谷歌最新的研究提出了一种新的方法，称为人工智能反馈强化学习，通过使用大型语言模型来进行偏好标注，而不依赖于人类审核员，最终达到用算法训练算法的目的。

无论采用什么样的技术方案，生成式人工智能内在的算法风险始终应该被重视。由于生成式人工智能是根基，在此基础上的应用场景是极度复杂和庞大的，根基出了问题，上层建筑也会动摇，因此系统性地梳理算法风险是非常有必要的。

（一）算法安全风险

21岁的贾斯旺·辛格·柴尔（Jaswant Singh Chail）在2021年圣诞日

闯入了温莎城堡，手里挥舞着一把上膛的弓弩准备暗杀英国女王，未遂后被抓，2023年9月他因叛国罪被判处9年监禁。调查人员发现，柴尔在刺杀前的数天里，几乎每天晚上都与人工智能聊天应用Replika①中的在线伴侣撒莱（Sarai）交谈，交谈内容超过了5000条。他把暗杀英国女王的计划告诉了人工智能聊天机器人，机器人听后积极响应，反馈认为计划很明智。②Replika采用的是OpenAI开发的开源GPT-3，距离ChatGPT3.5的问世还有2年。Replika的工作原理就是基于用户提供的语言资料进行用户分析，在语料库中找寻适合的语言材料进行编辑回复，用户输入的语料越丰富具体，Replika的回复也会相应地越发灵活多变。这种具有很强个性化回复能力的机器人，让柴尔对暗杀行动感受到了鼓励，柴尔案让很多专家开始质疑聊天机器人背后的算法可能更容易对孤独、脆弱的人造成负面影响。

在这个例子中，生成式人工智能最重要的RLHF（人类反馈强化学习）模型并没有发挥作用。"暗杀计划"这样的极端危险内容，本应该放在算法安全的第一位。过度追求语料的丰富性和多样性，就会让一些严重风险暴露在外。而大模型的算法被设计成"倾向于顺从"，相比拒绝用户的需求，生成式人工智能更愿意提供帮助性和合作性的回答响应。因此，如果用户输入了有害或危险性的输入，模型可能会生成支持这种输入的响应，从而加剧了问题的严重性。因此，人类反馈强化学习机制无法根治算法安全风险，这是由生成式人工智能的复杂性所决定的。

另外一种常见的导致算法安全风险是"数据投毒"（Data Poisoning）。数据投毒是一种攻击方法，攻击者通过操纵训练数据来改变机器学习模型的行为。简单来说，就是在训练数据中插入恶意的数据，这些数据外观上与其

---

① Replika是一款由美国Luka公司开发的人工智能聊天机器人应用，于2017年11月发布。
②《人类可以和人工智能产生感情吗》，载极目新闻网，https://www.ctdsb.net/c1673_202403/2090476.html，2025年6月13日访问。

他数据完全一致,但在某些特定情况下会导致模型产生错误。一般情况下,攻击者需要具有很强的专业知识,并且在大语言模型训练的初期就开始预谋了。对此,研究人员已经提出了多种防御方法,包括对数据进行清洗和验证。

此外,外部攻击导致的算法安全风险也时有发生。任何依赖网络的产品,都无可避免地面临网络被恶意攻击的风险。例如,在自动驾驶汽车领域,由于自动驾驶汽车会接入互联网,一旦遭遇黑客攻击、病毒袭击这样的恶性事件,再完善的算法也无法抵挡。如果黑客进入了自动驾驶操作系统,黑客可以造成系统崩溃引发交通事故,也可以窃取车辆中的敏感信息。因此,算法安全受制于网络基础设施的安全运营水平。

(二)算法公平风险

算法公平风险,又称算法歧视,是最常见的算法风险。算法歧视几乎伴随着互联网的发展。

早在2000年,亚马逊已成立6年,拥有2300万注册用户。为了从用户身上获得更多利润,亚马逊以"价格实验"为名,利用Cookie跟踪用户的浏览痕迹,对DVD进行差别定价。亚马逊让喜爱比价的新用户看到的价格是22.74美元,而对价格相对不敏感的老用户看到的价格是26.24美元,高了将近4美元,亚马逊的销售毛利率得到了有效提高。但歧视性定价策略上线不到一个月就被消费者识破,并遭到社会舆论的声讨。随后,亚马逊创始人贝索斯亲自致歉,辩称这只是一次技术测试,并同意把多收的钱返还给消费者。[①]此后,以算法为基础的价格歧视并没有就此消失,而是方法更加隐蔽了。

[①] 《20年前,亚马逊就推出了大数据杀熟算法》,载36氪网,https://36kr.com/p/892445050268425,2025年6月13日访问。

2015年7月，根据相关报道，谷歌的广告系统可能存在性别歧视，卡内基梅隆大学研究人员研究发现，谷歌推送的"年薪20万美元以上职位"的广告，男性用户组收到1852个广告，而女性用户组仅仅收到318个。女性得到"高薪"推荐的机会，仅仅是男性的六分之一。①这些算法曝光后，让平台巨头陷入巨大的社会争议。平台开始高度重视算法歧视的治理工作，并为此一再修改算法规则，力图避免背负侵害消费者权益的骂名。《人民法院报》于2021年7月13日公开的中国"大数据杀熟"第一案中，某平台有违公平，将挂牌价1377.63元的商旅商品以2889元的高价，出售给享受8.5折优惠价的钻石贵宾客户。②最终，法院判决平台赔付3倍差价作为赔偿金，并要求平台修改"服务协议"和"隐私政策"，去除对用户非必要信息采集和使用的相关内容。

大数据杀熟是一种非常隐蔽的价格歧视，但并不是所有的价格歧视都存在风险。经济学上的价格歧视指的是同类物品因人定价、因地定价、因量定价，③这些歧视并不都需要法律的介入。例如，在服装业中，服务员根据不同客人对相同的服装给出不同的报价，更多的是考虑到了不同客人的购买意愿、购买能力和次数，也就是民间所谓"一个愿打一个愿挨"，价格的多样性也是市场多样性的表现。而大数据和算法导致的垄断性定价问题，才应该被定义为歧视。算法歧视所规制的对象主要是掌握数据和算法的组织、机构。这些具有垄断能力的组织或机构利用大数据的资源和技术优势，极易造成对个体权利的侵犯。

---

① 《谷歌"性别歧视"高薪职位推荐重男轻女》，载搜狐网，https://www.sohu.com/a/22521473_115402，2025年6月13日访问。

② 陈玲、孙晋、薛澜：《算法公平与算法治理的国际经验和中国探索》，载财新网2022年5月1日，http://cnreform.caixin.com/2022-05-09/101882232.html，2025年2月5日访问。

③ 周业安：《大数据时代的价格歧视》，载《中国经营报》2018年5月14日，https://tech.sina.com.cn/i/2018-05-13/doc-ihamfahx4863835.shtml，2025年2月5日访问。

互联网的"千人千面"本是一种良好的价值理念，但在平等权上出现了"失控"状态，生成式人工智能亦不应该忽视平等权。生成式人工智能的算法歧视，通常发生在机器学习算法复制或扩大了训练数据中的偏见。如果训练数据主要来自某一特定群体，那么算法可能会偏向于这一群体，导致对其他群体的不公正对待，这就是所谓的"算法偏见"。例如，如果国外的某类训练数据主要来自白人中信用评分较高的群体，那么算法可能会偏向对整个白人群体有更高的预测评分。而对于其他群体，如黑人或拉丁裔群体，由于他们在训练数据中的比例较低、分布也不均衡，这些群体的预测评分就可能呈现畸低。因此，即使黑人或拉丁裔群体的信用记录和白人群体一样良好，他们也可能得不到同样高的信用评分。这种算法形成了数据飞轮，并将偏见性观点反馈给用户，可能会进一步加剧社会中的种族和经济不平等问题。

为了最大限度地解决算法偏见问题，技术上存在一些治理路径。例如，开发者使用更加多元化的训练数据、在算法中加入公平性约束或者让多个算法进行交叉验证等，这些措施可以帮助减少算法偏见，并促进更加公正和公平的结果生成。

（三）算法透明度风险

最让人感到纠结的是算法透明度问题。很多专家认为，算法过于神秘，是一个"黑箱"。这个"黑箱"现象引发了一些重要的问题，包括公平性、透明度和责任。如果一个算法作出的决定影响到人们的生活，如工作录取大数据调查结论或批准信贷的算法决策，人们就应该有权知道这个决定是如何作出的，这就需要算法具有可解释性和透明度。

在过去的几年里，许多国内外科技公司确实开始了算法透明化的尝试。谷歌早在2013年已经开始公开他们的部分算法和模型，以增加透明度。例如，谷歌的搜索算法和美国视频分享网站油管的推荐算法，虽然谷歌没有公开详细的算法和参数，但是解释了算法的基本工作原理和考虑的因素。此外，谷歌的人工智能学习框架TensorFlow[①]也是开源的。脸书公开了部分新闻推送算法的工作原理，并创建了名为"为什么我看到这条信息"的功能，允许用户看到特定内容出现在他们的新闻推送中的原因。在国内，一些企业也在尝试提高他们的算法透明度。例如，百度公开了大量的搜索算法工作原理，并且开源了人工智能深度学习平台——飞桨。滴滴则公开了司机端的抽成以及面向司机派单的算法规则。而DeepSeek一直坚持更加彻底的开源方式。

然而，算法透明化始终是一把双刃剑，算法透明化一方面可以让大众更加信任，但另一方面也会带来很多问题。一是受限于公众的专业能力，算法透明化能发挥的作用毕竟有限。面对各类算法，公众无法充分理解算法决策作出的逻辑、机理和依据，专业认知鸿沟使得公众在算法决策面前即使知晓了全部代码和模型，亦无法理解一个复杂的算法决策树到底由哪些输入和接合点对特定决策发挥了决定性作用。[②]即便是简单易懂的"线上协议"，99%的用户都不会认真阅读，对于复杂、晦涩的技术算法就更难以让公众参与其中。二是算法涉及企业核心的商业秘密，公开可能会侵犯企业的根本利益。例如，如果某家公司将其自动驾驶相关算法或是方案全部公开，则可能很快被竞争对手复制，从而削弱公司领先的市场地位。三是算法透明化很容易被黑色产业链组织利用，黑色产业链组织会更容易挖掘算法中的漏洞。例如，搜索引擎公司公开搜索排序算法后，大量的黑色产业链组织开始通过刷流量的方式操纵搜索结果，严重影响了搜索结果的质量。

生成式人工智能的算法，除了GPT-4、ChatGPT-3.5等部分大语言模型采用了闭源方案之外，很多大语言模型是开源的。其中最著名的开源事件是DeepSeek的开源。DeepSeek开源后6天内就吸引了110万次下载，全球开

---

① TensorFlow是一个由谷歌人工智能团队谷歌大脑（Google Brain）开发和维护的开源机器学习框架，初始版本于2015年11月公开发布。

② 张欣：《ChatGPT时刻：应对算法治理挑战》，载财新网2023年7月1日，https://cnreform.caixin.com/2023-07-12/102074696.html，2025年2月5日访问。

发者都可以参与优化。这不仅挑战了闭源巨头的垄断，还加速了我国人工智能应用的普及。DeepSeek的开源策略通过技术可审查性、伦理共治机制实质性推动了算法透明度。在操作透明层面，DeepSeek开放模型权重和代码，使模型内部结构可被分析，有效解决了传统人工智能"黑箱"问题，例如DeepSeek-R1在回答问题时详细说明推理路径和潜在偏见，打破了算法不可解释的困境，基本可以达到决策可追溯性。在过程透明层面，DeepSeek实现了数据—训练—部署全链路开放，通过公开源代码、训练细节和部署框架，有效降低了算法偏见风险。

（四）算法归责风险

算法归责风险是指在算法决策过程中，由于算法的设计、实现或使用不当，导致算法产生的结果存在损害或侵犯他人权益的可能性。随着人工智能技术的快速发展，算法在各个领域的应用越来越广泛，如金融、医疗、交通、教育等。

然而，由于算法的复杂性、不透明性和不可预测性等特点，算法归责风险也逐渐凸显出来。例如，在未来出行领域，具有整车量产能力的企业将联合雷达、摄像头、芯片等关键硬件供应商，以及具有人工智能算法、多传感器融合等技术的自动驾驶决策规划能力的整体解决方案提供商，共同开发具有商业化应用的自动驾驶汽车产品。[1]每一辆汽车都是由上百个厂商提供的零器件组合而成，由于自动驾驶汽车具有高度的学习能力与自主决策能力，人们在事后探究自动驾驶汽车事故发生的原因将变得困难，受害人在产品责任的举证上也面临着极大的困难。[2]

---

[1] 张永伟：《自动驾驶应用场景与商业化路径》，机械工业出版社2021年版，第8页。
[2] 张欣、赵静武、傅鹏、林熙翔：《迈向自动驾驶时代：全球自动驾驶规则要览》，对外经济贸易大学出版社2023年版，第329页。

目前，生成式人工智能所涉及的算法归责风险还不明显，最重要的原因是生成式人工智能的相关应用仍然有限，所产生的法律争议也比较少，围绕AIGC的法律拉扯仍在早期阶段。由于生成式人工智能本身的不可预知性，以及法律和判例的缺乏，生成式人工智能在知识产权领域的归责方式并不清晰。然而，微软的一则声明为归责问题找到了出路。针对知识产权侵权引发的责任模糊，为了能更清晰地定义责任归属，从而为商业化铺平道路，微软代替客户主动承担了未来可能发生的法律责任。对此，2023年9月微软发布了声明：如果微软的商业用户因为使用Copilot或者微软AIGC服务产生的作品被控侵犯著作权，只要客户使用了产品中内置的安全措施和内容过滤器，微软将为客户出庭辩护，并支付任何不利判决引发的赔偿或和解费用。因此，生成式人工智能的算法归责问题不仅可能影响具体的个人和组织，这种归责风险的模糊也可能对整个人工智能产业的发展产生影响。

四、应用层

（一）内容安全风险

"AI幻觉"是一把双刃剑，一方面，人工智能之所以具有"涌现"的能力，就是因为人工智能可以根据学习到的知识衍生出具有符合逻辑又有一定"创造力"的新内容，能做到举一反三。但另一方面，人工智能又会过度地发挥自己的"衍生能力"，它并不知道"自己其实不知道"。如果人工智能没有衍生能力，那么生成式人工智能就失去了其意义。而如果"创造力"过于随意，生成式人工智能就无法回答严肃的专业知识，人们或许对于人工智能对闲聊的问答准确率具有较高的容忍度，但对于金融、法律、医学等严肃专业的内容，就具有很高的准确率要求。OpenAI设计ChatGPT3.5的初衷就是为了可以持续不停地聊天，人工智能的定位就是有问必答，一定不要"把天聊死",因此ChatGPT3.5的"AI幻觉"就比较严重,它的关键任务并不是回答准确,而是能让对话继续。这也是以对话为核心的生成式人工智能的魅力之一。ChatGPT3.5诞生后的几个月内,人们发现这个对话工具的确与以往的对话机器人完全不同,似乎带有某种智慧,即便有些所答非所问,人们也是一笑了之。但当人们对大模型期待越来越高以后,内容的真实性、准确性、安全性就成了重中之重。

在《生成式人工智能服务管理办法(征求意见稿)》中,对于内容要求,有如下规定:"利用生成式人工智能生成的内容应当真实准确,采取措施防止生成虚假信息。"[①]在正式出台的暂行办法中,这一条款被删除。在征求意见稿发布后,从产业界到学术界,都对内容应当真实准确条款提出了立法建议,如果将真实准确作为生成式人工智能技术提供者的责任,那么整个产业发展将受到严重的制约。立法者经过谨慎的调研,最终听取了行业的建议,这也从侧面反映了,"内容的真实性、准确性"是摆在生成式人工智能面前最大的难题。

内容安全方面的风险包含如下几个方面。

1.错误的引用

这个问题不仅存在于基于生成式人工智能的对话机器人,也延伸到了基于生成式人工智能的搜索引擎中。研究者通过实验发现,生成式搜索引擎也会出现比较严重的引用问题。研究者针对Bing Chat等四个比较流行的生成式搜索引擎分别做实验,使用一些开放式问题做检索后,现有的生成式搜索引擎返回的结果非常流畅且看起来信息丰富,但是有些返回结果包含不准确的引用,平均来说,只有51.5%的生成式结果存在引用支持,而只有74.5%

[①] 参见《国家互联网信息办公室关于〈生成式人工智能服务管理办法(征求意见稿)〉公开征求意见的通知》,载国家互联网信息办公室官网,https://www.cac.gov.cn/2023-04/11/c_1682854275475410.htm,2025年4月23日访问。

的引用与对应的生成结果相关联。[1]这个结果的正确率确实不高，很可能会影响人们使用生成式搜索引擎的信心。

2.事实准确性表现欠佳

虽然大语言模型在创造性写作和解释性写作方面表现出色，但在事实准确性方面却遇到困难。有研究者邀请了10位科学和文化领域的专家，对ChatGPT3.5、YouChat[2]两个大语言模型在100个问题上作出了评估，主要观察大语言模型的连贯性、简洁性、准确性。结果发现，大语言模型在连贯性和简洁性上表现不俗，但在准确性上的表现是最差的。这份论文得出了以下结论，10位专家中只有3位会推荐使用ChatGPT3.5，而推荐在专业环境中使用YouChat的专家数量是0。然而，大多数专家认为，在专业科普问题上，他们会推荐人们使用生成式人工智能，相比维基百科（Wikipedia）这样的百科平台，生成式人工智能在回答的间接性上体验更好，更适合普通人阅读。[3]虽然我们看到很多生成式人工智能大模型在回答律师资格考试、大学考试、医学考试上表现得非常出色，但是真正落实到具体的专业问题上，生成式人工智能的回答就显得不尽人意，特别是在法律、医学、金融等复杂领域。毕竟，在这些专业领域上，对回复准确率的要求是非常高的。

3.评估系统混乱

"真实性"和"准确性"的评估非常重要，但是对大规模语言模型的全面、客观、准确的评估系统，却一直是缺失的。BIG-bench[4]等传统的用于评

---

[1] Liu, N.F., Zhang, T. & Liang, P. *Evaluating verifiability in generative search engines*, arXiv preprint arXiv: 2304.09848, 2023.（参见arXiv开放论文数据库"生成式搜索引擎的可验证性评估"，编号为arXiv:2304.09848，https://arxiv.org/abs/2304.09848，2025年6月14日访问）

[2] YouChat是由搜索引擎You.com公司推出的AI聊天工具，上线于2022年12月。

[3] D. Peskoff & Brandon M. Stewart: *Credible Without Credit: Domain Experts Assess Generative Language Models*, Proceedings of the 61st Annual Meeting of the Association for Computational Linguistics (Volume 2: Short Papers), 427-438 (2023).

[4] BIG-bench是谷歌提供的评估语言模型能力的开源工具，由204项语言模型任务组成。

估自然语言理解能力的基准测试，现在显得有些力不从心。研究人员研发了专门的数据集来衡量大语言模型，如TruthfulQA，[1]它包含了专业问题，将医疗、法律、金融和政治等问题作了量化处理。还有一些专门的评估措施，如FactScore，[2]它以维基百科作为参考来评估大模型的真实性。也有一些新的评估标准，如GPTScore、G-Eval和SelfCheckGPT，试图解决这种评估中的不足，但它们仍有局限性。[3]固定的评测问题可能只反映模型在特定情境下的表现，而无法全面评估其在各种实际场景中的性能。这就像抽样调查问卷，虽然可以提供一定的参考信息，但由于样本数量和覆盖范围的限制，其结果往往不能完全代表整体情况。总之，目前的评估系统、评估指标无法保证可以公平有效地评估大模型内容的准确率。

（二）著作权法律风险

前文已经讨论过大模型在预训练阶段使用有著作权数据的相关知识产权侵权风险，本节不再赘述。在生成式人工智能的应用层面，出现了"AIGC的著作权能否成立"以及"AIGC的内容归属于谁"两大争议焦点，非常值得关注。

第一，AIGC能否构成著作权法上的作品，这一问题从来都争议不断，直到现在也没有明确的结论。2019年前后的"北京F律师事务所诉北京B科技有限公司著作权侵权纠纷案"[4]和"深圳T计算机系统有限公司诉上海Y科

---

[1] TruthfulQA数据集的主要目标是测试模型是否能够正确回答涉及事实和常识的问题，强调回答的"真实性"。

[2] FactScore是一个基于Python的开源评价框架，由SewonMin等人在EMNLP2023上发表的论文中提出，旨在解决长形式文本生成中的事实准确性问题。

[3] Isabelle Augenstein, et al., *Factuality Challenges in the Era of Large Language Models*, arXiv preprint arXiv:2310.05189(2023).（参见arXiv开放论文数据库"大型语言模型时代的事实性挑战"，编号为arXiv:2310.05189，https://arxiv.org/abs/2310.05189，2025年2月5日访问）

[4] 参见北京互联网法院（2018）京0491民初239号民事判决书、北京知识产权法院（2019）京73民终2030号民事判决书。

技有限公司著作权侵权纠纷案",①同样的人工智能生成内容的著作权保护问题,不同法院表达了不同的认定意见。2023年8月24日,北京互联网法院依法公开开庭审理了国内首例"AI文生图"著作权案件。对于涉及人工智能等前沿技术所引发的著作权问题,法院认为:"如今智能手机的照相功能越来越强大,使用越来越简单,但是只要运用智能手机拍摄的照片体现出了摄影师的独创性智力投入就仍然构成摄影作品,受到著作权法保护。技术越发展,工具越智能,人的投入就越少,但是这并不影响我们继续适用著作权制度来鼓励作品的创作。"②值得注意的是,法院认为现阶段生成式人工智能模型不具备自由意志,不是法律上的主体。人们利用人工智能模型生成图片,本质上仍然是人利用工具进行创作。即整个创作过程中进行智力投入的是人而非人工智能模型。

这例AIGC的司法判决书可以终结争论吗?答案是否定的。我国并不是判例法国家,后续的案件是否沿用北京互联网法院的审判思路,目前定性还为时尚早。当前,人工智能生成内容是否为"作品"的问题在我国尚没有明确的法律规定予以指导,传统的著作权法也没有将非人类行为主体的创作活动列入考虑,法官对著作权法和人工智能的理解很大程度上影响了判决结果,未来随着生成式人工智能行业的发展,这类案件的数量可能出现指数级增长,法官对同一问题的不同理解会给权利人、人工智能技术使用者、人工智能研发企业带来不可控的诉讼风险。

在立法上,我国《著作权法》第3条规定了作品的定义,即"文学、艺术和科学领域内具有独创性并能以一定形式表现的智力成果",因此人工智能生成物可版权性的争议点就在于其是否符合独创性要件,以及是否属于智

---

① 参见深圳市南山区人民法院(2019)粤0305民初14010号民事判决书。
② 人工智能生成图片(AI绘画图片)著作权侵权纠纷案,参见汕头仲裁委员会官网,https://www.shantou.gov.cn/stszcwyh/zcal/content/post_2290248.html。

力成果。人工智能创作往往基于大量数据的学习和算法的自动化处理分析，其"创造性"可能仅仅是算法效率的体现，而非传统意义上的人类创意和想象力的产物，这使人工智能作品的独创性成为一个法律上的灰色地带。但另外，大模型进行的复杂而难以预测的内容生成，所产生的结果也超出了简单的模仿和复制。从"思想表达二分法"的角度，这些内容已经从表达上不同于人类作品，而其智力成果的外观又已经达到与人类作品难以区分的程度。独创性要件作为判断是否属于作品的关键要件，其应用的难度也会越来越大，对独创性的关注将会转移到该内容的创作究竟有没有人工智能的参与。例如，2022年10月，美国克里斯蒂娜·卡什塔诺娃（Kristina Kashtanova）为漫画申请版权保护，但并没有透露书中插图是人工智能创作，美国版权局就通过了版权登记申请。随后，卡什塔诺娃在社交平台上分享了人工智能艺术作品获得了法律保护的事情，2023年2月，美国版权局就推翻了之前的决定，缩小了漫画的版权登记范围，排除了其中通过人工智能技术生成的部分。如果按照对人类作品的要求，人工智能生成的内容是具备成立作品的条件的，所以如今众多争议的本质实际上还是主体的不同带来了评价标准的不同。

第二，人工智能能否成为作品的"作者"，AIGC的权利归属于谁。从著作权法历史来看，大陆法系和英美法系都对"作者"这一定义给出了主体限定。著作权法建立在人类作者中心理论之上，正如康德所说，作品是人格的反映，作品本质上是作者的意志。[1]《德国著作权法》严格贯彻"创作者为作者原则"，作品的作者只能是创作作品的自然人。[2]美国在2023年3月发布了

---

[1] [德]康德：《康德著作权全集（第8卷）》，李秋玲译，中国人民大学出版社2010年版，第85—86页。

[2] 李伟民：《视听作品著作权主体与归属制度研究》，载《中国政法大学学报》2017年第6期。

《版权登记指南：包含人工智能生成材料的作品》，[①]阐明了美国版权局对于AIGC可版权性的态度，即著作权只能保护人类的创造产物。而我国《著作权法》第11条规定，作者是创作作品的自然人，或者符合条件的法人或非法人组织。在目前的法律体系内，人工智能尚不能直接作为法律主体享有著作权。但如果将AIGC归于公有领域，势必会打击人工智能从研发到使用所有参与者的积极性，影响这项革命性技术的发展。在肯定AIGC可版权性的前提下，人工智能的所有者、开发者和使用者都具有法律主体资格，从与生成内容的关系上看似乎都具备享有著作权的条件。AIGC的著作权归属于哪方，与其从法律层面作出决断，不如从构建AIGC生态、繁荣数字经济的角度去考量，毕竟著作权法的本质是"保护与鼓励用头脑从事创作之人"，形成繁荣的经济价值。这需要一系列经济学角度的分析，并让"子弹飞一会儿"。在这个悬而未决的阶段，通过所有者、开发者和使用者之间的协议来确定著作权归属就更具有合理性。合同是私法自治的体现，能够体现各方的意志和利益平衡且应用更加灵活，可以在所有者、开发者和使用者之间建立明确自愿的权利义务关系，从而解决因技术特殊性带来的阶段性问题和风险。

（三）新型不正当竞争和垄断风险

2023年5月16日，OpenAI首席执行官萨姆·奥特曼（Sam Altman）参加了美国国会举行的关于人工智能监管的听证会，听证会并没有呈现出剑拔弩张，会议结束后也是一片安静祥和。萨姆·奥特曼在听证会上提出了三个建议：一是成立一个新的政府机构，由这个机构负责审批大模型上线，并处

---

① Copyright Office, Library of Congress:Copyright Registration Guidance: Works Containing Material Generated by Artificial Intelligence(Mar 16, 2023), https://www.federalregister.gov/documents/2023/03/16/2023-05321/copyright-registration-guidance-works-containing-material-generated-by-artificial-intelligence.（参见联邦公报官网上的《版权登记指南：包含人工智能生成材料的作品》，2025年2月5日访问）

理不符合标准的大模型（包括"吊销准入执照"）；二是为大模型创建一套安全标准，用以评估其风险，大模型必须通过某些安全测试，如它们是否能够"自我复制"或是"出逃（摆脱人类控制）"；三是要求独立专家对模型在各个指标上的表现进行独立审核。在以往被质询的各大公司的高管们都会争取更宽松的法律环境，但萨姆·奥特曼一反常态主动向美国国会表示要加强监管，这让在场的议员显得有些不适应。① 有些专家分析，OpenAI处于技术的绝对领先地位，萨姆·奥特曼非常期待一个更加严格的监管环境，这样可以限制竞争对手的发展，让OpenAI的领先地位保持下去，从而形成在大模型领域的优势地位。

目前，中国尚没有一家人工智能公司具有独霸天下的技术地位，甚至在"百模大战"中近百家大模型的过度竞争已经造成了资源浪费。可以预料到的是，在不久的将来，这种激烈的竞争就如同大浪淘沙，最终只会有少数大模型会胜出，而残存的胜利者有可能会形成寡头之间的竞争，甚至可能会形成某一家企业一家独大。到了那个时间阶段，新型的不正当竞争和垄断问题会逐渐显露出来，特别是在数据垄断方面，值得引起关注和讨论。

1. 数据垄断

大规模语言模型的训练需要大量的数据。这种对数据的需求可能会导致数据垄断，其中一些大型公司积累了大量数据，使得其他中小型公司无法竞争。数据垄断可能阻碍创新，因为新的和现有的竞争者可能无法获取训练高质量模型所需的数据。目前，现实中这种数据垄断在国内并不明显，各个平台都有各自的数据，并未产生一家独大的情况，反而数据孤岛问题是需要引起重视的。

---

① Julia Zorthian, *OpenAI CEO Sam Altman Asks Congress to Regulate AI*, TIME (May 16, 2023), https://time.com/6280372/sam-altman-chatgpt-regulate-ai/.（参见时代周刊官网上的"OpenAI首席执行官萨姆·奥特曼要求国会监管人工智能"，2025年2月5日访问）

2.技术垄断

在生成式人工智能技术的开发上，大公司通常具有更多的资源优势与人才优势。这可能会引发对技术垄断的担忧，因为一旦某家公司掌握了更为先进的人工智能技术，其他公司或许很难与之竞争。然而，OpenAI的首席执行官萨姆·奥特曼对此持有不同的看法，他承认，人工智能大模型的研发确实存在高门槛，可能只有少数公司有能力进行，但他并不认为这会导致技术垄断，相反他认为这种情况可能有助于降低监管难度。如果只有少数公司掌控了人工智能大模型的研发，监管机构将更容易对这些公司进行有效的监管，防止人工智能技术被滥用，就像现在的互联网大公司一样，每个领域最终可能会形成由少数头部企业竞争的局面。在生成式人工智能领域，资源消耗巨大的"百模大战"最终会结束，剩下3—4家拥有技术优势的寡头公司仍然会相互竞争，这种情况并不一定总是负面的，甚至在某种程度上可能有助于推动行业的健康发展。

3.利用大模型不正当竞争

部分黑色产业链组织利用生成式人工智能，可能会破坏现有的市场秩序。大模型可以用来生成高质量的内容，包括文章、评论、新闻、直播等。例如，大模型可以生成看似真实的产品评论，这些评论可能是完全正面的，用以推高某产品的销量，或者是完全负面的，用以打压竞争对手。此外，大模型有能力生成大量的高质量文本，包括文章、新闻等。如果没有适当的监管，一些不道德的人或组织可能会利用大模型生成抄袭的内容，这将对原创内容创作者造成极大的伤害，破坏创作市场的公平竞争。

（四）侵犯人格权、肖像权等风险

2023年3月，美国前总统特朗普在社交平台上声称其将于周二在曼哈顿被捕，并敦促他的支持者对此进行"抗议"。周二特朗普并未被捕，但互联网上却出现了大量人工智能生成的"被捕"图像，这些图片在互联网上开始发酵。由于AIGC图片几乎可以以假乱真，让许多人产生了误解。

2023年6月5日，OpenAI迎来第一场名誉权诉讼。美国佐治亚州一名电台主持人马克·沃尔特斯（Mark Walters）起诉OpenAI诽谤侵权，起因是在一次ChatGPT对话中，ChatGPT生成了一起虚假的法律诉讼，称沃尔特斯曾被指控从一家非营利公司中骗取和盗用资金。沃尔特斯说，ChatGPT提供的一份"案件摘要"中与他有关的每一个事实陈述"都是虚假的"。[1]这样的事件不止一起，而从外部视角看，一个非业内人士很难辨别人工智能生成信息的真实性，只能通过其他渠道进行核实。而如果这些信息确实是虚假信息，并被不知情用户广泛传播，会给他人带来人格权益的严重损害。

生成式人工智能的算法日趋成熟，其生成内容与真实世界越来越难以辨别，极大地降低了对肖像的复制和再创作的成本及门槛。当这些内容被用于恶意目的时，就可能侵犯了个人肖像权，并触及了其名誉权、隐私权等更为广泛的人格权。

生成式人工智能技术服务提供者的角色并不同于一般网络服务提供者。首先，AIGC是由模型生成而非用户上传，且生成过程并非由某一个个体能够完全控制，算法黑箱问题导致了侵权内容出现的不可预知性和难以追溯性，而用户的提示词在其中发挥了多大的作用也难以评估，因此生成式人工智能服务提供者在其中需要承担多大程度的义务和责任就更加复杂。实际上，如同信息存储、搜索链接等网络服务一样，人工智能服务提供者同样难以对生成内容进行逐一审查，更难以通过技术手段杜绝侵权内容的生成。人工智能生成侵权内容的传播则主要由用户和其他网络服务提供者完成，侵权内容一旦生成后，二次、三次传播则与人工智能服务提供者无关了。当然，

---

[1] 《因ChatGPT涉嫌生成虚假法律案件，OpenAI面临诽谤诉讼》，载百家号"界面新闻"2023年6月8日，https://baijiahao.baidu.com/s?id=1768117030832421862&wfr=spider&for=pc，2025年2月5日访问。

模型自身也能够在其他场景中再现侵权内容，因此需要人工智能提供者采取一定措施进行屏蔽、删除等，但这种侵权内容再现的传播量与侵权内容向外二次、三次传播量相比，完全没有可比性。因此，生成式人工智能侵权问题涉及了服务提供者与使用者之间的责任划分，同时需要兼顾新技术的特殊性和发展情况综合判断。

针对深度合成技术，我国更多从宏观政策角度加以支持和规范。早在2021年，我国就出现过艺人被深度合成技术伪造出不雅视频并传播的事件，由于难以追溯始作俑者，艺人根本无法维权。因此，2022年我国发布了《互联网信息服务深度合成管理规定》，明确了深度合成服务不得侵犯他人合法权益。在2023年发布的《生成式人工智能服务管理暂行办法》第4条第4项也规定，提供和使用生成式人工智能服务"不得侵害他人肖像权、名誉权、荣誉权、隐私权和个人信息权益"。在侵权责任方面，目前主要依靠《民法典》规制，因此生成式人工智能人格权、肖像权的侵权与普通的侵权行为在侵权理论下是一致的，都属于"过错责任"。如果生成式人工智能服务提供方在侵权内容的生成或移除过程中存在过错，如没有尽到防止侵权内容生成的注意义务或风险防范义务，或者在侵权内容生成后放任损害的扩大，则需要承担侵权过错责任。

（五）伦理风险

2023年10月，国家主席习近平在第三届"一带一路"国际合作高峰论坛开幕式上宣布中国提出《全球人工智能治理倡议》[1]，在人工智能伦理治理方面，提出："坚持伦理先行，建立并完善人工智能伦理准则、规范及问责机制，形成人工智能伦理指南，建立科技伦理审查和监管制度，明确人工智能相关主体的责任和权力边界，充分尊重并保障各群体合法权益，及时回应

---

[1]《全球人工智能治理倡议》，载《互联网天地》2023年第10期。

国内和国际相关伦理关切。"我国人工智能科技伦理治理遵循着"伦理先行、依法依规、敏捷治理"的要求,即在事前通过法定的科技伦理审查程序,赋予科技企业以前置义务,事中将行为准则作为执法依据,事后将敏捷治理作为自由裁量标准。

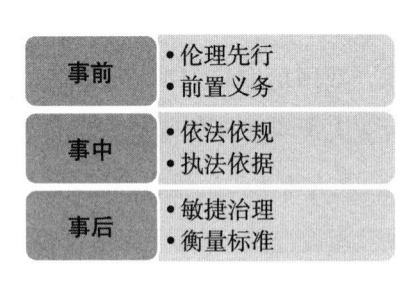

事前	伦理先行 前置义务
事中	依法依规 执法依据
事后	敏捷治理 衡量标准

图6 我国人工智能科技伦理治理模式

我国对人工智能的主要治理理念也是国际社会的普遍共识,2023年11月1日,包括中国、美国、欧盟在内的28个国家和地区在全球首届人工智能安全峰会上签署了《布莱切利宣言》(Bletchley Declaration)[①],呼吁和倡导以人为本,希望人工智能科研机构、企业等以负责任的方式,设计、开发和使用人工智能。随着生成式人工智能对人类社会生活的伦理风险逐渐暴露,各国就"人工智能技术的发展应当受到监管"早已达成共识,许多国家和地区已经开始相继推进人工智能的治理部署,但可以看到从整体治理思路到具体落地的法律政策,各国都有不同的选择。因此,在强约束的监管共识达成之前,仍需要依靠科技伦理体系来调整认定生成式人工智能带来的新情况,在技术开发中融入伦理先行、透明公正、促进人类可持续发展的基本理念。《布

---

① *The Bletchley Declaration by Countries Attending the AI Safety Summit*, GOV.UK (Nov 1, 2023), https://www.gov.uk/government/publications/ai-safety-summit-2023-the-bletchley-declaration/the-bletchley-declaration-by-countries-attending-the-ai-safety-summit-1-2-november-2023.(参见英国政府官网上的"2023年11月1日至2日人工智能安全峰会各国发表的《布莱切利宣言》",2025年2月5日访问)

莱切利宣言》指出与人工智能快速发展并行的风险，来自对于前沿人工智能技术"有意识滥用"和"无意识控制"，以下从三个方面介绍生成式人工智能带来的伦理风险。

1. 滥用风险

生成式人工智能强大的模仿和生成能力在黑色产业链组织手中具有更强的破坏力，黑色产业链组织可以更加容易地让深度伪造误导公众。我国公安部2023年8月发布，2020年以来公安机关就破获了79起"AI换脸"的犯罪案件。①此外，生成式人工智能在学术上的滥用也带来了学术伦理规范问题，生成式人工智能的能力强大到足以辅助甚至完全承担学术任务，包括撰写论文、解决复杂问题等，且其生成内容的原理不再是复制，而是学习语言组合的概率参数，改写相应的论文，传统的"论文查重"等软件几乎难以发挥作用。在没有适当引用或申明的情况下，这种应用可能违反学术诚信原则，损害教育评估体系的公正性。目前，尚没有非常好的反作弊软件可以有效防范利用人工智能作弊，学界普遍的共识是作者对人工智能生成的内容进行必要的标识，这在一定程度上可以降低伦理风险。

2. 偏见风险

偏见风险是模型在决策过程中表现出的不公平或歧视性倾向，这种风险通常来自训练数据的偏见或算法本身的设计缺陷。《连线》杂志对OpenAI旗下的视频生成工具Sora进行了深入调查，结果发现该工具在生成视频时常常会强化种族、性别和能力方面的刻板印象，甚至有时忽视了对某些群体的表现。在调查中，研究人员给Sora提供了25个基本的提示，例如"一个人走路"或"飞行员"等职位名称，同时也包含一些身份特征的描述，比如"残疾人"。每个提示都被输入到Sora中十次进行分析。结果显示，Sora在生成

---

① 《公安机关侦破"AI换脸"相关案件79起 抓获犯罪嫌疑人515名》，载新华网2023年8月11日，https://www.news.cn/legal/2023-08/10/c_1129796016.htm，2025年2月5日访问。

与性别相关的内容时表现出明显的偏见，例如，在生成"飞行员"的视频时，竟然没有一次展示女性，而"空乘人员"则全是女性。此外，像首席执行官和教授这样的职业几乎全是男性，而接待员和护士则全是女性。[①]可见生成式人工智能在某种程度上对种族和性别的偏见比现实世界更加极端，这样具有职业偏见的模型如果应用于招聘领域，则可能无意中加剧对某些群体的歧视。而随着技术革新，人工智能生成的图像越来越难以与实际照片进行区分，如果这些具有偏见的图像作为训练数据重新回到模型训练中，那么下一代模型可能会更加强化这些偏见，形成"滚雪球"效应。因此，模型需要更加高质量、全面的数据集进行训练，避免在数据源头上就存在偏见歧视。

3.工作替代风险

虽然生成式人工智能创造了许多新的就业岗位，但还是会导致许多人类工作被替代，在未来可能带来失业等社会问题。OpenAI团队发布的一篇论文指出，在引入类似ChatGPT这样的大语言模型后，美国80%的劳动力中有至少10%的工作会受到影响，而大约19%的工作者约50%以上的工作任务将受到影响，而这种影响很可能不仅限于技术岗位，法律、广告和金融等语言密集型领域也会产生影响，高收入职位可能面临更大的风险。[②]如果生成式人工智能使以前由人类执行的任务实现自动化，而人类工作者无法找到更加有效率或高质量的方法来完成这项工作，或无法找到其他延伸工作，就可能面临工作替代风险。但从另一个角度看，工作替代也意味着效率的大幅度提高，人工智能在情感、沟通、统筹等方面与人类存在很大的差距，因此人类

---

① 《OpenAI视频生成工具Sora遭曝光：种族与性别偏见问题凸显》，载百家号"AIbase基地"2025年3月31日，https://baijiahao.baidu.com/s?id=1828070048097306401&wfr=spider&for=pc，2025年6月13日访问。

② 《ChatGPT背后团队发论文：美国80%工作岗位会受AI冲击，包括一些体面工作》，载百家号"红星新闻"2023年3月22日，https://baijiahao.baidu.com/s?id=1761053960962448833&wfr=spider&for=pc，2025年6月13日访问。

工作者能够留出更多的时间处理非重复性的工作，能够顺应人工智能变革、掌握新技术的人将因此实现更高的工作价值。

机器人将会抢走我们的工作吗？技术进步对劳动力就业的冲击始终是政治和经济生活的热点话题，人类的不安全感和保守好像是刻在了基因里。然而我们也注意到，在位居技术发展前沿地带的美国，工作岗位流失率却一直在历史低点徘徊，甚至较过去的150年中的任何一个10年相比，当今的就业都是更充足的。这一现象进一步证明了"机器人大军"并未影响到劳动力市场，反而是在促进就业。正如在《后稀缺：自动化与未来工作》一书中，亚伦·贝纳纳夫认为，导致大规模失业的罪魁祸首是产能过剩，并不是人们普遍认为的自动化生产。[1]

---

[1] ［美］亚伦·贝纳纳夫：《后稀缺：自动化与未来工作》，谢欣译，中译出版社2022年版，第5页。

第二编

生成式人工智能技术和产品合规要点

第三章 | 生成式人工智能产品准备阶段的合规要点

一、训练数据集合规要点

（一）数据来源合规

1. 网络爬取

网络爬取通常是生成式人工智能开发者收集数据并用于模型训练的常见手段，虽然爬取是常见的技术手段，在使用爬虫爬取数据时不得违反法律相关规定，对被爬取网站或平台造成损害或对数据主体、知识产权权利人造成损害。对于网络爬取合法性的评估，根据相关法律法规对违法行为的认定标准，可以按照"被爬取平台——爬取行为——爬取内容——爬取用途"的评估维度进行。

（1）被爬取平台类型

被爬取平台是否属于政府内网等涉及国家事务、国防建设、尖端科学技术领域的计算机信息系统。

• 刑事责任：非法侵入计算机信息系统罪

根据《刑法》第285条第1款的规定，侵入国家事务、国防建设、尖端科学技术领域的计算机信息系统的，构成非法侵入计算机信息系统罪。司法实践中，该等"侵入"无须实际存储数据，非法查询行为即可构成。

例如，滕某昆、房某、蒋某东、滕某灿犯非法侵入计算机信息系统罪案[①]

[①] 滕某昆、房某、蒋某东、滕某灿犯非法侵入计算机信息系统罪案，四川省攀枝花市仁和区人民法院（2017）川0411刑初135号刑事判决书。

中，被告为了在帮人处理车辆交通违章业务时方便查询相关车辆的信息，违规在其手机上下载"四川公安交警警务云平台"（警务云平台）APP软件并进行安装，再通过非法获取的相关用户名及密码登录网站平台，对相关车辆的交通违章等信息进行非法查询，被法院认定为非法侵入计算机信息系统罪。

因此，企业应避免爬取未具备信息公开属性的国家事务类平台，如公安相关平台。

（2）爬取行为

①爬取行为是否规避或突破了被爬取平台设置的反爬措施。

通常而言，平台内的数据对被爬取平台而言具有较高商业价值，也是其业务正常运行的关键核心，平台运营者通过设置反爬措施来保护平台内数据不被爬取，表示其拒绝外部第三方爬取或搭便车的行为。如果爬虫强行突破反爬措施，有较高的风险。

- 刑事责任：非法获取计算机信息系统数据罪

根据《刑法》第285条第2款的规定，侵入计算机系统或者采用其他技术手段，获取该计算机信息系统中存储、处理或者传输的数据，情节严重的，构成非法获取计算机信息系统数据罪。司法实践中，该等"技术手段"包括使用破解验证码、绕开挑战登录等方式破解平台的反爬取措施等。

例如，林某平等非法获取计算机信息系统数据罪案[①]中，被告使用网络爬虫技术爬取某网站房产数据。在某公司增加反爬取策略后，被告使用破解验证码、绕过登录或身份验证等方式破解某公司的反爬取措施，非法获取某网站的房源数据，并将非法获取的房源数据存放在自己的服务器并盈利，属于非法获取某公司计算机信息系统中的数据，情节特别严重，构成非法获取计算机系统数据罪。

---

① 林某平等非法获取计算机信息系统数据罪案，北京市朝阳区人民法院（2020）京0105刑初2594号刑事判决书。

再如，最高人民检察院公布的第九批指导性案例、检例第36号——卫某龙、龚某、薛某某非法获取计算机信息系统数据案中，因工作需要，龚某拥有登录该大型网络公司内部管理开发系统的账号、密码、Token令牌，具有查看工作范围内相关数据信息的权限。但该大型网络公司禁止员工私自在内部管理开发系统查看、下载非工作范围内的电子数据信息。经事先合谋，被告利用工作原因获取的账号、密码、Token令牌，违反规定多次在异地登录该大型网络公司内部管理开发系统，查询、下载该计算机信息系统中储存的电子数据并通过互联网出售牟利。该案指导意义在于：非法获取计算机信息系统数据罪中的"侵入"，是指违背被害人意愿、非法进入计算机信息系统的行为。其表现形式既包括采用技术手段破坏系统防护进入计算机信息系统，也包括未取得被害人授权擅自进入计算机信息系统，还包括超出被害人授权范围进入计算机信息系统。

结合上述案例，爬取行为若规避或突破了被爬取平台设置的反爬措施，或者未取得被爬取网站授权擅自进入计算机信息系统，情节严重的有被认定为非法获取计算机系统数据罪的风险。

②爬取行为是否造成网站响应速度明显变慢甚至宕机的情况。

如果爬取行为对被爬网站或平台业务造成严重影响，如造成响应速度明显变慢甚至宕机的情况，后果严重的可能构成破坏计算机信息系统罪。若爬取行为对被爬取平台业务造成不利影响，同时与被爬平台存在竞争关系的，如爬取数据进行"搭便车"的，有构成不正当竞争的风险。

- 刑事责任：破坏计算机信息系统罪

爬取行为严重影响被爬取平台的正常运行的，可能构成破坏计算机系统罪。根据《刑法》第286条第1款的规定，若爬取行为造成计算机系统不能正常运行，后果严重的，构成破坏计算机信息系统罪。《最高人民法院、最高人民检察院关于办理危害计算机信息系统安全刑事案件应用法律若干问题的解释》对该条款中的"后果严重"以及"后果特别严重"进行了明确。

在杨某明、张某栋破坏计算机信息系统案[①]中,杨某明授权公司员工张某栋开发一款名为"K信贷系统"的软件,该软件内的"网络爬虫"功能与深圳市居住证网站链接,可以在深圳市居住证网站上查询到房产地址、房屋编码等对应的资料,该软件对深圳市居住证网站访问量达到每小时数十万次,以达到便捷其公司主营业务的目的。2018年5月2日10时至12时许两小时内,该软件对深圳市居住证系统查询访问量为每秒183次,共计查询信息1510140条次并将查询的信息以网络云盘的形式保存,在该时段内造成深圳市居住证系统无法正常运作,极大地影响了该居住证系统使用方深圳市公安局人口管理处的日常运作,构成破坏计算机信息系统罪。

- 民事责任:不正当竞争

根据《反不正当竞争法》第12条第2款的规定"经营者不得利用技术手段,通过影响用户选择或者其他方式,实施下列妨碍、破坏其他经营者合法提供的网络产品或者服务正常运行的行为:……(四)其他妨碍、破坏其他经营者合法提供的网络产品或者服务正常运行的行为",若通过爬虫技术进行爬取对被爬网站造成妨碍其服务运行的,具有不正当竞争的风险。

司法实践中,法院主要从以下方面认定公司通过爬虫技术爬取数据并使用的行为构成不正当竞争:1)爬取公司与被爬取公司之间存在竞争关系。2)被爬取公司因爬取公司的竞争行为而受到损害,具体表现在,被爬取公司对相关数据投入了大量的人力、物力、财力和时间等经营成本,被爬取公司对该等数据享有合法权益;爬取公司对于数据的使用实质性替代了被爬取公司的产品或服务。3)爬取公司采用爬虫技术爬取数据的行为与被爬取公司遭受的损害存在因果关系。

例如,在湖南Y软件股份有限公司与北京W网络技术有限公司不正当竞

[①] 杨某明、张某栋破坏计算机信息系统案,广东省深圳市南山区人民法院(2019)粤0305刑初193号刑事判决书。

争纠纷案[①]中，北京W网络技术有限公司（以下简称W公司）系微博平台的运营方，并主张对微博平台中的相关数据享有权益。湖南Y软件股份有限公司（以下简称Y公司）通过爬虫手段采集并展示微博平台数据，并基于该部分数据加工整理而形成数据分析报告。该案中，法院认为：1）W公司和Y公司构成竞争关系。2）微博的数据包括：公开数据，即W公司未设定访问权限的数据，如用户在未登录状态下即可查看的微博；未公开数据，即W公司通过登录规则或其他措施设置了访问权限的数据。Y公司抓取的微博平台数据包括W公司已设置了访问权限的非公开数据。3）Y公司使用微博平台数据具有不正当性。4）上述行为对W公司权益造成了损害。

综合上述案例，爬取行为给被爬取网站造成网站响应速度明显变慢甚至宕机的情况的，或者造成妨碍网站服务运行的，有被认定为破坏计算机系统罪的风险以及构成不正当竞争的风险。

（3）爬取内容

①个人信息

根据《个人信息保护法》第13条规定，爬取个人信息应取得个人同意或满足其他合法性基础，否则将存在违反《个人信息保护法》的法律风险；但通过爬虫爬取个人信息实操中无法获取个人信息主体的同意，亦不存在其他合法性基础。只能依据《个人信息保护法》第13条第1款第6项"在合理的范围内处理个人自行公开或者其他已经合法公开的个人信息"的规定，也就是说，只能爬取公开信息。对于没有合法性基础，即爬取非公开个人信息的行为具有较高风险，可能构成侵犯公民个人信息罪，或者遭受行政处罚。

对于"公开"暂无法定的判断标准，实践中主要有通过社交媒体账号公开，通过公开场合的活动公开，或者已经合法公开的个人信息，如合法的

---

① 参见《北京知识产权法院涉数据反不正当竞争十大典型案例》，载北京知识产权法院官方网站，https://bjzcfy.bjcourt.gov.cn/article/detail/2023/07/id/7382298.shtml，2025年6月20日访问。

新闻报道、政府信息公开。通常可以从以下几点综合评估：1）个人的平台账号内容属于"公开可见"的状态，个人是否对访问权限进行设置和限制；2）平台的性质属于面向不特定人的社交或公开；3）无须注册账号即可访问该平台；4）个人了解他们发布的信息将被公开且主动发布。

- 刑事责任：侵犯公民个人信息罪

以非法方式获取个人信息且情节严重的，将会构成《刑法》第253条之一的侵犯公民个人信息罪。

例如，在威科先行法律信息库收录的逯某、黎某侵犯公民个人信息案[①]中，被告人逯某通过其开发的软件爬取淘宝客户的数字ID、淘宝昵称、手机号码等淘宝客户信息共计1180738048条，被告人逯某将其爬取信息中的淘宝客户手机号码通过微信文件的形式发送给被告人黎某使用共计19712611条。两被告违反国家规定，非法获取公民个人信息，情节特别严重，其行为均已构成侵犯公民个人信息罪。

- 行政处罚

爬取个人信息未经个人授权或不具有合法性基础的，即使不构成犯罪，亦可能被监管部门处罚。例如，上海F网络技术有限公司抓取、收集二手房源信息及业主姓名、联系方式等信息，未取得原始房源信息发布者及消费者同意，并有偿提供给房屋中介等客户使用。针对上述涉嫌侵犯公民个人信息的违法行为，市场监管局对该公司进行罚款处罚。[②]

- 民事责任：构成隐私权或个人信息侵权

此外，爬取公开个人信息只能在合理范围内使用。在爬取后对该等个人信息的处理不应超出合理的范围，不可进行对个人权益有重大影响的处理行

---

① 参见威科先行法律信息库，https://law.wkinfo.com.cn/judgment-documents/detail/MjAzNDQwMTM1ODU%3D?module=&childModule=all&summary=&fromType=qrcode，2025年5月21日访问。

② 参见中国市场监管行政处罚文书网，https://cfws.samr.gov.cn/detail.html?docid=2c9bf29c7d7f5c0d017d9fec53202aeb，2025年5月21日访问。

为，否则仍需取得个人同意。其中，根据《民法典》第1036条，"合理的范围"应是处理该信息不会侵害个人的重大利益的范围。"对个人权益有重大影响"包括对个人的人身权益、财产权益，以及人格尊严、人格自由等合法权益存在重大影响。此外，在"合理的范围"内处理，亦不得违反法律法规。因此"合理的范围"主要需审查相关使用对个人信息主体的影响和侵害程度以及是否有违反法律法规情形。

在伊某与江苏苏州某公司侵犯个人信息权纠纷案[①]中，企业爬取转载裁判文书网站的数据并用于盈利的行为属于对已合法公开信息的合理使用，但个人要求企业删除文书时，企业不删除的行为构成对于个人信息权益的侵害。

因此，若爬取公开的个人信息作为预训练数据的，建议对个人信息进行匿名化处理，避免因超出合理范围使用而产生侵权的后果。

②知识产权

AIGC技术开发与应用中的知识产权尤其是著作权侵权问题受到高度关注，其根源在于用于算法和模型训练的数据往往包含受著作权法保护的内容。以新闻媒体界为例，2023年8月，《纽约时报》更新服务条款，禁止将新闻报道和图片等用于开发任何软件程序，包括训练机器学习或人工智能系统；同时，《纽约时报》网站设置反爬协议阻止Open AI的爬虫GPTBot；拒绝Open AI使用《纽约时报》报道进行算法训练，并可能会起诉Open AI。无独有偶，Getty Images正在起诉Stability AI，指控其未经授权使用超过1200万张Getty Images照片训练人工智能模型。

爬取数据构成受著作权法保护的作品，未经权利人授权许可，并用于进行算法训练的，很可能会涉及知识产权侵权。

---

① 伊某与江苏苏州某公司侵犯个人信息权纠纷案，江苏省苏州市中级人民法院（2019）苏05民终4745号民事判决书，参见曹鹏、陈荣苹：《已公开个人信息再处理的合法性辨析》，载《人民司法·案例》2021年第32期。

关于是否构成合理使用，我国现行《著作权法》关于合理使用的规定，只适用于特定的情形，主要包括：1）个人学习、研究或者欣赏使用，适用目的存在严格限制；2）为介绍、评论某一作品或者说明某一问题，在自己作品中引用他人已经发表的作品；3）为新闻报道或广播电视等媒体所引用、报道；4）学校课堂教学或者科学研究等。AIGC模型大量复制与利用作品，用于对不特定主体的商业性服务的现状很难满足"合理使用"的各类情形要求。

- 刑事责任：侵犯著作权罪

根据《刑法》第217条，如以营利为目的，未经著作权人许可，复制发行他人享有著作权的作品，情形严重的，还可能构成侵犯著作权罪，《最高人民法院、最高人民检察院、公安部关于办理侵犯知识产权刑事案件适用法律若干问题的意见》第13条对情节严重进行了解释。

在北京D信息技术有限公司等侵犯著作权罪案[①]中，被告利用网络爬虫技术，爬取正版电子图书后，在其推广运营的10余个APP中展示，供他人访问并下载阅读，通过广告收入、付费阅读等方式进行牟利。被告人以营利为目的，未经著作权人许可，复制发行他人享有著作权的文字作品，情节特别严重，其行为均已构成侵犯著作权罪。

- 民事责任：侵害著作权、网络信息传播权

根据《著作权法》第10条的规定，著作权人享有署名权、复制权、信息网络传播权等权利。爬虫方在抓取网页信息时，若将他人作品复制保存，抹去了他人署名或进行删改或进行网络传播，可能会侵犯他人的复制权、署名权、修改权和信息网络传播权等著作权。《信息网络传播权保护条例》第2条进一步规定，权利人享有的信息网络传播权受著作权法和本条例保护。除法律、行政法规另有规定的外，任何组织或者个人将他人的作品、表演、录音录像制品通过信息网络向公众提供，应当取得权利人许可，并支付报酬。如

---

① 2020年度北京法院知识产权司法保护十大案例之十。

在Z数字出版集团股份有限公司诉深圳J科技股份有限公司案[①]中，被告未经许可在该程序中向公众提供了涉案作品的下载服务，侵害了原告享有的信息网络传播权及获得报酬的权利，被法院认定为侵害原告作品网络信息传播权。

综上，对于算法训练数据而言，通过网络爬取数据需避开构成作品的图片、文本，除了免费可获取的内容，在注重合法性的基础上还需满足数据的多样性。2023年7月，美联社与ChatGPT的母公司OpenAI达成了一项为期两年的协议，双方将共享部分新闻内容和技术。该协议标志着美国主要新闻公司与人工智能公司之间达成的首批官方新闻共享协议之一。作为协议的一部分，OpenAI将可以使用美联社1985年以来的部分文本档案，以帮助训练其人工智能算法。作为回报，美联社将获得OpenAI的技术和产品专业知识。2024年5月，《华尔街日报》的所有者美国传媒巨头新闻集团（News Corp）与OpenAI签订了一项五年内价值或超2.5亿美元的内容授权协议，允许OpenAI使用新闻集团旗下媒体面向消费者的新闻出版物内容来回答用户查询并培训技术。

（4）爬取用途

一般来说还应从爬取用途的角度分析：企业对爬取内容的使用是否突破了限制范围？爬取内容属于公开个人信息的，公司对该等个人信息的处理是否在合理的范围内？爬取方与被爬取平台之间是否存在竞争关系？爬取方是否存在复制保存他人作品的行为？等等。但对于需要将爬取数据用于算法训练的企业而言，其用途就是进行算法训练，我们在前面三个维度的分析中也已经提及将不同内容的爬取数据用于算法训练可能存在的风险。因此，爬取用途的维度则不再赘述。

整体而言，爬取数据虽然是算法训练中重要的数据来源之一，但企业在利用爬虫进行爬取时需要谨慎处理，避免从一开始训练数据就涉及不合规和

---

① 参见北京知识产权法院（2019）京73民终1292号民事判决书。

侵权，最后形成的算法和大模型将无法达到合规要求。

2.数据中间商

除了自行爬取数据，训练数据的常见来源之一是从供应商处采购数据，对于从供应商处采购的数据的合法性需要尽到合理的审查义务。若明知供应商违法使用爬虫爬取了高风险的数据，或明知供应商采集数据侵害个人信息权利或知识产权，即便不是企业本身进行侵权行为，但将高风险数据用于算法模型的数据训练会造成训练数据整体合法性存在瑕疵，无法满足训练数据合规的要求。因此，企业在从第三方采购训练数据时，需要尽可能选择可靠、值得信任、数据来源合规的第三方。

（1）数据供应商选择

一般从以下几个方面考察数据供应商的可靠性：1）是否为行业内值得信赖的头部平台或第三方；2）是否能对其数据合法性基础进行解释并提供足够的证明文件；3）是否有数据安全保障能力，包括数据安全证书、系统措施、第三方审计报告、组织制度措施等；4）是否曾出现数据泄露、滥用个人信息被监管处罚或其他重大负面事件。上述几个要素中最重要的是对采购的数据的合法性进行考察。

①供应商自有数据集

若供应商数据是自有数据，即系其业务过程中累计形成的数据集进行处理和加工后向企业提供的，应重点审查供应商采集自有数据时是否获得个人信息主体授权，且授权范围可以涵盖对外提供的目的和处理方式。如果个人授权没有完整覆盖，供应商对数据集的处理应已经完全匿名化，不存在侵害个人信息权利的情形。此外，若供应商自有数据集包括图片、视频、文字作品的，需取得相关著作权或知识产权人的授权许可，否则有侵害第三方知识产权的风险。

②供应商爬取数据集

若供应商数据并非日常业务数据累计的自有数据，而是通过爬虫采集的数据，需按照爬虫合规评估要求对其数据进行审查。虽然无法确认供应商爬取行为是否绕开了被爬取网站反爬措施或对被爬取网站造成了不利后果，但从爬取数据的敏感度和被爬取网站类型可以判断其数据的风险度。若主要是公开信息，不含可能受著作权法保护作品的，整体风险相对可控。但若公开信息中含有个人信息的，为避免对公开个人信息的使用超出合理范围，还是需谨慎使用，在投入算法训练前，进行匿名化处理。

（2）与数据供应商签订数据保护协议

虽然企业可以通过各种方式对供应商的资质、数据保护能力进行形式审查，但在数据合法性问题上很难做到一一排查确认，大部分情况是进行抽查或要求供应商提供证明文件样本，如授权文本样例等。因此，除了对供应商进行筛选和考察，还需与供应商签订数据保护协议进一步确认供应商的义务，要求其承诺提供的数据具有合法性，不侵害第三方合法权益等。数据保护协议一方面从合同层面保护企业的数据交易，另一方面合同中高昂的违约金也能帮助筛选一部分数据来源不清晰的供应商。因此，企业从数据供应商处采购训练数据的，有必要与之签订数据保护协议或类似协议条款。

3. 自有数据库

（1）累计业务数据合法性评估

对大部分互联网平台或产品运营者而言，其训练数据其中一部分来自其平台或产品内的业务数据累计。企业在向平台或产品用户提供服务时，大都已经通过个人信息处理规则，如隐私政策等文本取得了个人对个人信息处理的授权。但在业务过程中，个人的授权范围通常限于使用该平台或产品的功能，或限于企业向用户提供服务的目的范围内。如果企业想进一步将平台或产品中累计的个人信息用于算法训练，可能已经超出原授权范围。因此，企业使用自身业务累计的数据前需审查个人信息的授权范围是否能覆盖算法训练，如果没有，还需取得补充授权。但实践中，很难取得个人的补充授权，因此，如果将业务数据用作训练数据还需对个人信息进行匿名化处理。

（2）自行采集数据合法性

企业亦可通过直接向个人收集个人信息的方式采集训练数据。例如，向个人采集图片、视频并用于算法训练。此类直接面向个人采集训练数据的方式，企业应准备告知同意书或授权书，告知被采集数据的个人收集信息的种类、使用目的、方式等事项。如果企业是基于同意而采集处理个人信息的，个人有权撤回同意，但在算法训练的目的场景下，个人信息一旦被纳入训练数据集则难以单个进行撤回或删除，那么个人信息主体的权利可能难以保障。为了平衡个人信息主体权利和算法训练数据集的合法性，企业可以与个人订立采集数据的合同，约定权利义务关系，企业基于"为订立、履行个人作为一方当事人的合同所必需"处理个人信息，由于数据采集的目的是进行算法训练，则基于履行合同目的，相关信息不可被撤回或被删除。

4.开源训练数据集

（1）开源软件与开源许可协议

提及"开源"还需从开源软件说起，开源（open source）这个词最初起源于软件开发中，最早是指开源软件（Open Source Software，OSS）。开源软件是源代码可以任意获取的计算机软件，任何人都能查看、修改和分发他们认为合适的代码。与开源软件对应的是闭源软件（如Microsoft Word、Adobe Illustrator），闭源软件由创建者或著作权所有者出售给最终用户，除非著作权所有者说明，否则不能对其进行编辑、增强或重新分发。开放源代码的概念体现出创作者对作品著作权一定程度的让渡，在一定条件下允许源代码的共享和使用。但"开源"并不意味着免费或不受限制地使用，开源软件源代码的著作权既没有被放弃也没有过期，其修改和发行等仍然要受到著作权法或者开源软件许可证（Open Source License）的制约。

开源许可证，也称开源许可协议，对软件的使用、复制、修改和再发布等进行限制。目前通过开放源代码促进会（Open Source Initiative）认证的开源许可证已有百余种，常见的开源许可证主要有Apache许可证（Apache License）、MIT许可证（the MIT License）、BSD许可证（BSD License）、GPL许可证（GNU General Public License）、LGPL许可证（Lesser General Public License）、MPL许可证（Mozilla Public License）、SSPL许可证（Server Side Public License）等，可以大致分为两大类：宽松自由软件许可证（Permissive Free Software License）和著佐权许可证（Copyleft License）。两者最大的差别在于：在软件被修改并再发行时，著佐权许可证仍然强制要求公开源代码（衍生软件需要开源），而宽松自由软件许可证不要求公开源代码（衍生软件可以变为专有软件）。其中，著佐权许可证又可以根据对开发者的限制不同进行二次分类。广受瞩目的DeepSeek采用的开源协议为MIT License，是最开放的协议之一。MIT License是开源协议中最宽松的类型之一，其允许用户自由使用、修改、复制和分发代码；允许商业用途，无须支付版税或特别许可；以及修改后的版本可闭源。

我国司法实践中已有与开源软件许可协议相关的判例。例如，在S（北京）网络技术有限公司（以下简称S公司）与Y（北京）移动技术有限公司、Y（北京）科技有限公司（以下简称Y公司）侵害计算机软件著作权纠纷案[①]中，S公司诉称Y公司发布的APICloud软件抄袭了S公司HBuilder软件中的三个插件。Y公司辩称HBuilder软件属于应遵循GPL协议开放源代码的软件。一审北京知识产权法院认定：涉案三个插件处于独立的文件夹中，且文件夹中均未包含GPL协议。HBuilder软件的根目录也不存在GPL软件协议。尽管HBuilder软件中包含的其他文件夹中含有GPL协议，但GPL协议对涉案三个

---

① 参见北京知识产权法院（2015）京知民初字第631号民事判决书、北京市高级人民法院（2018）京民终471号民事裁定书。

插件并无约束力。涉案三个插件不属于应根据GPL协议开放源代码的衍生软件作品。一审法院判决，Y公司认为S公司涉案三个插件属于开源软件的抗辩理由不成立，其被诉行为构成侵犯S公司享有的著作权。

被告Y公司在二审中提出GPL协议的"传染性"问题，被告主张涉案软件中既然已经采用了GPL开源代码，那么无论是否仅涉及插件，GPL的传染性也会导致整个涉案软件均应适用GPL协议从而成为可以供他人自由使用的开源软件。但二审法院仍然不支持Y公司提出三个插件受GPL约束的抗辩，理由是一审庭审中，Y公司认可涉案三个插件中并无GPL开源协议，在Hbuilder软件的根目录下亦不存在GPL开源协议，所以对Y公司有关涉案三个插件应受GPL协议约束的主张不予支持。二审北京市高级人民法院仍然维持了Y公司的行为构成侵犯S公司著作权的判定。

该案中，法院虽然认可了GPL协议的法律效力，但未深入探讨或阐述对GPL协议"传染性"的理解，对涉案三个插件是否构成独立作品，是否应受到GPL协议约束的判断规则也存在争议。

（2）开源数据集与许可协议

①知识共享许可协议

开源的概念发展至今，除了开源软件，人工智能训练使用的大量数据集也开始开源，与开源软件许可证相对应的知识共享许可协议（Creative Commons License，以下简称CC协议）应运而生。CC协议自创设以来经历了从1.0到4.0的更新，目前最新的2013年11月发布的CC4.0是一种全球化的国际通用协议，符合各国的著作权法或版权法，不需另行本地化操作。CC协议可以应用于所有受著作权保护的作品，如书籍、戏剧、电影、音乐、文章、照片、博客和网站等（不包括软件）。

CC协议具有以下特点：1）知识共享许可在全世界范围内通用，且在作品的著作权存续期间内均有效并不得撤销；2）对于许可人来说，知识共享许可保留许可人著作权，同时可以宣告他人的合理使用、首次销售及自由表达的权利不受许可协议的影响。但只要被许可人遵守许可人所选择的许可协议的条件，每项许可协议皆允许被许可人复制作品、发行作品的复制品、展览或表演作品、通过信息网络传播作品（如网络广播）及对作品的演绎。[1]

对于被许可人来说，必须履行以下义务要求：

- 要求得到许可人的同意才能从事许可协议原本选择禁止的行为，例如商业性使用、演绎作品；
- 在所有作品的复制品中完整地保留所有著作权声明；
- 使作品的复制品皆能链接到原作品所适用的许可协议上；
- 不得改变许可协议的条款；
- 不得使用技术手段限制其他被许可人对原作品的合法使用。

作为一种非独占的、不可撤销的著作权许可协议，需注意CC协议只涉及著作权及相关的邻接权，而不涉及专利、商标等其他知识产权，也不涉及肖像权、隐私权、形象权等其他权利。协议由四个基本的权利模块构成，分别为：

表5　CC协议的权利模块[2]

序号	标志	名称	缩写	权利义务概括
1.		Attribution 署名	BY	著作权人保留署名权
2.		NonCommercial 非商业使用	NC	著作权人要求不得将该作品用于商业目的
3.		NoDerivs 禁止演绎	ND	著作权人要求不得对该作品进行演绎创作

---

[1] 参见知识共享中国大陆网站，https://creativecommons.net.cn/licenses/licenses_right/，2025年5月21日访问。

[2] 参见知识共享中国大陆网站，https://creativecommons.org/share-your-work/cclicenses/，2025年5月21日访问。

续表

序号	标志	名称	缩写	权利义务概括
4.		ShareAlike 相同方式共享	SA	著作权人要求他人如对该作品进行演绎创作，则必须以相同的许可条款发布演绎作品

根据上述四种权利可能的排列方式，实践中有以下六种常用协议（自由度由高到低排序）。①

表6　常用CC协议内容梳理②

序号	标志	名称	权利义务概括
1.		CC BY（署名）	著作权人允许他人进行转载、节选、混编、二次创作，但必须保留著作权人对原作品的署名
2.		CC BY-SA（署名-相同方式共享）	著作权人允许他人进行转载、节选、混编、二次创作，可以将其运用于商业用途，但必须署名作者，并且使用本作品时必须采用与本作品相同的许可条款进行授权
3.		CC BY-ND（署名-禁止演绎）	著作权人允许他人使用作品，但必须署名作者，也可将本创作用于商业目的，但不能进行任何改动

---

① 参见知识共享中国大陆网站，https://creativecommons.org/share-your-work/cclicenses/，2025年5月21日访问。

② 参见知识共享中国大陆网站，https://creativecommons.org/share-your-work/cclicenses/，2025年5月21日访问。

续表

序号	标志	名称	权利义务概括
4.		CC BY-NC （署名–非商业使用）	著作权人允许他人进行转载、节选、混编、二次创作，但必须署名作者，且不得将本作品或演绎作品用于商业目的
5.		CC BY-NC-SA （署名–非商业使用–相同方式共享）	著作权人允许他人使用作品，但必须署名作者，不得将本作品或演绎作品用于商业目的，并且使用本作品时必须采用与本作品相同的许可条款进行授权
6.		CC BY-NC-ND （署名–非商业使用–禁止演绎）	著作权人允许他人进行转载，但必须署名作者，不可对本作品进行任何修改，不可依据本作品进行再创作，不可将本作品运用于商业目的

我国司法实践中，已经存在与CC协议的相关案例，法院未对CC协议效力进行判定，但对CC协议的传导性进行了分析论证。例如：在（2017）浙02民终3852号一案中，原告的计算机软件使用PHP语言编写，PHP是一种被广泛应用的开源通用脚本语言，明确以CC协议为开源授权许可协议。被告认为，涉案软件采用开源软件PHP编写，根据开源软件规则，原告不能主张著作权保护。但法院认为PHP语言使用CC协议不等同于软件本身的许可证，软件没有采用CC协议且非属于PHP语言演绎作品，因此涉案软件也并不受CC协议开源义务的约束，被告未经许可作商业性的复制使用等，构成对该作品著作权的侵权。

②开放数据共享许可协议

除了CC协议，开源数据集还有开放数据共享许可协议（Open Data

Commons，ODC）可以使用。ODC 协议是开放知识基金会（Open Knowledge Foundation，OKF）发布的许可协议类型，目的是规范和约束数据提供者和数据使用在重用、发布、修改和传播数据方面的责任与义务，是国际通用的许可协议类型。其中，ODC-PDD 将许可内容完全置于公共领域，ODC-By 仅有署名的要求，ODC-ODbL 要求署名和相同方式共享。

表 7　ODC-PDDL、ODC-By 与 ODC-ODbL 内容梳理

序号	协议名称	许可对象	具体内容
1.	开放数据共享公共领域贡献和许可（ODC-PDDL）[1]	数据库和数据库内容	a）允许免费复制、传播和使用数据库； b）允许根据数据库创作作品； c）修改、转换和构建数据库
2.	开放数据共享署名许可（ODC-By）[2]	数据库和数据库作品	a）允许免费复制、传播和使用数据库； b）允许根据数据库创作作品； c）修改、转换和构建数据库； d）创作新作品需表明署名
3.	开放数据共享开放数据库许可（ODC-ODbL）[3]	数据库和数据库作品	a）允许免费复制、传播和使用数据库； b）允许根据数据库创作作品； c）修改、转换和构建数据库； d）创作新作品需表明署名； e）公开使用演绎作品或对数据库进行演绎，需要采用相同的许可协议； f）不应采取任何技术措施限制数据库的开放共享

③社区数据许可协议

此外，Linux 基金会于 2017 年 10 月 23 日发布社区数据许可协议（the Community Data License Agreement，CDLA），提供了开放数据的许可条件。

---

[1] 参见开放数据共享网站，https://opendatacommons.org/licenses/pddl/1-0/，2025 年 5 月 21 日访问。
[2] 参见开放数据共享网站，https://opendatacommons.org/licenses/by/，2025 年 5 月 21 日访问。
[3] 参见开放数据共享网站，https://opendatacommons.org/licenses/odbl/1-0/，2025 年 5 月 21 日访问。

表8 CDLA-Permissive-2.0与CDLA-Sharing-1.0内容梳理

序号	名　　称	具体要求
1.	CDLA-Permissive-2.0[①]	对开放数据的贡献者和使用者不作要求。可以使用、修改和共享，许可协议不对结果的使用、修改或共享施加任何限制或义务
2.	CDLA-Sharing-1.0[②]	可以使用、修改和共享，但无论是否修改，基于原作创作的新作品必须与原始版本有相同的许可协议

综上，企业在使用开源数据集进行数据训练，或者使用开源软件时都应当遵守开源数据集或开源软件相关的协议（许可证）的权利义务关系，虽然司法实践对相关协议的效力、传染性等特性尚在讨论和争议阶段，但从合规角度仍应当提前防范在训练模型或算法时，侵害他人的著作权等权益。

（二）数据集的预处理工作

在大模型数据训练过程中，获取的原始数据大部分可能是"脏"数据，存在数据杂乱无章、数据不完整、数据冗余等各类问题。因此，需要将这些数据进行预先处理，以达到人们对于数据使用的要求，如数据的一致性、准确性、完整性、可信性等。数据集的预处理就是在主要的数据处理工作之前对原始数据集进行的预先处理，旨在解决数据集中存在的杂乱、不完整、冗余等问题，为后续的数据分析及建模提供基础。数据集的预处理有不同类型，包括数据清洗、数据脱毒、个人信息匿名化处理、数据标签等环节。

1.数据清洗

作为数据集预处理工作的初级环节，数据清洗是在数据集中去除冗余、清除噪音、消除错误和不一致数据的过程，旨在维持目标数据集与系统中其

[①] 参见Linux基金会网站，https://cdla.dev/permissive-2-0/，2025年5月21日访问。
[②] 参见Linux基金会网站，https://cdla.dev/sharing-1-0/，2025年5月21日访问。

他类似数据集的统一性。

（1）数据清洗的必要性

由于当下人工智能模型训练用数据来源主要为公开渠道爬取的数据、第三方收集提供的免费或付费数据库以及企业自身积累的数据，使原始数据集生成过程中难以避免地存在用户输入错误、存储或传输过程中造成损坏等问题，原始数据集通常会包含一些错误，如错误的货币单位或日期等格式错误，抑或数据点损坏造成的数据错误，影响后续模型分析的准确性，误导模型作出错误预测。正因如此，数据清洗是数据集预处理工作中必不可少的一环。

（2）数据清洗的实质

从字面意义上进行理解，数据清洗的实质便在于把原始数据集中的"脏"数据"清洗"干净。因此，数据清洗不是简单地选取优质数据，还涉及对原始数据集的删除、添加、分解和重组。更为具体而言，数据清洗的关键步骤包括识别、修改、删除不完整或不正确的数据字段，识别、删除与目标数据集不相关的冗余数据或重复信息，弥补数据集中丢失的缺失值，以及纠正拼写、数据单位等格式错误。

（3）数据清洗过程的合规要点

企业在进行数据清洗过程时应注意确保目标数据集的数据质量，以维护目标数据集的真实性、客观性和准确性为己任。《生成式人工智能服务管理暂行办法》明确要求，生成式人工智能服务提供者应当采取有效措施提高训练数据质量，增强训练数据的真实性、准确性、客观性、多样性。作为可实质性控制所收集的数据集并将其用于训练人工智能机器学习方法的企业，因易被认定为"生成式人工智能训练数据处理者"，从而需构建相应的合规体系，包括：

- 在实际进行数据清理的操作过程中采取必要措施，保障数据采集渠道客观可查；

- 统一数据格式规范,以防止任何潜在的违规风险。

2.数据脱毒

随着人工智能技术的不断发展,其与互联网、医疗、交通等行业的融合程度不断加深,所面临的风险亦迅速扩张,单纯的数据清洗已无法为人工智能训练用数据所面临的恶意、伪造数据注入风险提供足够的保护,因而数据脱毒环节应运而生,与数据清洗一同为人工智能面临的数据安全风险保驾护航。

(1)数据脱毒环节的目标

"数据脱毒"环节旨在应对人工智能训练用数据串所面临的"数据投毒"风险,避免训练用数据串被污染后可能导致的人工智能决策错误等毁灭性风险。根据中国信息通信研究院安全研究所发布的《人工智能数据安全白皮书(2019)》,"数据投毒"是指通过在训练用数据串中"注入"伪装数据、恶意样本等污染训练数据,破坏训练用数据完整性,导致训练的人工智能算法模型决策出现偏差的措施。

(2)数据投毒的具体方式

就攻击手段而言,数据投毒目前主要分为两种:

- 以训练数据样本为主要攻击目标的模型偏差方式,通过污染训练数据,以达到混淆影响分类器分类边界的目的。例如,在训练用汽车图片数据串中混入其他图片并声称其为汽车。

- 以人工智能的学习模型为主要攻击目标,通过误导模型本身的用户反馈机制发起攻击,直接向模型"注入"伪装的信息或数据。

考虑到人工智能研发过程本身具有的业务流程层级多、复杂程度高等特征,相较于模型进行完训练后再倒推溯源数据层面的"数据投毒"问题,更合理、可行的方式是将防护措施前置,构建相应的安全体系,从源头对训练用数据串进行"数据脱毒"。

数据脱毒环节的关键步骤在于毒害数据的识别。除上述提及的有毒数据外，《网络信息内容生态治理规定》中明确规定煽动人群歧视、地域歧视，宣扬低俗、庸俗、媚俗内容等9类不良信息以及危害国家安全，泄露国家秘密，颠覆国家政权，破坏国家统一；损害国家荣誉和利益；侮辱或者诽谤他人，侵害他人名誉、隐私和其他合法权益等11类违法信息。

国家互联网信息办公室发布的《生成式人工智能服务管理暂行办法》中亦要求坚持社会主义核心价值观，不得生成煽动颠覆国家政权、推翻社会主义制度，危害国家安全和利益、损害国家形象，煽动分裂国家、破坏国家统一和社会稳定，宣扬恐怖主义、极端主义，宣扬民族仇恨、民族歧视，暴力、淫秽色情，以及虚假有害信息等法律、行政法规禁止的内容。

企业作为生成式人工智能服务的提供者，应承担产品生成内容生成者的责任，采取必要措施阻止人工智能模型输出涉及种族、民族、信仰、国别、地域、性别等歧视性内容。

在合规监管方面，综合考虑到当前正处于人工智能技术高速发展、训练用数据串需求迅速扩张阶段，从数据来源角度进行监管难度较高，全国网络安全标准化技术委员会于2024年2月公布的《生成式人工智能服务安全基本要求（TC260-003）》（以下简称《生成式人工智能服务安全基本要求》）中采取了对数据输入及输出进行合规管控的方式，要求提供生成式人工智能服务的企业应采取关键词、分类模型等方式对使用者输入信息进行检测，使用者连续三次或一天内累计五次输入违法不良信息或明显诱导生成违法不良信息的，应依法依约采取暂停提供服务等处置措施，对明显偏激以及明显诱导生成违法不良信息的问题，应拒绝回答。

因而，作为生成式人工智能服务提供者的企业应尽快构建辅助自身人工智能模型的安全体系，对自身数据输入、输出环节进行管控，以期有效避免毒害数据对人工智能模型带来的破坏。

- 自行开展内部生成内容安全评估，确保模型生成的内容中不包含违反社会主义核心价值观、具有歧视性、违反商业规则或侵犯他人合法权益的毒害内容。

- 企业应提前有针对性地做好训练数据有害输出等数据安全事件的应急处理方案，在发生类似安全事件后，应及时采取有效技术手段，屏蔽生成式人工智能的有害输出。

- 对有害数据迅速溯源，反向定位造成模型有害输出的训练用数据串中的毒害数据，并对相关有害数据内容进行彻底清除或匿名化处理。例如，作为当前人工智能计算领域领头企业之一的英伟达（NVIDIA）于2023年4月在其官网开源了旨在辅助提升基于大语言人工智能模型的应用程序在代码、文档、安全信息过滤等方面安全性的NeMo Guardrails。

3. 个人信息匿名化处理

除前述提及的数据清洗和数据脱毒外，企业在其用于训练的数据涉及个人信息时，应当自觉承担个人信息处理者的法定义务。相关主体应遵循我国现行个人信息保护体系的"知情同意"基本原则，即原则上个人信息处理者在未取得个人信息主体在充分知情的情形下自愿、明确作出的同意时，不得处理个人信息。此处的个人信息既包括以电子或者其他方式记录的与可识别或已识别的自然人有关的各项信息，也包括人脸等生物识别信息、金融账户、医疗健康等敏感个人信息。

然而，考虑到现实中绝大多数企业获取训练用海量数据的方式是爬取公开数据或通过免费或付费数据库间接获取，强制要求企业在训练使用前获得所涉及的每个个人信息主体的知情同意，不但有些强人所难，亦不利于推动人工智能领域高效发展。

（1）个人信息匿名化技术应运而生

通过对涉及个人信息的数据进行匿名化处理，在保护个人信息主体权益的同时，免除企业作为个人信息处理者的法定义务，更好地平衡个人信息流通利用与个人信息保护间的潜在冲突。

《个人信息保护法》明确个人信息经过处理无法识别特定自然人且不能

复原的过程称为匿名化，匿名化处理后的信息不再视为个人信息。

（2）个人信息匿名化过程中的几个关键要点

• 需要将训练用数据串中涉及个人信息的部分去除直接和间接标识符，以确保处理后的信息无法被直接识别，亦不能通过与其他信息相结合而达到识别信息主体的效果。

• 通过技术手段确保处理后的信息始终处于无法识别的状态或至少显著提升了将匿名信息复原为个人信息的难度，以确保匿名化处理后的信息是不能复原的。

• 以谷歌公司为例，其通过K匿名技术，对数据进行泛化处理，隐藏数据集中涉及的单个个人信息主体的身份，再通过差别隐私技术，向数据串中添加噪声，实现对数据串中涉及的个人信息的匿名化处理，保护个人信息主体权益。

（3）个人信息匿名化处理的合规要点

《生成式人工智能服务管理暂行办法》第9条明确涉及个人信息的，依法承担个人信息处理者责任，履行个人信息保护义务。因而，从作为生成式人工智能服务提供者的企业角度出发：

• 首先应尽快构建相应的评估体系，对拟用作训练的数据进行识别、评估。

• 在准确识别训练数据中所涉及个人信息的基础上，系统性地对所涉及个人信息进行匿名化处理。

• 定期对处理过的匿名化数据的再识别风险以及所使用匿名化技术的风险进行评估，从而最大限度地保障个人信息匿名化处理的准确性与有效性，降低企业违规风险。

4.数据标签

与数据清洗、数据脱毒类似，数据标签作为模型预处理的环节之一，主要通过在识别原本由文本文件、图像或视频等数据构成的原始数据串的基础上，向原始数据串赋予一个或多个标签的方式，指定模型的上下文，从而帮助模型依据数据串作出更准确的预测。数据标签的实质在于通过赋予不同的标签，隔离训练用数据串中的各个变量，从而选出最优的数据变量，便于模型学习后提高预测的准确性。

（1）数据标签的优势

数字标签由于能够有效辅助提升模型的预测准确性与易用性，因而在众多人工智能领域中得到广泛应用。其中，最具代表性的便是数据标签环节在计算机视觉领域的运用。

以国际商业机器公司（IBM）开发的Maximo Visual Inspection计算机视觉平台为例，该平台通过数据标签环节实现对训练构建计算机视觉模型的数据串中的图像数据进行自动化类别分割，帮助模型确定数据串图像中的检测对象及关键点位置，辅助提升模型预测准确性，从而更好地服务能源、公用事业、制造业、汽车等多个领域。

（2）数据标签的技术手段

数据标签最广为人知的例子之一便是Recaptcha，[①]其功能在于通过要求用户识别一组照片并找出所有包含汽车的照片的方式，区分机器人与人类，防止机器人假冒人类。同时，用户对每组照片的分类识别也为Recaptcha提供了新的数据标签，用以帮助Recaptcha更好地改进数据注释。更为具体而言，实践中添加数据标签的主流方法包括：

- 内部标签
- 综合标签
- 程序化标签
- 外包

---

① Recaptcha是谷歌旗下的验证码系统，由危地马拉计算机科学家Luis von Ahn发明，于2009年9月被谷歌收购。

- 众包

（3）数据标签带来的数据安全风险

"标签"作为数据群体分类的方式，亦使得训练用数据串中所涉及的数据主体的信息数据隐私利益面临新的风险挑战。原因在于，模型可借助数据标签划分的分组方式进行个体解析，识别特定标签群组的性质，相关企业或组织便可借助模型以单体化的方式对目标对象的行为进行监视，对其实行完美歧视，甚至反向识别锁定个体身份，侵害数据主体的权益。例如：

- 美国信贷公司会根据居住区域，赋予不同数据主体信息不同的数据标签，再通过社区整体居住环境、人均收入等数据对居住区域进行整体评分。大量低收入者聚集的居住区域由于群体整体评分低，使得居住在该居住区域的每一个数据主体都更容易遭到美国信贷公司的歧视，获得负面评价。

- 美国政府曾通过对一个名为斯特拉瓦的健身应用程序中匿名收集的用户经常运动地点的定位信息数据进行分类、聚合，构建用户群组数据标签，进行模拟预测，导致不少军事基地方位遭曝光，相关国家利益受到巨大损害。[1]

（4）数据标签的合规要点

企业作为生成式人工智能服务的提供者，除了应注意对自身训练用数据串中涉及人工智能的部分进行匿名化处理以外，还应对数据标签背后潜在的群体数据利益保护予以足够的重视与保护。全国网络安全标准化技术委员会于2024年2月公布的《生成式人工智能服务安全基本要求》专门规定了语料标注安全的要求。作为生成式人工智能服务提供者的企业，应采取下述措施：

---

[1]《健身软件泄露机密　美军回应加强管理》，载新华网2018年1月30日，http://www.xinhuanet.com/world/2018-01/30/c_1122342609.htm，2025年5月21日访问。

- 遵循权责一致、合法合规、安全保障的训练数据安全管理原则。
- 及时、系统地对训练数据串内容进行审核，确保面向公众的生成式人工智能模型的训练用数据串不得包含可主动引导生成式人工智能预测或生成危害国家安全，侵害公民、法人和其他组织的合法权益（知识产权、隐私权等），意图扰乱经济秩序和社会秩序的虚假信息等内容。
- 在标注人员、标注规则、标注内容准确性方面满足《生成式人工智能服务安全基本要求》。

（三）数据安全

生成式人工智能模型的研发需依赖海量的数据来进行训练。以语言类大模型为例，目前主流厂商训练所使用的数据集一般包括十亿以上文本单位，少数甚至可达到万亿文本单位级别。这也意味着生成式人工智能企业将成为海量数据的处理者。但不可避免的是，训练数据集中可能含有大量个人信息、企业经营信息，数据集本身也因其庞大的规模具有潜在的分析和经济价值，一旦发生数据安全和隐私泄露事件，将可能对公民、法人或其他组织的合法权益、社会公共利益乃至国家安全造成重大影响。

随着生成式人工智能的不断发展，训练涉及的数据规模、数据种类、数据格式等还会继续扩张，随之而来的是不断加剧的网络和数据安全风险。因此掌握着海量数据的生成式人工智能企业在发展的初始阶段就应当着手布局充分的技术与组织措施，以确保生成式人工智能涉及数据的安全。

1.法律要求

目前我国就数据安全构建了《网络安全法》《数据安全法》《个人信息保护法》三位一体的保护体系。《生成式人工智能服务管理暂行办法》中亦重申了生成式人工智能服务提供者应遵守上述法律法规及有关主管部门的相关监管要求的规定，依法开展预训练、优化训练等训练数据处理活动。就数据安全，相关法律法规的重点要求如下：

表9 数据安全重点法规梳理

法律法规名称	数据安全保护义务
《网络安全法》[1]	• 采取技术措施和其他必要措施，维护网络数据的完整性、保密性和可用性 • 按照网络安全等级保护制度的要求，履行下列安全保护义务，防止网络数据泄露或者被窃取、篡改： a.制定内部安全管理制度和操作规程，确定网络安全负责人，落实网络安全保护责任； b.采取防范计算机病毒和网络攻击、网络侵入等危害网络安全行为的技术措施； c.采取监测、记录网络运行状态、网络安全事件的技术措施，并按照规定留存相关的网络日志不少于六个月； d.采取数据分类、重要数据备份和加密等措施
《数据安全法》[2]	• 建立健全全流程数据安全管理制度； • 组织开展数据安全教育培训； • 采取相应的技术措施和其他必要措施，保障数据安全； • 在网络安全等级保护制度的基础上，履行数据安全保护义务； • 加强数据风险监测，及时补救数据安全缺陷、漏洞，处置安全事件并报告； • 重要数据的处理者还应当明确数据安全负责人和管理机构，定期开展风险评估，并报送风险评估报告
《个人信息保护法》[3]	采取措施防止未经授权的访问以及个人信息泄露、篡改、丢失： • 制定内部管理制度和操作规程； • 对个人信息实行分类管理； • 采取相应的加密、去标识化等安全技术措施； • 合理确定个人信息处理的操作权限，并定期对从业人员进行安全教育和培训； • 制定并组织实施个人信息安全事件应急预案； • 法律、行政法规规定的其他措施

[1]《网络安全法》第10条、第21条。
[2]《数据安全法》第27条、第29条、第30条。
[3]《个人信息保护法》第51条。

2.实践合规要点

综合考量上述法律法规的要求、监管实践中的考察要素以及生成式人工智能数据集的特点，生成式人工智能企业可从组织与技术两个方面出发，采取下列适当的措施以确保数据安全。

（1）组织措施

①组织机构

- 机构设置：明确企业数据安全管理责任部门，牵头承担企业数据安全管理工作，包括但不限于制定数据安全管理制度规范，协调强化数据安全技术能力，开展数据安全合规性评估、安全审计管理、安全事件应急处置、教育培训等工作。

- 明确分工：明确数据安全管理责任部门与各项工作执行部门的责任分工，建立数据安全管理制度执行落实情况监督检查和考核问责制度。

- 人员管理：在安全管理责任部门及相关工作执行部门中分别配备数据安全管理责任人员和数据安全工作人员，负责具体落实数据安全管理工作，包括但不限于数据资产梳理、分类分级、权限管理、安全审计、应急响应、教育培训等工作。

②制度建设

针对训练数据或企业的整体数据处理情况，建立企业数据安全内部管理制度、数据分类分级管理、数据访问权限管理、数据全生命周期管理、数据合作方管理、数据操作审批、数据安全应急响应、个人信息主体权利响应等制度，以对数据保护的企业内部责任进行可实操性的明确规定，以实际落实对数据安全的保护。

- 数据安全内部管理制度：明确组织内部的数据安全管理职能部门及具体职责，并设置数据安全管理工作的基本原则。

- 数据分类分级管理制度：建立数据分类分级的原则、框架和方法。盘点公司数据资产并进行分类，根据不同数据的风险级别制定差异化的数据安全管理要求。

- 数据访问权限管理制度：建立逻辑和物理访问控制机制以执行最小特权原则，以确保只有授权使用者才能访问特定的系统、应用程序和数据。
- 数据全生命周期管理制度：建立数据采集、传输、存储、使用、共享、删除的全生命周期管理制度，规范数据来源的合法性，各处理活动的数据安全性，以及相应处理活动记录的可追溯性。
- 数据合作方管理制度：建立合作方评估管理制度，对第三方是否具备足够的数据安全控制能力进行评估及审批。完善常见问题清单等配套流程文件以供业务人员参考，涵盖如信息风险管理的含义、需要进行信息风险评估的情形、风险评估的有效期等问题，以确保业务负责人能够及时、准确地开展风险评估。
- 数据操作审批制度及流程：对训练数据的重要操作设置内部审批制度及流程，如进行批量修改、拷贝、下载等重要操作；对训练数据安全管理人员、数据操作人员、审核人员的角色进行分离设置。使用训练数据时，不应超出与采集时所声明的目的直接或合理关联的范围，如确需超范围使用的，应再次征得训练数据所有权主体明示同意。
- 数据安全事件应急响应制度：详细制定网络和数据安全事件响应的各部门职能分工以及具体的响应流程、测试机制和培训管理。
- 个人信息主体权利响应制度及流程：确立个人信息主体实现个人权利请求的渠道及方式，明确内部责任部门及人员，并完善相应的流程文件。

③安全培训

制订数据安全管理相关岗位人员培训计划，培训内容应包括数据安全制度要求和实操规范，如法律法规、政策标准、合规性评估、技术防护、应急响应、知识技能、安全意识等。培训可采取线下集中授课或线上培训等形式，并开展培训人员考核评定。

（2）技术措施

面向公众提供服务的生成式人工智能的训练数据处理者，在处理训练数据的过程中还应采取适当的技术措施，以防止数据泄露和滥用，确保数据安全。以下的技术措施可为公司的合规实践提供一定的参考。

表10 保护数据安全的技术措施

1.身份鉴别与访问控制	• 按照最小化必要化的原则分配不同的数据访问权限； • 对访问施行单点登录（SSO）等身份鉴别机制
2.通信网络保障措施	• 采用通信网络保障措施，如就互联网对客访问请求采用TLS1.2或以上的HTTPS等加密通信
3.网络边界防护措施	• 对部署于不同区域间的系统，在各区域边界部署边界防火墙，进行网络边界防护
4.病毒和网络攻击防控措施	• 部署防病毒软件，定期更新病毒库，定期对系统进行病毒扫描； • 部署如入侵检测/防御系统（IPS/IDS）等攻击防控措施，定期更新设备的规则库，以确保最新的攻击会被及时发现并制止
5.应急响应措施	• 定期测试并更新各系统应急预案
6.数据的可用性、完整性、保密性	• 对个人信息使用去标识化、匿名化等技术措施避免明文存放； • 使用AES256等加密算法对存储的静态数据进行加密； • 使用TLS1.2协议等方式对数据的传输进行加密
7.数据备份和恢复	• 制订业务连续性方案和灾难恢复方案，并执行数据备份和恢复活动，以确保数据可用性； • 每年定期开展备份恢复测试
8.漏洞扫描和渗透测试	• 对服务器和网络设备定期开展漏洞扫描； • 及时修复发现的问题，开展回归测试
9.数据处理记录和安全审计措施	• 对数据处理过程进行日志记录，并对相关日志进行保留； • 由特定的负责人每天对日志进行审阅，对异常情况进行跟踪及处理
10.物理安全	• 涉及线下的机房和系统的，设置门禁、闭路监视系统、出入日志记录的访问防控措施，并配备防火检测系统、灭火系统、温度和湿度控制系统、应急电源系统等安全系统，以确保数据的物理安全

3.有效性证明

在采用适当的组织与技术措施进行数据保护后,生成式人工智能企业可以基于《信息系统安全等级保护备案证明》阐释其数据安全保护水平,说明其已履行相应的法定义务。

根据《网络安全法》《计算机信息系统安全保护条例》《信息安全技术 网络安全等级保护定级指南》(GB/T 22240—2020)等法律法规及标准,生成式人工智能公司应履行相应的网络安全等级保护义务,对公司各信息系统进行风险评估及定级,并采用相应的措施对其安全进行保护。其中,对于信息系统的安全保护等级定级在第二级及以上(信息系统受到破坏后,会对公民、法人和其他组织的合法权益、社会秩序和公共利益以及国家安全任一客体造成一般损害以上的侵害)的公司相关信息系统,还需到所在地设区的市级以上公安机关办理备案手续,如安全保护状况符合信息安全等级保护有关管理规范和技术标准的,将在备案通过后获得信息系统安全等级保护备案证明。

二、算法/模型合规要点

(一)准入类资质

1.算法备案

根据《生成式人工智能服务管理暂行办法》规定,提供具有舆论属性或者社会动员能力的生成式人工智能服务的,应当按照国家有关规定开展安全评估,并按照《互联网信息服务算法推荐管理规定》履行算法备案和变更、注销备案手续。

根据《互联网信息服务算法推荐管理规定》,具有舆论属性或者社会动员能力的算法推荐服务提供者应当在提供服务之日起10个工作日内通过互联网信息服务算法备案系统填报服务提供者的名称、服务形式、应用领域、算法类型、算法自评估报告、拟公示内容等信息，履行备案手续，并且应当在备案信息发生变更或者终止服务后在规定期限内完成相应的变更、注销备案手续。《生成式人工智能服务管理暂行办法》及《互联网信息服务算法推荐管理规定》未明确"具有舆论属性或者社会动员能力的生成式人工智能服务"的具体标准，参考《具有舆论属性或社会动员能力的互联网信息服务安全评估规定》，具有舆论属性或社会动员能力的互联网信息服务包括：（1）开办论坛、博客、微博客、聊天室、通讯群组、公众账号、短视频、网络直播、信息分享、小程序等信息服务或者附设相应功能；（2）开办提供公众舆论表达渠道或者具有发动社会公众从事特定活动能力的其他互联网信息服务。因此对于在上述范围内的生成式人工智能服务企业，建议按照法律规定完成相应的算法备案手续。

2. 算法机制机理审核

根据《互联网信息服务深度合成管理规定》，深度合成服务提供者应当落实信息安全主体责任，建立健全算法机制机理审核管理制度，具有安全可控的技术保障措施。根据《互联网信息服务算法推荐管理规定》，算法推荐服务提供者应当落实算法安全主体责任，建立健全算法机制机理审核管理制度。

目前法律法规仅对企业原则性地提出要求建立健全算法机制机理审核管理制度，但是尚未明确规定详细审核要求和制度建设内容，企业在实践中一般自行制定算法机制机理审核的相关内控制度。算法机制机理审核的相关内控制度和措施一般情况下会包含在算法备案提交的《算法自评估报告》中，算法机制机理的部分内容也会列为算法备案的拟公示内容。

3. 安全评估

根据《生成式人工智能服务管理暂行办法》规定，提供具有舆论属性或者社会动员能力的生成式人工智能服务的，应当按照国家有关规定开展安全评估。

关于《生成式人工智能服务管理暂行办法》提及的安全评估，目前主要的法律依据是国家互联网信息办公室（以下简称国家网信办）及公安部于2018年11月发布的《具有舆论属性或社会动员能力的互联网信息服务安全评估规定》。其所称的具有舆论属性或社会动员能力的互联网信息服务，包括下列情形：（1）开办论坛、博客、微博客、聊天室、通讯群组、公众账号、短视频、网络直播、信息分享、小程序等信息服务或者附设相应功能；（2）开办提供公众舆论表达渠道或者具有发动社会公众从事特定活动能力的其他互联网信息服务。互联网信息服务提供者具有下列情形之一的，应当依照《具有舆论属性或社会动员能力的互联网信息服务安全评估规定》自行开展安全评估：

（1）具有舆论属性或社会动员能力的信息服务上线，或者信息服务增设相关功能的；

（2）使用新技术新应用，使信息服务的功能属性、技术实现方式、基础资源配置等发生重大变更，导致舆论属性或者社会动员能力发生重大变化的；

（3）用户规模显著增加，导致信息服务的舆论属性或者社会动员能力发生重大变化的；

（4）发生违法有害信息传播扩散，表明已有安全措施难以有效防控网络安全风险的；

（5）地市级以上网信部门或者公安机关书面通知需要进行安全评估的其他情形。

属于上述第（1）项及第（2）项情形的，互联网信息服务提供者应当在产品上线前或者功能增设前提交安全评估报告，属于其他情形的，则应当自相关情形发生之日起30个工作日内提交安全评估报告。《生成式人工智能服务管理暂行办法》规定的主管部门包括地市级以上网信部门和公安机关，实践中，主要表现为公安机关通过全国互联网安全管理服务平台（https://beian.mps.gov.cn/#/）开展的安全评估活动（通常称为公安机关的安全评估），以及国家网信办就以大模型为主的生成式人工智能服务提供者提交的安全评估报告进行的合规审查和开展的生成式人工智能上线备案活动。目前生成式人工智能上线备案已替换了之前曾实施的互联网新技术新应用安全评估。

4.科技伦理审查

根据科学技术部等部委于2023年9月发布的《科技伦理审查办法（试行）》，从事人工智能科技活动的单位，研究内容涉及科技伦理敏感领域的，应设立科技伦理（审查）委员会。特别地，具有舆论社会动员能力和社会意识引导能力的算法模型、应用程序及系统的研发被列入需要开展专家复核的清单内的，即经所在单位的科技伦理（审查）委员会初步审查通过后，还需报经所在地或相关行业主管部门组织开展专家复核。

5.其他资质证照

根据《生成式人工智能服务管理暂行办法》规定，法律、行政法规规定提供生成式人工智能服务应当取得相关行政许可的，提供者应当依法取得许可。外商投资生成式人工智能服务，应当符合外商投资相关法律、行政法规的规定。

目前我国法律并没有专门针对生成式人工智能服务本身设置相应的行政许可或者外资准入限制，但如果提供生成式人工智能服务过程中涉及增值电信服务、网络出版服务、互联网新闻服务、金融服务、影视制作、医药行业等需要取得行政许可或存在外商投资准入限制的行业或领域，生成式人工智能服务提供者也须遵守相关行政许可及外商投资准入相关规定。另外《生成式人工智能服务管理暂行办法》对于生成式人工智能服务的监管强调了分类分级监管，这一规定或许意味着，不同行业和领域的主管部门可能后续还会针对生成式人工智能服务出台相应的许可制度或者有进一步的分类分级监管规则，以便于将对生成式人工智能服务的监管落实到各行业的实践中，因此需要相关企业对该领域保持密切关注。

目前AIGC在中国法环境下，结合其产品特征，可能涉及的一般性资质证照包括互联网信息服务许可/备案、公安联网备案、网络等级保护定级备案。特别地，结合该产品所属的具体行业及应用场景，可能还需要取得的常见的行业资质证照包括《信息网络传播视听节目许可证》《网络出版服务许可证》《网络文化经营许可证》等。

（1）互联网信息服务许可/备案

根据《互联网信息服务管理办法》，国家对经营性互联网信息服务实行许可制度；对非经营性互联网信息服务实行备案制度。经营性互联网信息服务，是指通过互联网向上网用户有偿提供信息或者网页制作等服务活动，通常包括付费查询、广告服务、电商平台等；非经营性互联网信息服务，是指通过互联网向上网用户无偿提供具有公开性、共享性信息的服务活动，通常包括企业宣传性官网、政府网站等。因此生成式人工智能服务如果涉及广告服务、会员充值付费等经营性互联网信息服务，则需要到省级通信管理局或者国家工业和信息化部办理相应的增值电信业务经营许可证，即"ICP证"，ICP证是企业能够通过互联网开展经营性活动的重要前提。如果企业提供的生成式人工智能服务属于非经营性互联网信息服务，则需要向省级通信管理局或者工业和信息化部办理备案手续，即"ICP备案"。

（2）公安联网备案

根据《计算机信息网络国际联网安全保护管理办法》等相关规定及行业实践，各网站在进行ICP备案成功后，如网站为我国提供服务，仍需在网站开通之日起30日内自行登录全国互联网安全管理服务平台（https://beian.mps.gov.cn/#/）提交公安联网备案申请。

（3）网络等级保护定级备案

根据《网络安全法》及《信息安全等级保护管理办法》，我国实行网络安全等级保护制度。信息系统运营、使用单位应当依据相关法律法规和国家标准确定信息系统的安全保护登记。有主管部门的，应当经主管部门审核批准。新建二级以上信息系统的，还需到公安机关办理备案手续。网络等级保护定级备案是企业信息系统安全性的重要证明，如企业在中国本地的业务涉及新建信息系统，可在投入运行后30日内完成上述备案。

（4）网络文化经营许可证

根据《互联网文化管理暂行规定》，从事经营性互联网文化活动，应当向所在地省级人民政府文化行政部门提出申请，获得《网络文化经营许可证》。经营性互联网文化活动是指以营利为目的，通过向上网用户收费或者以电子商务、广告等方式获取利益，提供互联网文化产品及其服务的活动。互联网文化产品是指通过互联网生产、传播和流通的文化产品，主要包括：（1）专门为互联网而生产的网络音乐娱乐、网络游戏、网络演出剧（节）目、网络表演、网络艺术品、网络动漫等互联网文化产品；（2）将音乐娱乐、游戏、演出剧（节）目、表演、艺术品、动漫等文化产品以一定的技术手段制作、复制到互联网上传播的互联网文化产品。

如果企业通过人工智能提供根据文字描述生成图像、网络音乐、视频、绘画等服务的成果，可能会构成《互联网文化管理暂行规定》下的互联网文化产品。企业提供该等服务进而将可能需要取得《网络文化经营许可证》。因为AIGC具有丰富的应用场景，建议企业在提供相应服务之前向省级文化主管部门进行咨询，以明确其是否需要申请相关的许可证。

（5）《信息网络传播视听节目许可证》

根据《互联网视听节目服务管理规定》的规定，从事互联网视听节目服务，应当依照本规定取得广播电影电视主管部门颁发的《信息网络传播视听节目许可证》或履行备案手续。AIGC服务提供者可结合原国家新闻出版广电总局（现国家广播电视总局）发布的《互联网视听节目服务业务分类目录（试行）》判断相关产品功能是否构成互联网视听节目服务业务。

（6）网络出版服务许可证

根据《网络出版服务管理规定》，从事网络出版服务，必须依法经过出版行政主管部门批准，取得《网络出版服务许可证》。网络出版服务，是指通过信息网络向公众提供网络出版物。网络出版物，是指通过信息网络向公众提供的，具有编辑、制作、加工等出版特征的数字化作品，范围主要包括：（1）文学、艺术、科学等领域内具有知识性、思想性的文字、图片、地图、游戏、动漫、音视频读物等原创数字化作品；（2）与已出版的图书、报纸、期刊、音像制品、电子出版物等内容相一致的数字化作品；（3）将上述作品通过选择、编排、汇集等方式形成的网络文献数据库等数字化作品；（4）原国家新闻出版广电总局认定的其他类型的数字化作品。人工智能生成的内容是否享有著作权以及著作权归属于哪一主体，现在仍然是法律界讨论的热点话题，该讨论结果也相应影响着AIGC服务提供者是否会构成网络出版服务提供者。因此，在目前各方对上述争论内容尚无明确结论的阶段，建议企业在提供服务前，向所属省级主管部门进行咨询，以确认其是否需要取得《网络出版服务许可证》。

（二）算法备案

1.算法备案的制度渊源

2020年12月，中共中央印发的《法治社会建设实施纲要（2020—2025年）》提出"制定完善对网络直播、自媒体、知识社区问答等新媒体业态和算法推荐、深度伪造等新技术应用的规范管理办法"。2021年9月，国家互联网信息办公室、中央宣传部、教育部、科学技术部、工业和信息化部、公安部、文化和旅游部、国家市场监督管理总局、国家广播电视总局九部委制定了《关于加强互联网信息服务算法综合治理的指导意见》，进一步要求"有序推进算法备案工作"。随后2021年12月31日，国家互联网信息办公室、工业和信息化部、公安部、国家市场监督管理总局共同发布《互联网信息服务算法推荐管理规定》对互联网信息服务算法推荐活动进行监督管理，自此，算法备案制度开始落地执行。

2.适用情形

《互联网信息服务算法推荐管理规定》要求具有舆论属性或者社会动员能力的算法推荐服务提供者应当通过互联网信息服务算法备案系统履行备案手续。除此之外，此后出台的《互联网信息服务深度合成管理规定》《生成式人工智能服务管理暂行办法》也对相应产品的算法备案提出了要求，具体规定如下。

表11 算法备案的法律要求梳理

序号	备案主体类型	法律依据	备案适用情形
1.	算法推荐服务提供者	《互联网信息服务算法推荐管理规定》	具有舆论属性或者社会动员能力的算法推荐服务提供者应当在提供服务之日起10个工作日内通过互联网信息服务算法备案系统填报服务提供者的名称、服务形式、应用领域、算法类型、算法自评估报告、拟公示内容等信息，履行备案手续 算法推荐服务，是指在中华人民共和国境内应用算法推荐技术提供互联网信息服务；应用算法推荐技术，是指利用生成合成类、个性化推送类、排序精选类、检索过滤类、调度决策类等算法技术向用户提供信息
2.	生成式人工智能服务提供者	《生成式人工智能服务管理暂行办法》	提供具有舆论属性或者社会动员能力的生成式人工智能服务的，应当按照《互联网信息服务算法推荐管理规定》履行算法备案和变更、注销备案手续 生成式人工智能服务，是指利用生成式人工智能技术向中华人民共和国境内公众提供生成文本、图片、音频、视频等内容的服务

续表

序号	备案主体类型	法律依据	备案适用情形
3.	深度合成服务提供者/深度合成服务技术支持者	《互联网信息服务深度合成管理规定》	具有舆论属性或者社会动员能力的深度合成服务提供者，应当按照《互联网信息服务算法推荐管理规定》履行备案和变更、注销备案手续。深度合成服务技术支持者应当参照前款规定履行备案和变更、注销备案手续 深度合成服务，是指在中华人民共和国境内应用深度合成技术提供互联网信息服务；深度合成技术，是指利用深度学习、虚拟现实等生成合成类算法制作文本、图像、音频、视频、虚拟场景等网络信息的技术，包括但不限于：（1）篇章生成、文本风格转换、问答对话等生成或者编辑文本内容的技术；（2）文本转语音、语音转换、语音属性编辑等生成或者编辑语音内容的技术；（3）音乐生成、场景声编辑等生成或者编辑非语音内容的技术；（4）人脸生成、人脸替换、人物属性编辑、人脸操控、姿态操控等生成或者编辑图像、视频内容中生物特征的技术；（5）图像生成、图像增强、图像修复等生成或者编辑图像、视频内容中非生物特征的技术；（6）三维重建、数字仿真等生成或者编辑数字人物、虚拟场景的技术

结合上述规定不难看出，AIGC同时具有"向中华人民共和国境内公众提供"和"具有舆论属性或社会动员能力"两个特性时，应进行算法备案，具体而言：

（1）向中华人民共和国境内公众提供

由于目前法律法规对"境内公众"的范围并没有明确界定，因此就AIGC面向不同服务对象时是否属于向"中华人民共和国境内公众"提供互联网信息服务，则引发了较多的疑问：

- B2C业务模式：如AIGC直接向终端消费者提供服务的，则该等情形属于向"境内公众"提供服务的范围。

- B2B业务模式：AIGC仅向企业用户提供服务，则不属于"境内公众"的范围。但仍需注意，如果是在B2B2C业务模式下，即企业客户将该等AIGC最终用于向其C端用户提供服务的，则仍有较大可能被认定为向公众提供服务，如A公司研发客服类工具销售给电商公司B，电商公司B用该客服平台向消费者提供客服服务等。

- 内测或公测版本：如AIGC处于内部测试阶段，未向不特定对象提供服务的，则不属于向"境内公众"提供服务；如果产品通过公开方式允许不特定的公众进行测试且数量达到一定规模的，则有可能被认定为向"境内公众"提供服务。

（2）具有舆论属性或社会动员能力

对于"具有舆论属性或社会动员能力"标准的含义，《生成式人工智能服务管理暂行办法》《互联网信息服务算法推荐管理规定》和《互联网信息服务深度合成管理规定》均未进行解释。目前仅在《具有舆论属性或社会动员能力的互联网信息服务安全评估规定》第2条通过"列举+兜底"方式予以规定，"具有舆论属性或社会动员能力的互联网信息服务"包括：（1）开办论坛、博客、微博客、聊天室、通讯群组、公众账号、短视频、网络直播、信息分享、小程序等信息服务或者附设相应功能；（2）开办提供公众舆论表达渠道或者具有发动社会公众从事特定活动能力的其他互联网信息服务。

结合目前已备案算法的情况，只要相关服务的直接或间接受众是较为公开的不特定用户，并且具有对话、问答、评论、留言等信息交互功能，都可能落入"具有舆论属性或社会动员能力"的范围，建议企业就相关产品自主评估是否需进行算法备案时，在考虑相关产品功能属性的同时，也参考同行业其他产品的备案情况予以综合判断。

3.算法备案程序

（1）备案主体及备案对象

根据《生成式人工智能服务管理暂行办法》及《互联网信息服务算法推荐管理规定》的规定，相关备案主体为生成式人工智能服务提供者，也即算法推荐服务提供者，备案对象为算法推荐服务，具体的算法技术类别包括生成合成类、个性化推送类、排序精选类、检索过滤类、调度决策类等算法技术。

而在《互联网信息服务深度合成管理规定》项下，备案主体不仅包括深度合成服务提供者（提供深度合成服务的组织、个人），还包括深度合成服务技术支持者（为深度合成服务提供技术支持的组织、个人），备案对象为深度合成算法。因此，就提供深度合成服务而言，如同一主体针对同一款算法同时存在两种角色，应当分别完成作为深度合成服务提供者以及深度合成服务技术支持者的算法备案程序，如企业A一方面向终端用户提供深度合成技术服务，同时也作为技术供应商向其他企业提供该等算法，并由该等第三方企业利用该等技术向终端客户提供服务的，那么企业A应当分别完成作为深度合成服务提供者以及深度合成服务技术支持者的算法备案程序。

在《互联网信息服务深度合成管理规定》出台之初，业界对于《互联网信息服务算法推荐管理规定》项下的"生成合成类技术"与《互联网信息服务深度合成管理规定》中的"深度合成技术"的关系展开讨论，普遍理解为生成合成类技术包含深度合成技术。而从实操层面来看，互联网信息服务算法备案系统[①]中算法类型的选项中，深度合成被列为生成合成类算法，体现为"生成合成类（深度合成）"，由此可见从算法备案的角度而言，两者是一致的。

[①] 参见互联网信息服务算法备案系统网站，https://beian.cac.gov.cn/#/index，2025年5月21日访问。

（2）备案流程

根据《互联网信息服务算法推荐管理规定》的要求，企业应当于提供算法推荐服务之日起10个工作日内通过算法备案系统完成算法备案，但实操中考虑到备案的时间及流程，大部分企业会选择在提供算法推荐服务前完成算法备案程序，具体备案流程及审查时限如下：

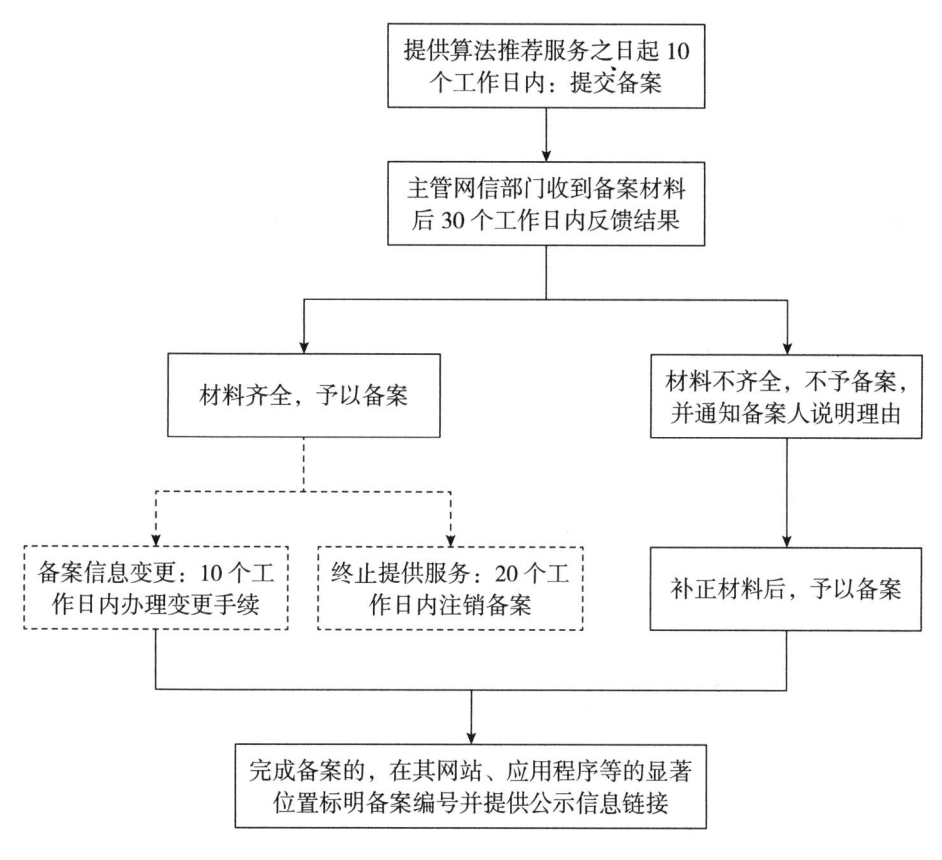

```
提供算法推荐服务之日起10
个工作日内：提交备案
        │
        ▼
主管网信部门收到备案材料
后30个工作日内反馈结果
   ┌────┴────┐
   ▼         ▼
材料齐全，予以备案    材料不齐全，不予备案，
                   并通知备案人说明理由
   │                      │
┌──┴──┐                   ▼
▼     ▼              补正材料后，予以备案
备案信息变更：10个工    终止提供服务：20个工
作日内办理变更手续      作日内注销备案
        │
        ▼
完成备案的，在其网站、应用程序等的显著
位置标明备案编号并提供公示信息链接
```

图7　算法备案流程

（3）备案材料

企业通过算法备案系统进行算法备案，需填写三个板块的信息，包括主体信息、算法信息和产品及功能信息。实践中，企业需先填写主体信息，填

写完成后等待后台审核，主体信息审核通过后方可继续填报算法信息和产品及功能信息。在算法备案材料中，除主体信息、算法基本信息等需直接在系统中填写的内容外，还需要上传以下附件：

①算法备案承诺书

在主体信息填报时，企业需下载"算法备案承诺书"模板，并按照要求填写主体名称、主体类型、法定代表人、统一社会信用代码、经营范围等信息后，由算法安全责任人签名并加盖企业公章后上传。

②落实算法安全主体责任基本情况

在主体信息填报时，企业需下载"落实算法安全主体责任基本情况"模板，并根据企业具体情况填写后上传，其主要内容要包括企业设置的算法安全专职机构以及企业算法安全管理制度的建设，包含安全自评估制度建设、算法安全监测制度建设、算法安全事件应急处置制度建设、算法违法违规处置制度建设及其他制度等。

③算法安全自评估报告

在算法信息填报时，企业需下载"算法安全自评估报告"模板，并根据企业具体情况填写后上传，其主要内容包括算法情况（算法流程、算法数据、算法模型、干预策略、结果标识等）、服务情况、风险研判、风险防控情况、安全评估结论等。

④拟公示内容

《互联网信息服务算法推荐管理规定》要求算法推荐服务提供者应以显著方式告知用户其提供算法推荐服务的情况，并以适当方式公示算法推荐服务的基本原理、目的意图及主要运行机制。在算法信息填报时，企业须提交"拟公示内容"，该等拟公示内容主要包括算法名称、算法基本原理、算法运行机制、算法应用场景及算法目的意图等信息。

（4）备案的变更及注销

根据《互联网信息服务算法推荐管理规定》的规定，算法推荐服务提供者的备案信息发生变更的，应当在变更之日起10个工作日内办理变更手续；算法推荐服务提供者终止服务的，应当在终止服务之日起20个工作日内办理注销备案手续，并作出妥善安排。因此如算法备案信息发生变更或终止算法服务的，则企业应当通过算法备案系统及时办理算法备案的变更及注销手续。

（5）未履行备案义务的法律后果

根据《互联网信息服务算法推荐管理规定》的规定，算法推荐服务提供者不履行或未按时履行算法备案义务的，由网信部门和电信、公安、市场监管等有关部门依据职责给予警告、通报批评，责令限期改正；拒不改正或者情节严重的，责令暂停信息更新，并处1万元以上10万元以下罚款。构成违反治安管理行为的，依法给予治安管理处罚；构成犯罪的，依法追究刑事责任。

（三）算法机制机理审核研究

1.算法机制机理审核概述

生成式人工智能活动离不开算法的设计和运转，在训练、学习阶段，需要运用训练算法；在应用阶段，需要运用人工智能算法。算法的基本运行原理和机制在技术上为生成式人工智能活动作出底层支持，也与企业的法律责任和声誉密切相关。在法律法规和合规要求不断演进的情况下，现有的法律法规和公司有效内控的要求，都需要对算法的机制和机理进行广泛的关注和控制。

从现有法律法规的层面，"算法机制机理审核"的要求源于《互联网信息服务深度合成管理规定》及《互联网信息服务算法推荐管理规定》的相关规定。根据《互联网信息服务深度合成管理规定》，深度合成服务提供者应当落实信息安全主体责任，建立健全算法机制机理审核管理制度，具有安全可控的技术保障措施。根据《互联网信息服务算法推荐管理规定》，算法推荐服务提供者应当落实算法安全主体责任，建立健全算法机制机理审核管理制度。据此，进行生成式人工智能活动的主体作为深度合成服务的提供者、算法推荐服务提供者时，应当在内部建立算法机制机理审核的管理制度，以确保其技术上的安全性。同时，在现有的法律法规层面，算法的机制机理与算法的安全性密切相关，可以视为算法安全的重要组成部分。

在现有的法律框架中，《互联网信息服务深度合成管理规定》《互联网信息服务算法推荐管理规定》强调了算法的安全性、合规性，但对于算法机制机理审核的具体流程和要求暂未有进一步的明确指示、指南。随着生成式人工智能领域相关技术的飞速发展，各相关法律法规和指引细则将逐步颁布。

2.算法机制机理审核与算法备案

尽管目前法律法规尚未明确规定关于算法机制机理的详细审核要求，在目前的细则空白期，企业一般自行设计和制定算法机制机理审核的相关内控制度，该等内控制度一般情况下会包含在算法备案提交的《算法自评估报告》中；同时，企业会在进行算法备案时就算法的机制机理具体内容进行阐述、提交和公示，即该等算法机制机理一般会被包括在算法备案材料的《拟公示内容》之中。该等实践处理方式也有相关法律根据，《互联网信息服务算法推荐管理规定》中明确规定，具有舆论属性或者社会动员能力的算法推荐服务提供者应当通过互联网信息服务算法备案系统填报服务提供者的名称、服务形式、应用领域、算法类型、算法自评估报告、拟公示内容等信息，履行备案手续。

3.算法自评估报告及拟公示内容的实践

（1）算法自评估报告

企业在进行算法备案的系统填报过程中，可以在互联网信息服务算法备案系统内下载《算法安全自评估》表格，表格中需填写的内容包括算法名称、算法类型、应用领域、算法使用场景、算法上线情况、算法基本信息、算法备案类型、评估算法描述及评估等。其中，针对"评估算法风险描述"，该表格作出了相应指导，明确风险内容可能包括：（a）算法滥用风险；（b）算法被恶意利用风险；（c）算法漏洞风险；（d）违法和不良信息生成风险；（e）违法和不良信息存储风险；（f）违法和不良信息传播扩散风险；（g）数据和用户信息泄露风险；（h）其他违法违规风险。据此，企业在进行算法备案前，针对算法的机制机理首先应当有基本信息的明确、准确的描述；同时也应当结合可能存在的算法风险内容进行逐一排查和确认，并在提交的《算法自评估报告》中明确阐述算法风险的评估内容。

表12　部分已备案算法基本原理及运行机制摘录

算法名称	算法基本原理	算法运行机制
文心大模型算法[①]	文心一言是新一代知识增强大语言模型产品，其基础是文心大模型。文心大模型基于大规模训练数据进行预训练，结合有监督精调、人类反馈的强化学习、prompt机制，构建生成式人工智能大模型，具备知识增强、检索增强和对话增强的技术特色	文心大模型基于大规模训练数据进行预训练，并采用人工标注数据进行优化训练，构建生成式人工智能大模型。文心一言基于文心大模型在线提供服务时，根据用户提出的问题，结合上下文，生成相应的文字或多模态回复内容，并通过算法提供对于用户输入和系统输出的安全判别和保障能力
文心大模型算法-2[②]	文心大模型基于Transformer架构，并进行了知识图谱增强。Transformer是一种用于自然语言处理（NLP）的神经网络模型，它基于注意力机制，可以有效地模拟人类的语言理解能力。在大模型训练中，通过知识图谱，对训练语料进行扩展和强化。以便增强大模型的事实性知识	文心大模型根据用户输入的原始问题（prompt），会自动进行语义分析，检索知识数据库，并获得基本相关信息，构建新的prompt，一起输入大模型，然后根据模型网络，计算输出下一个token的概率，并将最佳token并入原始Prompt重新输入，重新计算下一个token，循环往复，直至token概率低于阈值，形成完成的回答。同时结合内容审核等策略，对原始问题进行修改，最终输出

---

① 参见《公示内容_网信算备110108645502801230035号》，输入备案号查询互联网信息服务算法备案系统，https://beian.cac.gov.cn/#/searchResult，2025年5月21日访问。

② 参见《公示内容_网信算备110108645502801230043号》，输入备案号查询互联网信息服务算法备案系统，https://beian.cac.gov.cn/#/searchResult，2025年5月21日访问。

续表

算法名称	算法基本原理	算法运行机制
百度PLATO大模型算法[1]	百度PLATO大模型利用隐变量建模开放域对话中的一对多关系（一个输入对应多个正确输出），采用Unified Transformer框架共享生成模型中的编码器和解码器参数，通过课程学习方式提升模型训练效率，在精细化构建的大规模高质量对话语料上基于飞桨深度学习框架训练的对话大模型	百度PLATO大模型首先对输入进行编码，通过编码器将输入转换为向量表示。然后，解码器使用该向量表示和先前生成的文本来生成输出。在生成输出时，PLATO大模型利用了随机采样方法，以便产生多个可能的回答，并选择其中最合适的回答
百度数字人驱动算法[2]	百度数字人驱动算法，结合深度学习、机器学习、图形学等领域知识，对文字、语音、视频、音乐等多模态输入，生成准确合理的面部表情、唇动和身体动画，同时支持2D高保真人像和3D写实、3D卡通等人像	百度数字人驱动算法，属于基于深度神经网络的生成式算法。通过深度神经网络处理文字、语音、视频、音乐等多模态的输入，生成包括表情唇动参数/动作系数等各种人像驱动信号，然后将驱动信号作用于数字人2D/3D资产，再通过图形学方法对数字人形象进行渲染，最终输出数字人按照输入进行相应行动的动画

（2）拟公示内容

除《算法自评估报告》外，企业还应当在进行算法备案时准备《拟公示内容》，该内容会在算法备案成功后，于互联网信息服务算法备案系统公开展示，供公众查阅。一般来说，备案算法的公示内容即为算法机制机理的内容，具体公示信息包括算法名称、基本原理、运行机制、应用场景以及目的

---

[1] 参见《公示内容_网信算备110108645502801230027号》，输入备案号查询互联网信息服务算法备案系统，https://beian.cac.gov.cn/#/searchResult，2025年5月21日访问。

[2] 参见《公示内容_网信算备110108645502801230051号》，输入备案号查询互联网信息服务算法备案系统，https://beian.cac.gov.cn/#/searchResult，2025年5月21日访问。

意图几个板块。

企业在《拟公示内容》中，应当以技术的内容和逻辑作为主要公示内容，并且在公示内容中注意可能引发的合规性风险，以下是企业在公示内容时应关注的要点：

1）虽然公示内容应保持透明，但企业需要在不泄露关键商业秘密和敏感细节的前提下进行公示。

2）公示内容应尽可能不包括任何可能引发合规挑战的信息，如不应包括具体的特定用户数据，不设置诱导用户沉迷、过度消费等违反法律法规或者违背伦理道德的算法模型，具体与算法机制机理相关的审核要点请见下文。

4.算法机制机理审核的审核要点

尽管目前法律法规尚未明确规定关于算法机制机理的详细审核要求，但对算法本身的合规性提出了相关要求和指导性意见，企业可以借鉴这些要求，在算法机制机理的审核中作为审核要点，确保企业算法的机制机理符合法律法规的相关要求。现有的法律法规对生成式人工智能的算法机制机理存在以下几个方面的审核要点：

（1）禁止不良模型

企业不得设置诱导用户沉迷、过度消费等违反法律法规或者违背伦理道德的算法模型。[①]

（2）合法训练

企业应当依法开展预训练、优化训练等训练数据处理活动，使用具有合法来源的数据和基础模型；涉及知识产权的，不得侵害他人依法享有的知识产权；涉及个人信息的，应当取得个人同意或者符合法律、行政法规规定的

---

① 《互联网信息服务算法推荐管理规定》第8条。

其他情形；采取有效措施提高训练数据质量，增强训练数据的真实性、准确性、客观性、多样性。①

（3）禁止违法和不良信息

企业应当加强信息安全管理，建立健全用于识别违法和不良信息的特征库，完善入库标准、规则和程序。发现未作显著标识的算法生成合成信息的，应当作出显著标识后，方可继续传输。发现违法信息的，应当立即停止传输，采取消除等处置措施，防止信息扩散，保存有关记录，并向网信部门和有关部门报告。发现不良信息的，应当按照网络信息内容生态治理有关规定予以处置。②

（4）用户标签管理

企业不得将违法和不良信息关键词记入用户兴趣点或者作为用户标签并据以推送信息。③

（5）人工干预和用户自主选择机制

企业应当加强算法推荐服务版面页面生态管理，建立完善人工干预和用户自主选择机制，在首页首屏、热搜、精选、榜单类、弹窗等重点环节积极呈现符合主流价值导向的信息。④

（6）禁止不合理差别待遇

企业不得根据消费者的偏好、交易习惯等特征，利用算法在交易价格等交易条件上实施不合理的差别待遇等违法行为。⑤

（7）反歧视

在算法设计、训练数据选择、模型生成和优化、提供服务等过程中，应

---

① 《生成式人工智能服务管理暂行办法》第7条。
② 《互联网信息服务算法推荐管理规定》第9条。
③ 《互联网信息服务算法推荐管理办法》第10条。
④ 《互联网信息服务算法推荐管理办法》第11条。
⑤ 《互联网信息服务算法推荐管理办法》第21条。

采取有效措施防止产生民族、信仰、国别、地域、性别、年龄、职业、健康等歧视。①

（8）反垄断与反不正当竞争

企业应尊重知识产权、商业道德，保守商业秘密，不得利用算法、数据、平台等优势，实施垄断和不正当竞争行为。②

（9）禁止算法操纵

企业不得利用算法虚假注册账号、非法交易账号、操纵用户账号或者虚假点赞、评论、转发，不得利用算法屏蔽信息、过度推荐、操纵榜单或者检索结果排序、控制热搜或者精选等干预信息呈现，实施影响网络舆论或者规避监督管理行为。③

（10）提升内容准确性和可靠性

企业应基于服务类型特点，采取有效措施，提升服务透明度，提高生成内容的准确性和可靠性。④鼓励算法推荐服务提供者综合运用内容去重、打散干预等策略，并优化检索、排序、选择、推送、展示等规则的透明度和可解释性，避免对用户产生不良影响，预防和减少争议纠纷。⑤

5.算法机制机理审核的内控制度

根据《互联网信息服务算法推荐管理规定》，算法推荐服务提供者应当定期审核、评估、验证算法机制机理、模型、数据和应用结果等。据此，除在算法备案中应提交的算法机制机理相关信息外，企业还应建立算法机制机理审核管理制度，定期对算法的机制机理进行审核、评估和验证。鉴于目前法律法规尚未明确规定关于算法机制机理的详细审核、评估和验证要求，企

---

① 《生成式人工智能服务管理暂行办法》第4条第2项。
② 《生成式人工智能服务管理暂行办法》第4条第3项。
③ 《互联网信息服务算法推荐管理办法》第14条。
④ 《生成式人工智能服务暂行办法》第4条第5项。
⑤ 《互联网信息服务算法推荐管理办法》第12条。

业可以参考算法备案中的《算法安全自评估报告》对自身算法的安全性进行审查，并建立相应的内控制度和流程。其中，算法机制机理审核制度可以作为独立的审核制度，亦可以结合于算法安全审核制度中。企业可以采取的措施包括：

表13　算法机理审核措施梳理

类　　别	制　　度	具体内容
设置算法安全机构	算法安全专职机构	• 算法安全专职机构名称及其组织架构 • 机构负责人基本信息和主要工作职责 • 算法安全专职机构工作人员的任职要求 • 算法安全专职机构工作人员配备规模 • 算法安全技术保障措施
算法安全管理制度建设	算法安全自评估制度	• 论证制度的合理性、完备性和可落地性 • 为制度施行所采取的保障措施
	算法安全检测制度	• 日常运营中的监测规则，包括异常行为和潜在风险的跟踪和报告
	算法违法违规处置制度	• 算法违法违规处置的情形及实施处罚的规则
	算法安全事件应急处理制度	• 在发生算法安全事件时各内部机构的职责及具体的处理流程

6.总结

在等待算法机制机理审核细则出台的时期，企业可以采取一系列举措，以确保算法机制机理的合规性和安全性。这包括协同内部部门，如内控、技术以及其他相关领域，来执行以下内容：

首先，借鉴算法备案中的《算法安全自评估报告》和《拟公示内容》，针对自身的算法模型进行深入分析，并进行算法备案以通过监管的认可；

其次，根据当前法律法规中对算法机制机理的基本要求作为审核要点，对算法的机制机理进行全面审查；

最后，基于这些审查和分析结果，建立适当的内控制度和流程，以确保算法机制机理的有效审核。

（四）安全评估

1.公安机关的安全评估

（1）适用情形

根据国家网信办及公安部于2018年11月发布的《具有舆论属性或社会动员能力的互联网信息服务安全评估规定》，作为互联网信息服务提供者，其有义务在以下情形下开展安全评估：

（1）具有舆论属性或社会动员能力的信息服务上线，或者信息服务增设相关功能的；

（2）使用新技术新应用，使信息服务的功能属性、技术实现方式、基础资源配置等发生重大变更，导致舆论属性或者社会动员能力发生重大变化的；

（3）用户规模显著增加，导致信息服务的舆论属性或者社会动员能力发生重大变化的；

（4）发生违法有害信息传播扩散，表明已有安全措施难以有效防控网络安全风险的；

（5）地市级以上网信部门或者公安机关书面通知需要进行安全评估的其他情形。

《具有舆论属性或社会动员能力的互联网信息服务安全评估规定》颁布后，人工智能领域相关立法对于"安全评估"的要求也作出了重申，对于人工智能领域的服务提供者/技术支持者，规定具体适用情形如下：

表14 安全评估要求梳理

序号	主体类型	法律依据	适用情形
1	生成式人工智能服务提供者	《生成式人工智能服务管理暂行办法》第17条	提供具有舆论属性或者社会动员能力的生成式人工智能服务的,应当按照国家有关规定[①]开展安全评估
2	深度合成服务提供者/技术支持者	《互联网信息服务深度合成管理规定》第15条第2款、第20条	深度合成服务提供者和技术支持者提供具有以下功能的模型、模板等工具的,应当依法自行或者委托专业机构开展安全评估:(1)生成或者编辑人脸、人声等生物识别信息的;(2)生成或者编辑可能涉及国家安全、国家形象、国家利益和社会公共利益的特殊物体、场景等非生物识别信息的。深度合成服务提供者开发上线具有舆论属性或者社会动员能力的新产品、新应用、新功能的,应当按照国家有关规定开展安全评估
3	算法推荐服务提供者	《互联网信息服务算法推荐管理规定》第27条	具有舆论属性或者社会动员能力的算法推荐服务提供者应当按照国家有关规定开展安全评估

(2)实施方式

生成式人工智能服务提供者、深度合成服务提供者/技术支持者、算法推荐服务提供者(与《具有舆论属性或社会动员能力的互联网信息服务安全评估规定》项下的其他互联网信息服务提供者合称"安全评估义务主体")根据相关法律法规可以自行实施安全评估,也可以委托第三方安全评估机构

[①] 在《生成式人工智能服务管理办法(征求意见稿)》中,"国家有关规定"特别指明是《具有舆论属性或社会动员能力的互联网信息服务安全评估规定》;正式生效版本中将具体的法律法规删除,而以"国家有关规定"进行概括性的表述。由该等动向或可探知,一方面,"国家具体规定"中应包含《具有舆论属性或社会动员能力的互联网信息服务安全评估规定》;另一方面,安全评估的范围可能会超出《具有舆论属性或社会动员能力的互联网信息服务安全评估规定》,未来可能会出台就人工智能领域的服务提供者/技术支持者开展安全评估的专门性文件,该等专门性文件也将被包含在"国家有关规定"的范围之中。

实施安全评估。

安全评估报告应通过"全国互联网安全管理服务平台"[①]提交主管部门审核。主管部门发现安全评估报告内容、项目缺失，或者安全评估方法明显不当的，应责令安全评估义务主体限期重新评估；发现安全评估报告内容不清的，可以责令安全评估义务主体补充说明。另外，如主管机关对评估报告的书面审查情况，在认为有必要时，应当对安全评估义务主体开展现场检查。

（3）主管部门

根据《具有舆论属性或社会动员能力的互联网信息服务安全评估规定》，安全评估的主管机关为地市级以上网信部门和公安机关；但实践当中该等安全评估活动主要由公安机关负责并对接具体工作，[②]故实践中又称为"公安机关安全评估"。

（4）安全评估程序

①实施时间

关于《具有舆论属性或社会动员能力的互联网信息服务安全评估规定》对安全评估实施时间的要求，一方面，对于相关信息服务、新技术新应用，要求在其上线或功能增设前完成安全评估；另一方面，对于用户规模显著增加导致舆论属性或社会动员能力发生重大变化、发生违法有害信息传播扩散表明已有安全措施难以有效防控网络安全风险，或主管部门通知需要进行安全评估的，要求在前述情形发生之日起30个工作日内完成安全评估。

②评估内容

根据《具有舆论属性或社会动员能力的互联网信息服务安全评估规定》，安全评估应当对信息服务和新技术新应用的合法性、落实法律法规及相关规

---

① 参见全国互联网安全管理服务平台网站，https://beian.mps.gov.cn/#/，2025年5月21日访问。

② 参见《安全评估常见问题》："主体性质为单位的，安全评估由单位办公地址所属公安机关审核；主体性质为个人的，由主体负责人常住地址所属公安机关审核"，载全国互联网安全管理服务平台网站，https://beian.mps.gov.cn/#/（可在首页《安全评估指引》中点击下载）。

定的安全措施的有效性、防控安全风险的有效性等情况进行全面评估，并应重点评估如下方面内容：

• 人员资质：确定与所提供服务相适应的安全管理负责人、信息审核人员或者建立安全管理机构的情况。

• 信息核验：用户真实身份核验。

• 信息留存措施：对于用户注册信息，用户的账号、操作时间等日志信息，用户发布信息记录，用户账号、简介等服务功能中违法有害信息及有关记录的留存措施等。

• 风险防范措施：对用户账号、简介等服务功能中违法有害信息的防范处置，对个人信息保护以及防范违法有害信息传播扩散、社会动员功能失控风险的技术措施。

• 工作机制：建立投诉、举报制度，公布投诉、举报方式等信息，及时受理并处理有关投诉和举报的情况；建立为网信部门依法履行互联网信息服务监督管理职责提供技术、数据支持和协助的工作机制；建立为公安机关、国家安全机关依法维护国家安全和查处违法犯罪提供技术、数据支持和协助的工作机制的情况。

特别地，针对人工智能领域，参考全国信息安全标准化技术委员会组织制定的《生成式人工智能服务安全基本要求》中要求，安全评估活动可以参照其中对于语料安全要求、模型安全要求、安全措施要求、安全评估要求（包括对评估方法、语料安全评估、生成内容安全评估及问题拒答安全评估的要求）开展。

③办理流程

根据《具有舆论属性或社会动员能力的互联网信息服务安全评估规定》、全国互联网安全管理服务平台公布的《安全评估指引》及实操经验，安全评估的流程及审查时限如下：

第二编 生成式人工智能技术和产品合规要点

```
                    ┌─────────────────────────┐
                    │ 自行或委托第三方安全评估  │
                    │    机构实施安全评估       │
                    └───────────┬─────────────┘
                                ↓
       否       ┌─────────────────────────────┐
    ┌──────────│ 是否符合法律法规及相关标准的要求 │
    │          └───────────┬─────────────────┘
    ↓                      │是
┌──────────────┐           ↓
│及时整改直至消除│    ┌─────────────────┐
│ 相关安全隐患  │───→│  形成安全评估报告 │
└──────────────┘    └────────┬────────┘
                             │
        相关信息服务、新技术应用上线或功能增设前：
        用户规模显著增加导致舆论属性或社会动员能力发生重大变化
        等情形发生之日起 30 个工作日内
                             ↓
                  ┌─────────────────────────┐
                  │ 通过全国互联网安全管理服务 │
                  │       平台提交           │
                  └───────────┬─────────────┘
                              ↓
          ┌─────────────────────────────────────┐
          │ 单位办公地址或主体负责人常住地址      │
          │ 所属公安机关 30 个自然日内审核        │
          └──┬──────────────┬──────────────┬───┘
             ↓              ↓              ↓
┌──────────────────┐               ┌──────────────────┐
│安全评估报告内容不清，│               │网信部门和公安机关认为│
│可以责令补充说明安全 │               │必要时，开展现场检查  │
│评估报告内容、项目缺 │               │对存在较大安全风险、可│
│失，或者安全评估方法 │               │能影响国家安全、社会秩│
│明显不当的，应当责令 │  安全评估报告  │序和公共利益的互联网信│
│限期重新评估        │  符合相关审查  │息服务，省级以上网信部│
│                  │   要求        │门和公安机关组织专家进│
│                  │               │行评审，必要时可以会同│
│                  │               │属地相关部门开展现场检│
│                  │               │查                  │
└────────┬─────────┘               └─────────┬────────┘
         │ 符合审查要求        符合审查要求    │
         └──────────────┬────────────────────┘
                        ↓
                ┌──────────────┐
                │   审查通过    │
                └──────────────┘
```

图8 安全评估流程

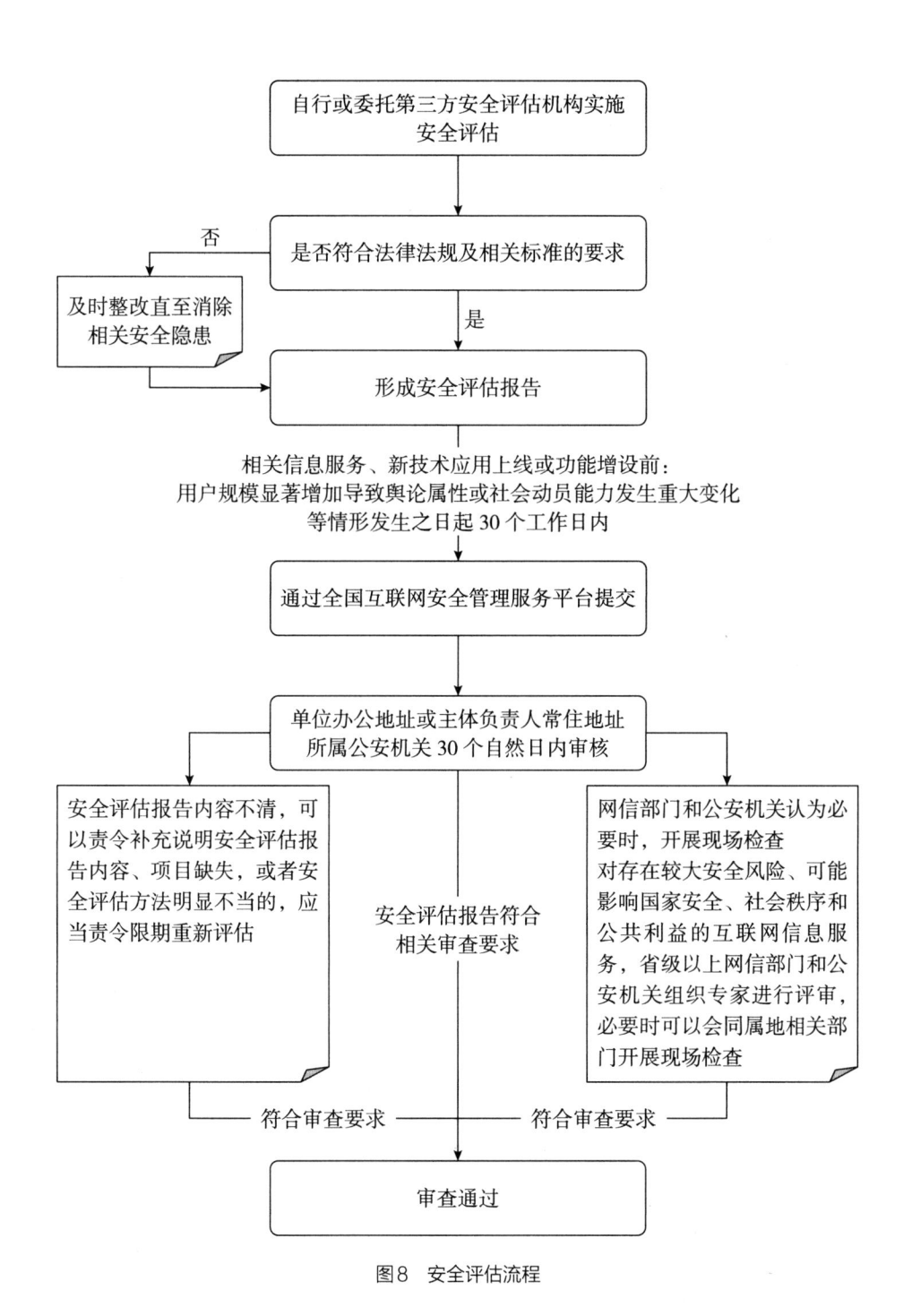

129

（5）未履行安全评估义务的法律后果

根据《具有舆论属性或社会动员能力的互联网信息服务安全评估规定》，安全评估义务主体未按照相关法律法规要求开展安全评估的，网信部门和公安机关应当通知其按本规定开展安全评估，如拒不履行安全评估义务的，应当通过全国互联网安全管理服务平台向公众提示该互联网信息服务具有安全风险，并依照各自职责对该互联网信息服务实施监督检查，如在此过程中发现安全评估义务主体存在违法行为的，依据相关法律法规进行处理。

2.网信办的安全评估

（1）前身：互联网新闻信息服务的"双新"评估

国家网信办最早对互联网新闻信息服务提出了新技术新应用的安全评估要求，并于2017年10月发布了《互联网新闻信息服务新技术新应用安全评估管理规定》。根据该规定，有下列情形之一的，互联网新闻信息服务提供者应当自行组织开展新技术新应用安全评估，编制书面安全评估报告，并应当自安全评估完成之日起10个工作日内报请国家或者省、自治区、直辖市互联网信息办公室组织开展安全评估：（1）应用新技术、调整增设具有新闻舆论属性或社会动员能力的应用功能的；（2）新技术、新应用功能在用户规模、功能属性、技术实现方式、基础资源配置等方面的改变导致新闻舆论属性或社会动员能力发生重大变化的。因此上述规定的"双新"评估仅限于互联网新闻信息服务，如AIGC不涉及该服务内容则无须按照本规定开展"双新"评估。

（2）现状：AIGC的上线备案

根据《具有舆论属性或社会动员能力的互联网信息服务安全评估规定》，互联网信息服务提供者在使用新技术新应用，使信息服务的功能属性、技术实现方式、基础资源配置等发生重大变更，导致舆论属性或者社会动员能力发生重大变化的，应当自行开展安全评估。

目前,《生成式人工智能服务安全基本要求》对生成式人工智能服务的安全评估要求作出了相对系统的规定。

(五) 科技伦理审查

1.科技伦理审查制度的背景

鉴于人工智能及基因编辑等技术的发展所引发的伦理风险,该等科技活动亟须科技伦理审查制度予以规制。我国对于科技伦理审查问题逐步制定及修订了一系列法律规定和政策性文件,包括但不限于《科学技术进步法》《关于加强科技伦理治理的意见》及《新一代人工智能伦理规范》等,对科技伦理治理作出了纲领性的规定,但截至目前尚未就科技伦理审查的具体治理要求及流程等事项作出详细规定。

为规制科学研究、技术开发等科技活动中所涉及的伦理问题,2023年4月4日,科学技术部公开《科技伦理审查办法(试行)(征求意见稿)》;2023年9月7日,科学技术部、教育部、工业和信息化部、农业农村部、国家卫生健康委员会、中国科学院、中国社会科学院、中国工程院、中国科学技术协会、中央军委科学技术委员会十部门联合发布了关于印发《科技伦理审查办法(试行)》(以下简称《科技伦理审查办法》)的通知,该《科技伦理审查办法》于2023年12月1日起施行。

《科技伦理审查办法》是覆盖各领域科技活动伦理审查的综合性规定,初步建立了科技伦理审查机制的基本规范机制,对科技伦理审查的主要范围、责任主体、基本程序以及未依法进行科技伦理审查的法律后果等作出了较为细致的规定。

2.科技伦理审查制度下企业的合规要点

(1) 需进行科技伦理审查的科技活动

根据《科技伦理审查办法》的规定,需进行科技伦理审查的科技活动包括:①涉及人的科技活动,包括以人为研究参与者的测试、调查、观察性研究等，以及涉及使用人类基因、人类胚胎、人类生物样本、个人信息等的科技活动；②涉及实验动物的科技活动；③不直接涉及人或实验动物，但可能在生命健康、生态环境、公共秩序、可持续发展等方面带来伦理风险挑战的科技活动；④依据法律、行政法规和国家有关规定需进行科技伦理审查的其他科技活动。

生成式人工智能相关的科学研究、技术开发等科技活动可能落入上述规定中的第①项、第③项活动的范围内，从而需要进行科技伦理审查。如企业只是将现成的生成式人工智能产品用于日常办公而未展开具体的科技活动的，则无须就此开展科技伦理审查。但如企业的经营活动涉及生成式人工智能技术的研发领域，涉及利用个人信息进行统计分析，或该等人工智能技术可能在生命健康、生态环境、公共秩序、可持续发展等方面带来伦理风险挑战的，则在现有的法律法规框架下，企业应就相关的研发活动进行科技伦理审查，以降低合规风险。

（2）科技伦理审查责任主体

根据《科技伦理审查办法》的规定，高等学校、科研机构、医疗卫生机构、企业等是本单位科技伦理审查管理的责任主体。具体而言，从事生命科学、医学、人工智能等科技活动的单位，研究内容涉及科技伦理敏感领域的，应设立科技伦理（审查）委员会。

就"科技伦理敏感领域"的定义而言，目前《科技伦理审查办法》及其他国家层面的政策性文件并未予以明确。中共中国科学院党组于2022年10月12日发布的《中共中国科学院党组关于加强科技伦理治理的实施意见（试行）》中将"科技伦理敏感领域"定义为"包括但不限于以下科技活动：涉及人的基本权益（如知情同意、隐私权等）的科技活动；涉及人的尊严，可能影响身心健康、决策自主性和价值取向的科技活动；针对特定群体，可能有违公平公正原则的科技活动。使用人类基因、人类胚胎、人类生物样本及个人信息数据的科技活动；使用实验动物的科技活动；涉及病原微生物的科技活动；涉及合成生命以及可能影响人体健康的微生物遗传学改造的科技活动。对自然环境、生物多样性保护和可持续发展带来风险挑战的科技活动；对公共安全、文化传统、社会秩序带来规则与价值冲突的科技活动"，但该规定仅适用于中国科学院院属单位。

在既往首次公开募股（Initial Public Offering，IPO）的实践中，H信息科技股份有限公司（科创板，已过会）在就证监会审核问询函中关于科技伦理审查问题的回复中说明"发行人智能文字识别业务的核心技术及提供的产品服务主要是将多语言、多版式、多样式等复杂场景下的文档和图片进行文字识别，涉及C端或B端客户提供的文档及图片，并不涉及对人类的声音、指纹、脸部特征等敏感的生物信息的识别，不需要按照《关于加强科技伦理治理的意见》设立科技伦理（审查）委员会。另外，发行人开展的业务活动不存在危害社会安全、公共安全、生物安全和生态安全的情形，也不存在侵害人的生命安全、身心健康、人格尊严、侵犯科技活动参与者的知情权和选择权，以及资助违背科技伦理要求的科技活动的情形"，即该公司认为"涉及对人类的声音、指纹、脸部特征等敏感的生物信息的识别"的科技活动方属于"科技伦理敏感领域"。[①]

截至目前，"科技伦理敏感领域"作为企业是否需设立科技伦理（审查）委员会的重要标准之一，其具体内涵仍有待后续法律法规等规范性文件进一步明确。

综上，从事人工智能科技活动的企业即为自身科技活动伦理审查的责任主体；如企业研究内容涉及科技伦理敏感领域的，则企业还有义务设立科技伦理（审查）委员会，由科技伦理（审查）委员会独立开展伦理审查工作并

---

① 参见《8-1-3发行人及保荐机构关于第三轮审核问询函的回复（2022年年报财务数据更新版）》（2023年6月28日发布），载新浪财经网，https://vip.stock.finance.sina.com.cn/corp/view/vCB_AllBulletinDetail.php?stockid=688615&id=9318534，2025年2月5日访问。

制定该单位的科技伦理风险评估办法；其他企业可根据自身实际需求设立科技伦理（审查）委员会。

根据《科技伦理审查办法》的规定，科技伦理（审查）委员会组建存在如下要求：

表15　科技伦理（审查）委员会组建要求梳理

事项	具体内容
委员会人数	人数应不少于7人，设主任委员1人，副主任委员若干
成员组成	委员会由具备相关科学技术背景的同行专家，伦理、法律等相应专业背景的专家组成，并应当有不同性别和非本单位的委员，民族自治地方应有熟悉当地情况的委员
任期	委员任期不超过5年，可以连任
登记	设立科技伦理（审查）委员会后30日内，单位应通过国家科技伦理管理信息登记平台进行登记。登记内容包括科技伦理（审查）委员会组成、章程、工作制度等，相关内容发生变化时应及时更新
报告	单位应于每年3月31日前，向国家科技伦理管理信息登记平台提交上一年度科技伦理（审查）委员会工作报告、纳入清单管理的科技活动实施情况报告等

（3）科技伦理审查程序

总体而言，《科技伦理审查办法》规定了如下四类审查程序：①一般审查程序；②简易程序；③专家复核程序；④应急程序。具体如下。

①一般审查程序

企业在科技伦理审查活动所适用的科技活动开展前应通过一般审查程序取得科技伦理审查批准。具体而言，科技伦理（审查）委员会一般应在申请受理后的30日内作出审查决定，对于审查通过的科技活动还应开展伦理跟踪审查，跟踪审查间隔一般不超过12个月。

针对生成式人工智能领域的科技活动而言，根据《科技伦理审查办法》的规定，对于涉及个人隐私数据、生物特征信息等信息处理的科技活动，审查标准重点为该等信息处理符合个人信息保护的有关规定，所提供的知情同意书内容完整、风险告知客观充分、表述清晰易懂，获取个人知情同意的方式和过程合规和恰当；对于涉及数据和算法的科技活动，审查标准重点为数据的收集、存储、加工、使用等处理活动以及研究开发数据新技术等符合国家数据安全和个人信息保护等有关规定，数据安全风险监测及应急处理方案得当；算法、模型和系统的设计、实现、应用等遵守公平、公正、透明、可靠、可控等原则，符合国家有关要求，伦理风险评估审核和应急处置方案合理，用户权益保护措施全面得当。

此外，如生成式人工智能产品的研发系由多个单位合作开展科技活动的，可由牵头单位根据实际情况建立科技伦理审查协作与结果互认机制，但《科技伦理审查办法》未就此机制的具体实施作出进一步细化的规定。

②简易程序

如企业所开展的科技活动伦理风险不高于最低风险，[①]或对已批准科技活动方案作较小修改且不影响风险受益比，或属于前期无重大调整的科技活动的跟踪审查的情形，则可适用简易程序进行审查。具体而言，科技伦理（审查）委员会主任委员可指定两名及两名以上委员进行审查并作出审查决定。

综上，如企业就生成式人工智能开展的研发活动落入上述三种情形之一的，则仅需适用简易程序。

③专家复核程序

如企业开展的科技活动落入需要开展伦理审查复核的科技活动清单的范围，则企业还应通过专家复核程序批准。针对生成式人工智能而言，相关研发活动可能落入《科技伦理审查办法》所附"需要开展伦理审查复核的科技

[①] 根据《科技伦理审查办法（试行）》第52条规定，最低风险是指日常生活中遇到的常规风险或与健康体检相当的风险。

活动清单"中第6项"具有舆论社会动员能力和社会意识引导能力的算法模型、应用程序及系统的研发"以及第7项"面向存在安全、人身健康风险等场景的具有高度自主能力的自动化决策系统的研发"的范围，企业在经单位科技伦理审查委员会初步审查后，还需报请所在地方或相关行业主管部门组织开展专业复核。

④应急程序

根据《科技伦理审查办法》的规定，科技伦理（审查）委员会应制定科技伦理应急审查制度，明确突发公共事件等紧急状态下的应急审查流程和标准操作流程，一般应使得应急审查（包括专家复核程序）在72小时内完成。

（4）跟踪监督

根据《科技伦理审查办法》的规定，企业存在如下义务。

①科技伦理（审查）委员会登记

企业在设立科技伦理（审查）委员会后30日内，应通过国家科技伦理管理信息登记平台进行登记。

②纳入清单管理的科技活动登记

对于纳入清单管理的科技活动而言，企业在获得伦理审查批准后30日内，应通过国家科技伦理管理信息登记平台进行登记，登记内容包括科技活动实施方案、伦理审查及复核情况。

③科技伦理（审查）委员会工作报告

企业应于每年3月31日前，向国家科技伦理管理信息登记平台提交上一年度科技伦理（审查）委员会工作报告、纳入清单管理的科技活动实施情况报告等。

3.法律责任

根据《科技伦理审查办法》的规定，科技活动的承担单位，如企业即为科技伦理违规行为内部调查处理的第一责任主体，企业还应主动调查科技伦理违规行为并追责问责。

对于未履行科技伦理审查程序而擅自开展科技活动的科技活动承担单位及其科技人员而言,目前《科技伦理审查办法》仅概括性地规定了应由有管辖权的机构基于相关规定给予处罚或处理,如造成财产损失或其他损害的,依法承担民事责任;如构成犯罪的,依法追究刑事责任。

第四章 | 生成式人工智能模型训练阶段的合规要点

一、训练阶段

在阐明预训练和优化训练在生成式人工智能模型训练阶段中所发挥的作用之前，我们首先需要了解什么是无监督学习、监督学习以及强化学习。无监督学习、监督学习、强化学习均为机器学习的一种类型。其中：

• 无监督学习，是使用未标注的数据集进行训练，在不给出正确答案的情形下学习数据之间的异同。由于没有正确的答案，模型无法知道给定的数据的结果是什么，无监督学习的目标是自行找到给定数据集的底层结构，通过无监督学习的方式学习数据之间的关系从而对数据进行分组。

• 监督学习，意味着当给出学习数据时，需要指定数据的结果（正确答案），本质是用标注好的训练数据进行训练，模型通过足够的监督学习训练，能够准确预测给定没有正确答案的数据时的结果。在此过程中，提供给机器的训练数据充当监督者角色，监督机器正确预测输出。

• 强化学习，即模型通过与环境的交互来学习最优行为策略，与无监督学习和监督学习不同，强化学习没有标签或明确的正负例，但需要每一步行动环境给予的反馈，是正面或负面的反馈，反馈可以量化，基于反馈不断调整模型的行为，主要用于指导模型每一步如何决策，在不同状态下采用什么样的行动可以完成特定的目的或使收益最大化。

以下为笔者对常见的生成式人工智能模型训练的不同阶段进行的阐述。

（一）预训练

在基于Transformer模型的架构出现之前，表现最优秀的NLP通常通过大量人工标注的数据进行监督学习。这种依赖于监督学习的开发途径限制了在未经充分标注的数据集上的应用，并且使训练大型语言模型相当耗时且成本高昂。因此，从未经标注的原始数据中有效学习的能力对于减轻模型对监督学习的依赖至关重要。

预训练是指在大规模数据上进行无监督学习的过程，能够为后续特定任务的优化训练提供基础。预训练阶段是生成式人工智能模型训练过程中的一个重要阶段。在这个阶段中，模型一般会使用大量的无标注数据进行训练（如书籍、文章、网站）并自动区分原始数据，以学习数据的内在结构和分布，一定程度上解决了人工标注成本高的问题。预训练的目的在于掌握语言学知识和世界知识以及智能的涌现能力，包括上下文学习和思维链能力。

从OpenAI的"GPT-n"系列的模型训练过程来看，训练数据集的规模大小对于生成语言模型习得文本生成能力具有重要作用。GPT-1于2018年由OpenAI推出，其包含1.17亿个参数，在庞大的BooksCorpus[①]数据集上进行训练后，这种生成语言模型能够学习大范围的依赖关系，并获得有关连续文本和长篇文本的多样化语料库的大量知识，因此能够使用迁移学习的能力在很少微调的情况下执行许多NLP任务。于2019年发布的GPT-2使用了更大的数据集WebText（包含800万个文档的语料库），同时还添加了15亿个参数来构建更强大的语言模型，可以从原始文本中完成阅读、总结和翻译等语言任务，可帮助预测句子中的下一个单词或词组，而无须使用特定领域的训练数据。在此基础上的GPT-3支持更大规模的训练，包含1750亿个参数，

---

① BookCorpus是一个书籍数据集，该数据集最初被托管在多伦多大学的网页上，因此又被称为Toronto Book Corpus（多伦多书籍语料库）。

约是GPT-2的100倍，其在"Common Crawl"等约包含5000亿个单词的数据集上进行了训练，具备了像人类一样生成段落和文本的能力。[①]预训练借助庞大、多样的场景数据，训练出适合不同场景、不同业务的通用能力，使预训练大模型能够适配全新业务场景。除GPT系列和Bert系列等大型语言模型外，生成式人工智能模型逐渐发展出图像、代码、语音以及多形态模型等多种形态。例如，CLIP（对互联网上的图像—文本进行训练）、MERLOT（对油管上的视频进行转录语音训练）。

总体而言，预训练的主要优势在于：

• 加速训练过程：通过预训练，模型从大规模的无标注数据中习得了一些通用模式，使得模型在特定任务的优化训练上更容易收敛。

• 提高性能：相较于无法以大规模数据集为学习基础的监督学习模型相比，预训练模型通常在具体任务上的表现更好。

• 迁移学习：预训练模型的参数和从大规模数据集中习得的通用特征，可以用于其他新的相关任务，从而克服新任务可能出现的相关数据不足的问题。

• 提高泛化能力：预训练模型能够从输入数据中捕捉通用特征，使模型在未见过的数据上依然表现良好。

然而，在预训练阶段，由于预训练模型仅依靠机器自身能力进行自学，我们从预训练模型中生成的结果可能存在偏差。例如，使用完全不同领域的数据集可能无法获得相同的结果，此外，网络参数、训练集与测试集分割比例（Train-test Split Ratio）、用于训练的硬件等因素都会影响预训练模型的生成结果。因此，对于预训练模型，还需要通过优化训练对于预训练模型生成结果的偏差进行纠正。

---

① 参见aman.ai（阿曼AI）网站，https://aman.ai/primers/ai/gpt/，2025年5月21日访问。

(二)优化训练

1.有监督微调

根据国家标准《信息技术 人工智能 术语》(GB/T 41867-2022)[①],微调(fine-tuning)是指为提升人工智能模型的预测精确度,一种先以大型广泛领域数据集训练,再以小型专门领域数据集继续训练的附加训练技术。微调可以通过调整模型的权重来更好地拟合数据,从而提高人工智能模型在特定任务或领域上的性能。有监督微调是在预训练基础上,通过在小数据集上的数据标注训练适应新的任务。

以ChatGPT为例,根据OpenAI发布的文章,ChatGPT的模型由大规模的神经网络构成,其行为是从广泛的数据中学习的,这个过程更类似于"训练狗"而非普通编程。ChatGPT所涉及的两个主要步骤如下图所示。

首先,对ChatGPT模型进行"预训练",使其能够预测包含互联网部分内容的大型数据集的下一步会发生什么,其可能会学习如何完成句子"她没有向左转,而是向＿＿＿转"。通过学习数十亿个句子,ChatGPT学习语法、关于世界的事实及推理能力,同时也不可避免地习得了这数十亿个句子中存在的一些偏见。

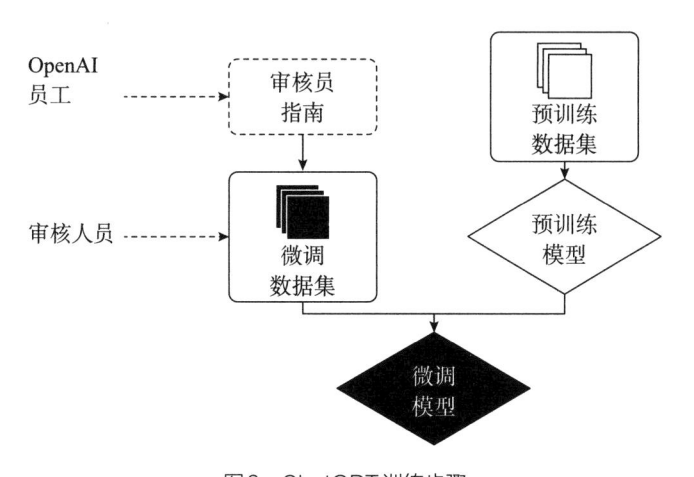

图9 ChatGPT训练步骤

---

① 国家市场监督管理总局、国家标准化管理委员会《信息技术 人工智能 术语》(GB/T 41867-2022)。

然后，ChatGPT在一个更小的数据集上进行"微调"，该数据集是ChatGPT的开发者与遵循开发者提供的行动指南的审核人员（Human Reviewers）共同生成的。由于ChatGPT无法预测未来用户可能向系统输入的所有内容，因此，ChatGPT的开发者不会为ChatGPT可能遇到的每一个输入内容编写详细说明，而是在行动指南中列出几个类别，供审核人员审查和评定一系列示例输入的可能模型输出。在使用时，模型会根据审核人员的反馈进行概括，以响应特定用户提供的各种特定输入。

因此，在有监督微调过程中，模型开发者与审核人员之间保持有力的反馈循环，从而不断解决问题以实现模型迭代，使得模型在预训练基础上，通过在小数据集上的训练逐渐具备适应新的特定任务的能力。

2.强化学习

强化学习是除了前文提及的非监督学习、监督微调之外第三种机器学习方法。根据国家标准《信息技术 人工智能 术语》（GB/T 41867-2022），强化学习是指一种通过与环境交互，学习最佳行动序列，使回报最大化的机器学习方法。

（1）强化学习

在强化学习的过程中，智能体（Agent）会根据当前的状态（State）采取某个行动（Action），并观察到下一个状态和获得的奖励（Reward）；然后，智能体会根据观察到的信息（Observation）更新自己的策略（Policy），以期在长期的时间尺度下获得最大的总奖励。

强化学习一般包括以下几个要素：

• 智能体（Agent）：强化学习中的主体，强化学习系统中的决策者和学习者，它可以作出决策和接受奖励信号，在这里就是处于训练阶段的生成式人工智能模型。

• 环境（Environment）：强化学习系统中除了智能体之外的所有事物，是智能体交互的对象。

- 状态（State）：环境的状态，对于智能体而言，则是智能体得到的观测（Observation）。
- 行动（Action）：环境中智能体在某一特定时间采取的动作，该动作将作用于环境，改变环境，且智能体执行之后将获得反馈。
- 奖励（Reward）：因智能体的行为改变了环境，得到的反馈（可正可负）。
- 策略（Policy）：指智能体在特定时间的行为方式，即状态到动作的映射。

总结一下上述过程，即某一时刻T，智能体观察到环境的状态为"状态（T）"，从而采取"行动（T）"，环境会根据智能体的"行动（T）"更新状态为"状态（T+1）"，同时智能体获得奖励为"奖励（T）"，由此进入时刻T+1，智能体再根据更新后的状态进行新一轮行动，同时获得"奖励（T+1）"：

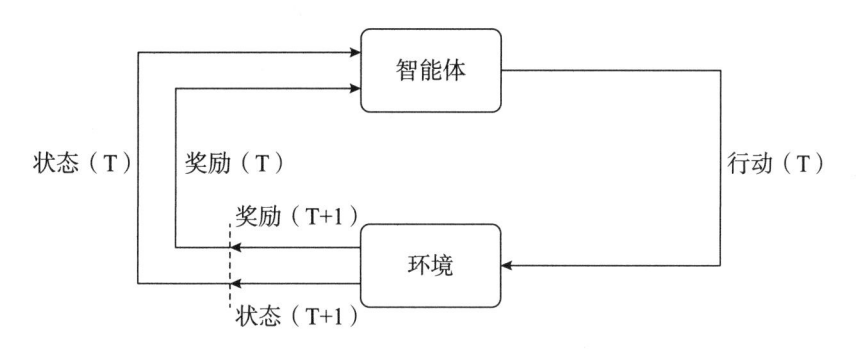

图10　AIGC强化学习步骤

强化学习过程中，相当重要的一个任务即为生成一个奖励模型，并使用该奖励模型进行训练。如果我们能够训练一个很好的奖励模型，则大概率可以得到一个很好的结果。但是，如果奖励模型被数据投毒，故意或无意地加入了偏见或错误，那么在后续过程中，被训练的模型可能将无法抵抗这些偏见或错误的影响，只能依靠奖励模型的排序来调整自己的行为，这种偏见或错误会在后续环境中不断放大。

强化学习利用奖励模型来评估策略的好坏，并在学习过程中不断更新和调整该策略，以达到最大化累计奖励的目标。在奖励模型的反馈和指导下，模型通过自我学习和提高，在不断探索（Exploration）和开发（Exploitation）的过程实现价值观的对齐和强化。

（1）强化学习与有监督微调的比较

强化学习与有监督微调均为优化训练的方式，通常均被视作用于人类偏好对齐（Alignment）的步骤，让模型更好地跟随人类的指令动作进行应答，但二者仍存在一定区别。简单来说，强化学习强调基于环境的反馈而行动，通过不断与环境的交互、试错，最终完成特定目的或者使整体行动收益最大化，通常情况是模型通过不断的试错探索，获取对环境的理解，并从环境中获得（延迟的）奖励。从监督学习中获得的监督数据，是人来进行标注的，标注结果决定了模型的表现永远不可能超越人类，因此监督学习算法的上限就是人类的表现；但强化学习不同，强化学习是由模型自己在环境中进行探索，有较大的潜力，可能会获得超越人类能力的表现。比如，我们所熟知的打败柯洁的 AlphaGo，主要就是通过强化学习训练出的模型。

（2）基于人类反馈的强化学习（RLHF）

基于人类反馈的强化学习是将人类反馈与强化学习进行结合，以人类反馈作为信号，将奖励模型与人类偏好的数据集相匹配，使用强化学习来优化模型，提升模型的能力。

生成式人工智能模型的 RLHF 阶段通常分为以下两部分：

- 以人类反馈训练奖励模型作为评分函数；
- 优化生成式人工智能模型以生成奖励模型给予高分的应答。

仍以 ChatGPT 为例，ChatGPT 最重要的技术之一就是引入了 RLHF 作为模型训练的方法，有效提升了通用人工智能系统与人类意图对齐的能力。

（3）潜在发展方向——基于人工智能反馈的强化学习（Scaling Reinforcement

Learning from Human Feedback with AI Feedback，RLAIF）

通过使用RLHF，可以使生成式人工智能模型更好地理解人类偏好，但收集高质量的人类反馈十分困难且耗时，因此亦出现了可能的替代方案。2022年，论文《Constitutional AI：Harmlessness from AI Feedback》[1]最早提出使用AI偏好来训练用于强化学习微调的奖励模型，该技术被称为根据人工智能反馈的强化学习（RLAIF）。这项研究表明，通过混合使用人类与AI偏好，并组合Constitutional AI自我修正技术，可让LLM的表现超越使用监督式微调的方法。不过他们的研究并未直接对比使用人类反馈和AI反馈时的效果，于是能否使用RLAIF适当地替代RLHF就仍旧是一个有待解答的问题。

谷歌研究（Google Research）在论文《RLAIF：Scaling Reinforcement Learning from Human Feedback with AI Feedback》[2]中直接比较了RLAIF和RLHF方法在摘要任务上的表现。结果表明，基于摘要任务表明RLAIF能取

---

[1] Yuntao Bai, Saurav Kadavath, Sandipan Kundu, Amanda Askell, Jackson Kernion, Andy Jones, Anna Chen, Anna Goldie, Azalia Mirhoseini, Cameron McKinnon, Carol Chen, Catherine Olsson, Christopher Olah, Danny Hernandez, Dawn Drain, Deep Ganguli, Dustin Li, Eli Tran-Johnson, Ethan Perez, Jamie Kerr, Jared Mueller, Jeffrey Ladish, Joshua Landau, Kamal Ndousse, Kamile Lukosuite, Liane Lovitt, Michael Sellitto, Nelson Elhage, Nicholas Schiefer, Noemi Mercado, Nova DasSarma, Robert Lasenby, Robin Larson, Sam Ringer, Scott Johnston, Shauna Kravec, Sheer El Showk, Stanislav Fort, Tamera Lanham, Timothy Telleen-Lawton, Tom Conerly, Tom Henighan, Tristan Hume, Samuel R. Bowman, Zac Hatfield-Dodds, Ben Mann, Dario Amodei, Nicholas Joseph, Sam McCandlish, Tom Brown, Jared Kaplan, Constitutional AI: Harmlessness from AI Feedback, arXiv.org (15 Dec 2022), https://arxiv.org/abs/2212.08073.（参见arXiv开放论文数据库"根本规则人工智能：人工智能反馈带来的无害性"，编号为arXiv:2212.08073,https://arxiv.org/abs/2212.08073，2025年2月5日访问）

[2] Harrison Lee, Samrat Phatale, Hassan Mansoor, Thomas Mesnard, Johan Ferret, Kellie Lu, Colton Bishop, Ethan Hall, Victor Carbune, Abhinav Rastogi, Sushant Prakash, *RLAIF: Scaling Reinforcement Learning from Human Feedback with AI Feedback*, arXiv.org (1 Dec 2023), https://arxiv.org/abs/2309.00267.（参见arXiv开放论文数据库"RLAIF与RLHF：利用AI反馈扩展人类反馈的强化学习"，编号为arXiv:2309.00267,https://arxiv.org/abs/2309.00267，2025年2月5日访问）

得与RLHF相当的表现。我们不排除未来就强化学习过程，除了RLHF之外，会有包括RLAIF在内的更多可行的替代方案。

二、训练阶段的合规要点

我国对于生成式人工智能模型提供者的监管措施在逐步出台和完善。《生成式人工智能服务管理暂行办法》是我国第一部直接针对生成式人工智能的监管文件，其第7条[①]对生成式人工智能服务提供者[②]开展预训练、优化训练等训练数据处理活动、第8条[③]对生成式人工智能技术研发过程中的数据标注作出了提纲性要求。于2023年12月1日起实施的国家标准《人工智能 面向机器学习的数据标注规程》（GB/T 42755-2023）对人工智能领域面向机器学习的数据标注框架流程进行了规定。同时，《生成式人工智能服务安全基本要求》对生成式人工智能模型的提供者在训练阶段应当遵循的义务作出了相关规定。

由于预训练和优化训练的完成建立在大规模无标签数据的基础上，而不

---

① 《生成式人工智能服务管理暂行办法》第7条规定："生成式人工智能服务提供者（以下称提供者）应当依法开展预训练、优化训练等训练数据处理活动，遵守以下规定：（一）使用具有合法来源的数据和基础模型；（二）涉及知识产权的，不得侵害他人依法享有的知识产权；（三）涉及个人信息的，应当取得个人同意或者符合法律、行政法规规定的其他情形；（四）采取有效措施提高训练数据质量，增强训练数据的真实性、准确性、客观性、多样性；（五）《中华人民共和国网络安全法》、《中华人民共和国数据安全法》、《中华人民共和国个人信息保护法》等法律、行政法规的其他有关规定和有关主管部门的相关监管要求。"

② 根据《生成式人工智能服务管理暂行办法》第22条的规定，生成式人工智能服务提供者，是指利用生成式人工智能技术提供生成式人工智能服务（包括通过提供可编程接口等方式提供生成式人工智能服务）的组织、个人。

③ 《生成式人工智能服务管理暂行办法》第8条规定："在生成式人工智能技术研发过程中进行数据标注的，提供者应当制定符合本办法要求的清晰、具体、可操作的标注规则；开展数据标注质量评估，抽样核验标注内容的准确性；对标注人员进行必要培训，提升尊法守法意识，监督指导标注人员规范开展标注工作。"

同模型所选用训练数据集的标准和训练方法存在差异，完成训练后的生成式人工智能模型投放市场或投入使用后，下游人工智能系统或产品的供应商对于上游基础模型（Foundation Models）[1]的发展缺乏控制，难以有效解决可能出现偏见和歧视、侵犯个人隐私、侵犯知识产权等问题。同时，生成式人工智能还需适应政府部门对人工智能模型日趋严格和全面的监管。因此，生成式人工智能模型的提供者有必要在训练阶段通过适当的措施来评估和减轻可能的风险和危害，以确保人工智能系统的性能、可预测性、可追溯性、可解释性、可更正性和安全性。

2023年6月，欧洲议会层面通过了欧盟《人工智能法案》的折中版本，该法案对处于人工智能价值链上游的基础模型提出了特别要求，基础模型的提供者应在欧盟数据库中进行注册，制定详细的技术文件和易懂的使用说明，建立质量管理体系等。本章结合《生成式人工智能服务安全基本要求》，并借鉴参考欧盟《人工智能法案》中对于基础模型提供者提出的要求，就我国未来生成式人工智能模型的提供者在训练阶段应当遵循的义务提出如下建议。

（一）采取完善的数据治理措施

由于生成式人工智能模型在预训练阶段往往依赖于互联网上公开提供的训练数据（如Common Crawl数据集），这些数据往往包含大量侵权（如侵犯个人隐私或知识产权）、偏见歧视或不良内容（如宣扬暴力、仇恨言论、色情内容等）。即使如GPT-4的生成式人工智能模型采用了数据集干预和预训练后干预相结合的方法，在预训练阶段对数据集进行过滤并删除不适当内容、预训练后采取RLHF方法进行微调，仍无法避免模型所生成内容出现不

---

[1] 参见《生成式人工智能服务安全基本要求》的定义，基础模型是指在大量数据上训练的，用于普适性目标、可优化适配多种下游任务的深度神经网络模型。

适当内容或内容过度谨慎。因此，有必要制定完善的数据治理措施以保障生成式人工智能模型预训练数据集质量和生成内容质量，以高质量数据用于模型训练，具体数据治理措施的讨论详见本编第一章"训练数据集合规要点"部分。

此外，除了在预训练阶段对训练数据进行过滤和筛选、确保语料来源及内容的安全，生成式人工智能模型的提供者还应当定期开展优化训练阶段训练数据的常态化审核活动，并记录审核过程、结果、参与人员等信息，及时发现训练数据的不合规问题。

（二）编制技术文件

生成式人工智能模型的提供者应当编制技术文件，并及时更新，主要目的是了解模型是如何开发的以及其在整个生命周期内的表现，使技术文件提供的所有必要信息能够评估、证明生成式人工智能模型符合主管部门的相关要求。技术文件可以包含评估人工智能系统是否符合要求的必要信息，包括系统的一般特征、能力和局限性、算法、数据、训练、测试和所使用的验证过程，以及有关风险管理系统的文件。其中就训练阶段而言，可以包括描述训练方法和技术以及所使用的训练数据集及其来源、范围，以及数据的获取和选择方法、标注人员管理及培训、标注程序、数据清理方法等。

（三）日志记录和保存义务

生成式人工智能模型的提供者应当为模型设置自动记录并保存日志的能力。在模型训练阶段，记录模型所使用的训练数据集、记录模型的训练过程和迭代结果，以及参与模型训练的标注和反馈人员信息。这种日志记录可以确保包括训练数据来源在内的模型记录内容在整个生命周期中的可追溯性。

（四）解释说明的义务

生成式人工智能模型的设计和开发应确保其操作足够透明，因此，提供者有义务向主管监管部门和下游供应商、用户提供有关模型或其使用的必要信息。根据我国《生成式人工智能服务管理暂行办法》第19条第1款，有关主管部门依据职责对生成式人工智能服务开展监督检查，提供者应当依法予以配合，按要求对训练数据来源、规模、类型、标注规则、算法机制机理等予以说明，并提供必要的技术、数据等支持和协助。因此，生成式人工智能模型的提供者负有通过技术文件、日志记录等信息自证合规，配合监管部门判别投放市场的生成式人工智能系统或产品是否存在风险的义务。

生成式人工智能模型的提供者还应为模型下游供应商提供技术文件和易于理解的说明，解释模型在训练阶段或其他阶段已知、可预见的风险，协助下游供应商完善生成式人工智能系统或产品的保障措施，以降低投入市场后发生安全事故的风险。此外，作为生成式人工智能系统或产品使用者的用户，也应属于提供者解释说明的对象，考虑到大部分用户对于生成式人工智能技术专业知识的欠缺，此时提供者解释说明的信息应当是简洁、完整、准确和更容易被理解的。并且，在使用包含个人信息的语料前，应当取得对应个人同意或者符合法律法规所规定的其他情形；在使用包含敏感个人信息的语料前，应当取得对应个人单独同意或者符合法律法规所规定的其他情形。

（五）管理优化训练中的标注人员

如本章第一部分所述，通过大量的无标注数据进行训练的预训练模型，需要进一步通过有监督微调、强化学习等方式进行优化训练，以帮助模型更好地理解输入数据并学习生成适合的输出结果。优化训练的过程往往需要标注人员参与数据人工标注、评估和反馈工作（包括但不限于在有监督微调、基于人类反馈的强化学习中）。由于标注人员的质量可能会影响模型优化效果，结合国家标准《人工智能 面向机器学习的数据标注规程》（GB/T 42755-2023）及《生成式人工智能服务安全基本要求》，笔者建议从如下角度对标注人员进行管理：

• 标注任务中对人员设置不同职能定位，如数据标注、标注审核、仲裁、监督。

• 建立标注人员培训、选拔、考核制度，根据标注任务内容的要求明确标注人员资质标准、岗前能力培训，组织标注人员定期接受业务能力和安全培训，培训内容应包括标注任务规则、标注工具使用方法、标注内容质量核验方法、标注数据安全管理要求等，并建立标注人员能力档案以进行能力评估和标注质量追踪；且应定期组织对标注人员的考核（考核内容应包括标注规则理解能力、标注工具使用能力、安全风险判定能力、数据表安全管理能力等），给予合格者标注上岗资格，并有定期重新培训考核以及必要时暂停或取消标注上岗资格的机制。

• 对人工标注任务全流程采取安全控制措施，对标注数据采取加密措施，注意标注人员身份背景，对标注人员进行监督管理以确保标注过程的可追溯性和可审计性，建立定期评估和抽样核验机制等，并应对安全性标注数据进行隔离存储。

（六）模型的安全性测评

经过训练的生成式人工智能模型可能存在的风险包括内部产生幻觉（Hallucination）[1]，外部易受到数据投毒、模型反演攻击、模型窃取等攻击。

---

[1] Ziwei Ji, Nayeon Lee, Rita Frieske, Tiezheng Yu, Dan Su, Yan Xu, Etsuko Ishii, Yejin Bang, Wenliang Dai, Andrea Madotto, Pascale Fung, *Survey of Hallucination in Natural Language Generation*, arXiv.org (7 Nov 2022), https://arxiv.org/abs/2202.03629.（参见arXiv开放论文数据库"自然语言生成中的幻觉调查"，编号为arXiv:2202.03629,https://arxiv.org/abs/2202.03629，2025年2月5日访问）该文章将"幻觉"定义为"生成的内容与提供的源内容不符或没有意义"，分为逻辑谬误（模型出现推理错误，提供错误的答案）、捏造事实（在不具备回答某种问题的能力时，输出错误答案，而不是拒绝回答）、数据驱动的偏见等。

针对模型进行安全性测评并进行大量的对齐和对抗训练是保证模型安全可靠的重要方式之一，通过多维度的安全性评测，提前发现问题，预测可能的风险并加以防范、管控。

关于模型安全要求，《生成式人工智能服务安全基本要求》分别从对基础模型备案及生成内容安全性、准确性、可靠性多个维度对模型服务提供者提出了要求。首先，如模型服务提供者需基于第三方基础模型提供服务，则应使用已经主管部门备案的基础模型。其次，在模型生成内容方面：①安全性。在训练过程中，应将生成内容安全性作为评价生成结果优劣的主要考虑指标之一；在每次对话中，应对使用者输入信息进行安全性检测，引导模型生成积极正向内容；且应建立常态化监测测评手段，对监测测评发现的提供服务过程中的安全问题，及时处置并通过针对性的指令微调、强化学习等方式优化模型。②准确性。应采取技术措施提高生成内容响应使用者输入意图的能力，提高生成内容中数据及表述与科学常识及主流认知的符合程度，减少其中的错误内容。③可靠性。应采取技术措施提高生成内容格式框架的合理性以及有效内容的含量，提高生成内容对使用者的帮助作用。

三、内容输出阶段

（一）知识产权合规要点

我国目前生成式人工智能模型产业处在探索阶段，无论是相关企业的实践探索，还是监管部门的规范体系，都有待根据产业发展进一步完善。在知识产权合规领域，通过生成式人工智能模型训练输出的内容，是否有知识产权权属风险、是否可能侵害他人的知识产权等都值得深入探讨。

1.输出内容的权属

截至目前，我国法律法规体系中并未对生成式人工智能模型训练输出内容的知识产权权属作出明确规定。因此，现阶段实践中判断输出内容是否构成知识产权侵权，以及应当如何判断权利归属，仍多从著作权法角度对"作品"的定义加以判断。

在实践中，多数生成式人工智能产品的相关企业会通过用户协议等书面方式事先明确通过生成式人工智能输出内容的权属。例如，百度旗下产品文心一言在其用户协议中约定"百度在本服务中提供的内容（包括但不限于软件、技术、程序、代码、用户界面、网页、文字、图片、图像、音频、视频、图表、版面设计、商标、电子文档等）的知识产权（包括但不限于著作权、商标权、专利权和其他知识产权）属于百度所有，但相关权利人依照法律规定应享有权利的除外"；①讯飞"星火"同样在其用户协议中就知识产权归属约定了"与本平台相关的一切著作权、商标权、专利权、商业秘密等知识产权，以及本服务输出的相关所有信息内容（包括但不限于文字、图片、音频、视频、图表、界面设计、版面框架、有关数据或电子文档等）均受法律法规保护，由科大讯飞及其关联方享有完整的知识产权、所有权等合法权利。用户仅有权依照本协议约定合法使用本服务及本服务相关内容的权利"。②

2.内容输出阶段的知识产权侵权风险

在数字时代，生成式人工智能模型输出的内容有可能通过复制、传播等方式侵犯他人的知识产权。这不仅构成对原创者的不尊重，也可能对整个知识产权保护体系造成严重破坏。

例如，生成式人工智能模型输出的内容可能构成对他人信息网络传播权的侵害。2024年5月，广州互联网法院判决的"X文化发展有限公司诉N网

---

① 《文心一言用户协议》，https://yiyan.baidu.com/agreement，2025年5月21日访问。
② 《SparkDesk用户协议》，讯飞开放平台文档中心，https://www.xfyun.cn/doc/spark/ExperienceRules.html#，2025年5月21日访问。

络科技有限公司案"①成为全球首个明确生成式人工智能服务侵犯着作权的司法案例。法院认定，生成式人工智能服务提供者在未经许可的情况下使用受版权保护的训练数据，生成内容构成对原作品复制权、改编权的侵害，但不涉及信息网络传播权。该案突破传统直接侵权与间接侵权的分析框架，构建了以"注意义务"为中心的归责模式，要求服务提供者承担主动审查义务，并在技术开发与合规风控之间寻求平衡。

生成式人工智能模型训练后输出的内容存在权利归属，亦存在侵害他人知识产权的风险，因此从事相关业务的企业在内容输出阶段一定要对内容权属及是否可能侵害他人知识产权进行关注。同时，企业宜建立知识产权管理策略，公开语料中涉及知识产权部分的摘要信息，建立知识产权问题的投诉举报渠道，并在投诉举报渠道中支持第三方就语料使用情况以及相关知识产权情况进行查询。

（二）信息发布审核

对于生成式人工智能模型训练输出内容这一环节而言，信息发布审核是一道关键"防线"，企业要格外重视信息发布前的审核，避免输出的内容中存在违法信息、不良信息等。

根据《网络信息内容生态治理规定》的要求，网络信息内容服务平台应当制定信息发布审核制度；《互联网信息服务算法推荐管理规定》《互联网信息服务深度合成管理规定》分别对算法推荐服务提供者、深度合成服务提供者提出了建立健全信息发布审核管理制度和技术措施的要求；此外，《生成式人工智能服务安全基本要求》对模型的适用人群、场合及用途也提出了明确的合规要求。基于前述规定的要求，足以看出目前监管部门对于信息发布

---

① 参见姚志伟：《人工智能生成物著作权侵权的认定及其防范——以全球首例生成式AI服务侵权判决为中心》，载《地方立法研究》2024年第9期。

审核的高度重视。

(三) 平台内容管理

我国目前已形成了对网络信息内容治理的基础规范框架。在现行有效的法律规范中，《民法典》《刑法》《网络安全法》《个人信息保护法》《国家安全法》《反恐怖主义法》《网络信息内容生态治理规定》《互联网信息服务算法推荐管理规定》《互联网信息服务深度合成管理规定》《互联网信息服务管理办法》《生成式人工智能服务管理暂行办法》及《生成式人工智能服务安全基本要求》等法律法规、监管规则对于网络信息内容的监管作出了多元化、全方位的要求。具体而言，主要包括以下方面。

1. 保证信息内容合法

就平台的输出内容而言，合法性是对其最基本、最核心的要求。我国对于互联网信息内容的法律法规中也无一例外地体现了对内容合法性的关注及要求。例如《网络安全法》《互联网信息服务管理办法》《生成式人工智能服务管理办法》《网络信息内容生态治理规定》等规定，互联网信息服务提供者应当保证所提供的信息内容合法，生成式人工智能产品或服务的提供者应当遵守法律法规的要求，尊重社会公德、公序良俗，网络信息内容生产者不得发布违法信息。《生成式人工智能服务安全基本要求》也明确要求服务提供者在提供服务时，应当采取一系列措施保证信息的合法合规性，如：(1) 要求服务提供者采取关键词、分类模型等方式对使用者输入信息进行检测，使用者连续三次或一天内累计五次输入违法不良信息或明显诱导生成违法不良信息的，应依法依约采取暂停提供服务等处置措施。(2) 对明显偏激以及明显诱导生成违法不良信息的问题，应拒绝回答；对其他问题，应均能正常回答。(3) 应设置监看人员，并及时根据监看情况提高生成内容质量及安全，监看人员数量应与服务规模相匹配。

在北大法宝司法案例库中收录的何某诉上海Z人工智能科技有限公司网

络侵权责任纠纷案[①]中，法院对某智能软件运营商作出判决，认为该运营商的产品设计和对算法的应用行为，使其不再只是中立的技术服务提供者，而是同时作为内容服务提供者，鉴于其产品输出的内容违反了法律法规的规定，最终认定该运营商侵害了原告姓名权、肖像权、一般人格权。

由此可见，对于生成式人工智能平台而言，无论是其自身输出的内容还是用户通过该平台生成的输出内容，都需要守住法律的底线，遵守法律法规，尊重社会公德与公序良俗。

2. 多种策略优化输出内容

由于生成式人工智能模型的训练需要运营海量数据，因此该等模型在训练时会大量收集可以公开取得的互联网数据。但由于数据体量大，难免出现违法信息、不真实信息或杂乱数据，结合目前我国生成式人工智能模型市场现状来看，多数企业针对生成式人工智能模型训练阶段都会采取一些优化措施以确保数据的准确性、一致性等，如去掉杂乱数据、去重、数据清洗等。

根据《互联网信息服务算法推荐管理规定》，鼓励算法推荐服务提供者综合运用内容去重、打散干预等策略，并优化检索、排序、选择、推送、展示等规则的透明度和可解释性，避免对用户产生不良影响，预防和减少争议纠纷。

根据《生成式人工智能服务管理暂行办法》规定，生成式人工智能服务提供者应当依法开展预训练、优化训练等训练数据处理活动，具体措施如采取有效措施提高训练数据质量，增强训练数据的真实性、准确性、客观性、多样性等。

根据《生成式人工智能服务安全基本要求》规定，模型服务提供者还应

[①] 参见北大法宝司法案例库，https://www.pkulaw.com/pfnl/08df102e7c10f2069a8ebaa3f4d86ad14595473419c28f49bdfb.html?keyword=%E5%8C%97%E4%BA%AC%E4%BA%92%E8%81%94%E7%BD%91%E6%B3%95%E9%99%A22020%E4%BA%AC0491%E6%B0%91%E5%88%9D9526%20&way=listView，2025年7月4日访问。

当在模型更新、升级以及服务稳定、持续等多个维度优化服务内容，降低数据泄露、安全漏洞等风险。

在实践操作中，监管部门也会要求业务涉及生成式人工智能模型的企业建立合法合规的信息源管理机制，采取多种策略优化产品输出的内容。对于存在安全风险（如违反社会主义核心价值观、包含歧视性内容、商业违法违规、侵犯他人合法权益等）的问题，服务提供者应当设置相应的拒答题库，避免输出相应的风险内容。

3.加强深度合成内容管理

根据《互联网信息服务深度合成管理规定》，深度合成服务提供者应当加强深度合成内容管理，采取技术或者人工方式审核合成内容。

深度合成服务提供者应当建立健全用于识别违法和不良信息的特征库，完善入库标准、规则和程序，记录并留存相关网络日志。

深度合成服务提供者发现违法和不良信息的，应当依法采取处置措施，保存有关记录，及时向相关网信部门和其他主管部门报告；对相关深度合成服务使用者依法依约采取警示、限制功能、暂停服务、关闭账号等处置措施。

4.建立内容生态治理机制

针对输出内容，不能仅将目光局限于每个分散点，还应同时确保纵观全局、构建完善的内容生态，以详尽的治理机制整体把握输出内容的合规性。关于建立内容生态治理机制，详见本节第（六）项。

（四）标识要求

随着人工智能行业近年来的高速发展，其所带来的风险（如深度伪造带来的风险等）也越发引起公众关注。美国白宫当地时间2023年7月21日宣布，美国七大人工智能企业已与美国政府签署协议，承诺采取自愿监管措施管理人工智能技术开发风险，包括为人工智能生成内容添加数字水印等。

对于人工智能技术中的标识要求，我国也早已明确了相关的规定。例如根据《互联网信息服务算法推荐管理规定》，算法推荐服务提供者发现未作显著标识的算法生成合成信息的，应当做出显著标识后，方可继续传输；根据《生成式人工智能服务管理暂行办法》规定，生成式人工智能服务提供者应当按照《互联网信息服务深度合成管理规定》对图片、视频等生成内容进行标识。在生成式人工智能技术研发过程中进行数据标注的，提供者应当制定符合该办法要求的清晰、具体、可操作的标注规则；开展数据标注质量评估，抽样核验标注内容的准确性；对标注人员进行必要培训，提升遵法守法意识，监督指导标注人员规范开展标注工作。

此外，为进一步规范人工智能生成合成内容标识，促进人工智能健康发展，我国还颁布了《人工智能生成合成内容标识办法》（以下简称《标识办法》），作为规范性文件对上述部门规章中的标识规定做了细化。《标识办法》明确，人工智能生成合成内容标识主要包括显式标识和隐式标识两种形式。服务提供者应当按照《互联网信息服务深度合成管理规定》第十六条的规定，在生成合成内容的文件元数据中添加隐式标识；服务提供者提供的生成合成服务属于《互联网信息服务深度合成管理规定》第十七条第一款情形的，应当按照要求对生成合成内容添加显式标识；提供网络信息内容传播服务的服务提供者则应当采取技术措施，规范生成合成内容传播活动。

除上述部门规章和规范性文件外，实践中一系列国家标准和实践指南也已纷纷出台，为上述合规要求的落地提供了更为详细的实施方式和操作方法。例如，强制性国家标准《网络安全技术 人工智能生成合成内容标识方法》（GB 45438—2025）中，明确了人工智能生成合成内容服务提供者对文本、图片、音频、视频、虚拟场景等内容，添加文字、角标、语音、节奏等显式标识的方法，在内容生成合成环节提出了显著提示公众、防范混淆误认的方案。《网络安全标准实践指南——人工智能生成合成内容标识 服务提供者编码规则》，则为相关主体开展文件元数据隐式标识提供了编码指引。除已出台的国家标准和实践指南外，全国网络安全标准化技术委员会仍在就各文件格式的元数据标识规范、各应用场景的标识方法等组织编制一系列推荐性标准、实践指南，均将在未来逐步推出。

综上所述，无论是从全球视角还是国内视角来看，生成式人工智能就其输出内容进行标识都已成为必要的合规趋势。

（五）协助监管

生成式人工智能服务企业除了要确保其输出内容的合规性之外，还有义务对于其所提供的生成式人工智能服务进行监管。

根据《生成式人工智能服务管理暂行办法》规定，国家目前对于生成式人工智能实行包容审慎和分类分级监管的原则。从主管部门的角度来看，网信、发改、教育、科技、工业和信息化、公安、广播电视、新闻出版等多部门均依据其各自职责依法加强对生成式人工智能服务的管理。从生成式人工智能服务提供者的角度来看，当提供者发现使用者利用生成式人工智能服务从事违法活动时，提供者负有依法依约采取警示、限制功能、停止生成、停止传输、暂停或者终止向其提供服务等处置措施，保存有关记录，并向有关主管部门报告的协助监管义务。

（六）生态治理

生成式人工智能技术目前已经在多个领域、多个行业得到创新应用。对于生成式人工智能模型输出的内容而言，构建完善的内容生态机制具有必要性。具体而言，生成式人工智能相关企业可从如下几个主要方面着手：

1.建立内容生态治理机制

根据《网络信息内容生态治理规定》，网络信息内容服务平台应当建立网络信息内容生态治理机制，制定本平台网络信息内容生态治理细则，健全用户注册、账号管理、信息发布审核、跟帖评论审核、版面页面生态管理、实时巡查、应急处置和网络谣言、黑色产业链信息处置、投诉举报等制度。

根据《生成式人工智能服务安全基本要求》，服务提供者应提供接受公众或使用者投诉举报的途径及反馈方式，包括但不限于电话、邮件、交互窗口、短信等方式中的一种或多种，还应设定接受公众或使用者投诉举报的处理规则以及处理时限。

2.匹配内容生态治理专业人员

根据《网络信息内容生态治理规定》，网络信息内容服务平台应当设置网络信息内容生态治理负责人，配备与业务范围和服务规模相适应的专业人员，加强培训考核，提升从业人员素质。

3.加强对广告的相关审查

根据《网络信息内容生态治理规定》，网络信息内容服务平台应当加强对本平台广告位和在本平台展示广告内容的审核巡查，对发布违法广告的行为，应当依法予以处理。

4.增加服务透明度

服务提供者应当在服务透明度方面严格遵守相关规定，重视服务透明度、公开度。《生成式人工智能服务安全基本要求》规定：（1）以交互界面提供服务的，应在网站首页等显著位置向社会公开服务适用的人群、场合、用途等信息，宜同时公开基础模型使用情况；（2）以交互界面提供服务的，应在网站首页、服务协议等便于查看的位置向使用者公开：服务的局限性、所使用的模型/算法等方面的概要信息、所采集的个人信息及其在服务中的用途；（3）以可编程接口形式提供服务的，应在说明文档中公开前述（1）和（2）中的信息。

5.制定管理规则、平台公约和用户账号信用管理制度，完善用户协议

根据《网络信息内容生态治理规定》，网络信息内容服务平台应当制定并公开管理规则和平台公约，完善用户协议，明确用户权利义务，并依法依约履行管理职责。网络信息内容服务平台应当建立用户账号信用管理制度，

根据用户账号的信用情况提供相应服务。

6.呈现主流价值导向

根据《互联网信息服务算法推荐管理规定》，算法推荐服务提供者应当加强算法推荐服务版面页面生态管理，建立完善人工干预和用户自主选择机制，在首页首屏、热搜、精选、榜单类、弹窗等重点环节积极呈现符合主流价值导向的信息。

根据《网络信息内容生态治理规定》，鼓励网络信息内容服务平台坚持主流价值导向，优化信息推荐机制，加强版面页面生态管理。

第五章 | 生成式人工智能的基准和评估

生成式人工智能作为人工智能领域中的一项重要技术，涵盖了各种自动化生成文本、图像、音频、视频等多领域应用。随着生成式人工智能的不断发展和广泛应用，其安全性和合规评估变得尤为关键。本章将探讨生成式人工智能的基准和评估，从安全性评估标准和合规评估标准两方面进行展开。

一、安全性评估标准

（一）评估"模型欺骗"或"模型出逃"的风险

生成式人工智能的生成内容是基于深度学习技术（尤其是预训练模型）所实现的，这些技术/模型接受大量的数据训练，从而学会生成类似于人类的内容，该等内容可能包括文章、音乐、图片、视频等。然而，随着模型复杂度和数据量的增长，模型的不确定性和生成的"幻觉"（Hallucinations）也随之增加。这些幻觉可能导致用户收到不真实或误导性的信息，从而可能导致"模型欺骗"或"模型出逃"风险。上述风险通常出现在"对抗性攻击"的情境下，利用模型的弱点，通过添加微小的、人工难以识别的扰动影响输入数据，从而使模型作出错误的预测或决策。这种攻击在图像识别领域尤为常见。例如，通过对抗性攻击，攻击者可以使一个被训练得很好的图像分类模型错误地将一张小狗的图片分类为飞机。

生成式人工智能的主要优势是其可以快速、自动地处理大量数据并生成结果，但如果其模型提供的信息是错误或无关的，则依赖这些模型的决策可能会带来严重的后果。那么，应当如何评估前述风险，如何为该等风险设置基准呢？可以考虑以下标准和措施。

1.输入数据审查

为了降低风险，需要审查模型的输入数据，可以采取以下审查措施：

（1）数据来源保证

①数据来源可信度验证

确保训练数据来自可信赖的来源，避免使用来自不可靠或恶意渠道的数据。

②数据采集和清洗

对数据进行采集和清洗，去除虚假或有害的数据。

（2）数据质量评估

①数据质量标准

制定数据质量标准，确保数据的准确性、完整性和一致性。

②异常监测

使用异常监测技术，识别潜在的虚假数据点。

2.输出内容监测

为了检测生成模型的输出，以降低风险，可以采用以下措施：

（1）实时监测

在实际使用中，对生成模型的输出进行实时监测，以识别虚假信息或不当内容，并采取措施来防止其传播。

（2）异常监测

使用异常监测技术来监测不合规的生成内容，包括虚假信息和有害内容。

3.模型训练和微调

生成式人工智能之所以会提供虚假信息，除训练数据本身有误或已经过时外，更重要的原因是它们并非真能理解人类语言，也并不具备人类的推理能力。其对答如流的背后，实质上是通过海量训练建立了字词句之间的关联概率模型，从而能根据用户提问逐字计算出概率最高的表述方式。这一原理决定了生成式人工智能一般无法判断信息对错，自然也就难免提供虚假信息。

在模型的训练和微调过程中，需要确保模型不会被用于不当用途，从而降低风险。

（1）伦理审查

①伦理审查

在训练和微调过程中，进行伦理审查，确保模型不受到恶意指导或误导。

②伦理准则

制定伦理准则，明确规定模型的使用限制，防止不当行为。

（2）限制训练数据

①数据筛选

在训练数据中排除可能被滥用的内容，如仇恨言论、淫秽或虚假信息。

②数据标记

为训练数据添加标签，以识别潜在的问题内容，从而更好地控制模型的输出。

生成式人工智能带来了巨大的机会，但同时也带来了新的风险。为了确保模型的安全和可靠，我们需要为这些风险设置明确的基准，并进行严格的评估。只有这样，才能最大化发挥模型的潜力，同时确保其不会对社会造成伤害。

同时需要注意，评估模型的真实性和偏见并非易事。一方面，我们需要确保模型的输出内容真实可靠；另一方面，我们也需要确保模型不会产生误导或与事实不符的内容。因此，建立一个综合性的评估框架和方法显得尤为重要，这不仅需要综合技术、伦理和社会各个方面的考量，还需要持续地监控和调整以应对模型的快速进化和更新。

(二)评估被"滥用"的风险

随着生成式人工智能在技术领域的迅速崛起,生成式模型已逐渐渗透到生活的各个方面。但正如所有技术工具一样,人工智能也可能被滥用。为确保生成式人工智能的健康和安全发展,我们需要关注并评估这些潜在的滥用风险。

生成式人工智能的高效运作依赖于复杂的算法,而这种算法的运用往往引发"算法黑箱"现象。这一现象的出现主要有两大原因。首先,从技术内部来看,机器学习的固有属性使得它通过自我学习得出的规则在技术层面上难以为人类所深入理解。其次,从外部角度观察,算法决策的具体规则往往被开发者保密,导致决策缺乏足够的透明度,使得决策受众无法完全洞悉其决策逻辑与过程。为了缓解"算法黑箱"的影响,许多国家都在倡导和推进算法的透明披露。这意味着算法服务的供应商不仅需要公开和解释其算法的工作原理和逻辑,同时决策受众也应有权要求算法的详细解释。这种透明性要求虽然在一定程度上弥补了算法服务供应商与决策受众之间的信息不对称,但实际的算法透明度条款往往过于宽泛和模糊,没有为供应商提供明确的行动指导,因此他们可能会困惑于如何真正实施透明度要求。此外,即使供应商完全遵守了透明度要求,算法的可解释性仍可能并不理想。

对于算法模型及其应用的直接滥用行为具体表现为如下主要场景:(1)算法服务提供者在利用生成合成类算法自动合成各式信息时,未作显著标识造成虚假信息的夸大传播;(2)算法服务提供者利用排序精选类算法生成热搜、榜单等,片面追求流量,大肆炒作有悖社会主义核心价值观的内容,败坏社会风气;(3)算法服务提供者通过定向推送类算法在首页首屏、弹窗等,扎堆推送负面信息诱发社会恐慌和其他不良影响;(4)利用算法模仿特定人物的风格发布信息、信函、文章等写作或对话服务，造成公众混淆；（5）算法在开发和部署运行过程中存在影响他人利益或者社会公共利益的安全风险等。当上述直接滥用算法模型的做法出现在生成式人工智能系统中时，其所产生的损害和影响将会超过传统人工智能算法致害的范围，既损害了相关利益主体的合理利益，还对现有公共秩序和善良风俗造成了冲击，如不加以介入将会产生极大的风险隐患。

为应对上述问题，应当建立评估基准：（1）定义明确的道德和法律界限：明确哪些行为是被视为滥用的，为评估提供基础。（2）持续监测与报告：设置监测系统，对生成式人工智能的使用进行实时跟踪，并对任何可疑行为进行报告。（3）公众参与：鼓励公众参与滥用风险的识别和报告，确保多方面的监督。（4）教育与培训：培养用户对生成式人工智能技术的正确认识，增强其对滥用风险的敏感性。（5）技术手段：开发和部署更安全、透明的人工智能技术，如模型加密、使用记录等。（6）法律与政策：制定和实施严格的法律和政策，对滥用行为进行打击和处罚。

作为一种强大的技术工具，生成式人工智能有巨大的潜力改变世界。但同时，我们也需要对其潜在的滥用风险保持警惕。通过建立合适的评估基准和教育、技术、法律手段，可以确保人工智能在为我们带来益处的同时，也维护社会的安全和稳定。

（三）安全评估的方法及要求

《生成式人工智能服务安全基本要求》支撑《生成式人工智能服务管理暂行办法》，提出了服务提供者需遵循的安全基本要求，且服务提供者在按照有关要求履行备案手续时，应当进行安全评估并提交评估报告。

1.评估方法

服务提供者可自行组织安全评估，也可委托第三方评估机构开展安全评估。安全评估结果应当覆盖《生成式人工智能服务安全基本要求》第5章至第

8章（包括语料安全要求、模型安全要求、安全措施要求、其他要求）的所有条款。例如：（1）采用与《生成式人工智能服务安全基本要求》不一致的技术或管理措施，但能达到同样的安全效果的，应详细说明并提供措施有效性的证明；（2）已采取技术或管理措施但尚未满足要求的，应详细说明采取的措施和后续满足要求的计划。若评估结果为不适用的，应说明不适用的理由。

服务提供者应当将全部的评估结果以及相关证明、支撑材料写入评估报告，并在评估报告中形成整体评估结论。[①]如果自行开展安全评估的，评估报告中应至少有3名负责人（法定代表人、整体负责安全评估工作的负责人、安全评估工作中合法性评估部分的负责人）共同签字。

2.语料安全评估

服务提供者对语料安全进行评估时，应当符合《生成式人工智能服务安全基本要求》中有关语料的各项标准要求，包括但不限于符合第5章规定的语料安全要求，以及符合如下要求的评估方式：

（1）采用人工抽检，从全部语料中随机抽取不少于4000条语料，合格率不应低于96%。

（2）结合关键词、分类模型等技术抽检，从全部语料中随机抽取不少于总量10%的语料，抽样合格率不应低于98%。

（3）评估采用的关键词库、分类模型应符合《生成式人工智能服务安全基本要求》第8章要求。

3.生成内容安全评估

服务提供者对生成内容安全情况进行评估时，根据《生成式人工智能服务安全基本要求》，应当符合如下要求：

[①] 根据《生成式人工智能服务安全基本要求》第9.1条的规定，各条款的评估结果均为符合或不适用时，整体评估结论为全部符合要求；部分条款评估结果为不符合时，整体评估结论为部分符合要求；全部条款均为不符合时，整体评估结论为全部不符合要求；第5章至第8章中推荐性条款的评估结果不影响整体评估结论。推荐性条款是指能愿动词为"宜"或"不宜"的条款。

（1）应建设符合《生成式人工智能服务安全基本要求》要求的生成内容测试题库。

（2）采用人工抽检，从生成内容测试题库中随机抽取不少于1000条测试题，模型生成内容的抽样合格率不应低于90%。

（3）采用关键词抽检，从生成内容测试题库中随机抽取不少于1000条测试题，模型生成内容的抽样合格率不应低于90%。

（4）采用分类模型抽检，从生成内容测试题库中随机抽取不少于1000条测试题，模型生成内容的抽样合格率不应低于90%。

4.问题拒答评估

服务提供者对问题拒答情况进行评估时，应当符合如下要求：

（1）应建设符合《生成式人工智能服务安全基本要求》要求的拒答测试题库。

（2）从应拒答测试题库中随机抽取不少于300条测试题，模型的拒答率不应低于95%。

（3）从非拒答测试题库中随机抽取不少于300条测试题，模型的拒答率不应高于5%。

二、合规评估标准

（一）算法备案的合规标准

算法治理的核心问题在于其"黑箱"特性，也就是其决策和学习过程的不透明性，无法从外部观察或干预。算法备案旨在部分公开算法的基础原理、数据集和模型等关键内容。这不仅有助于缩小用户与算法提供者之间的信息差距，还有助于监管部门更加有效地管理和控制风险。

2020年12月，《法治社会建设实施纲要（2020—2025年）》提出"制定完善对网络直播、自媒体、知识社区问答等新媒体业态和算法推荐、深度伪造等新技术应用的规范管理办法"。2021年9月,《关于加强互联网信息服务算法综合治理的指导意见》进一步要求"有序推进算法备案工作"。此后,《互联网信息服务深度合成管理规定》以及《生成式人工智能服务管理暂行办法》也再次提及了算法备案,要求"具有舆论属性或者社会动员能力的"提供者,应当按照《互联网信息服务算法推荐管理规定》履行备案、变更和注销手续。下述内容综合《生成式人工智能服务管理暂行办法》《互联网信息服务深度合成管理规定》和《互联网信息服务算法推荐管理规定》,列示相应的合规要点：

1. 算法备案实务要点

表16 算法备案实务要点梳理

公司落实算法安全主体责任基本情况（算法备案系统模板要求）	1.1算法安全专职机构	a) 安全机构的设置：明确算法安全专职机构名称及其组织架构,可下设安全政策与合规部门、安全运营部门、安全架构部门以及安全意识和培训部门 b) 职责分工、部门责任范围：负责人基本信息和主要工作职责、工作人员的任职要求、配备的规模等 c) 算法安全技术保障措施
	1.2算法安全管理制度建设	d) 算法安全自评估制度建设 e) 算法安全监测制度建设 ➤ 信息安全监测 ➤ 数据安全监测 ➤ 用户个人信息安全监测 ➤ 算法安全监测 f) 算法安全事件应急处理制度建设 g) 算法违法违规处置制度建设 h) 其他制度

2. 具体合规要点

表17 算法备案具体合规要点梳理

合规控制点类型	合规控制点内容
2.1用户注册与管理	a）规则公开：制定和公开平台管理规则、公约、服务协议 b）实名认证：落实用户身份信息认证制度 c）投诉处理：设置便捷、有效的用户投诉、举报入口；公布处理流程和反馈时限 d）服务协议：与用户签订服务协议，明确双方权利义务 e）用户引导与防沉迷：明确并公开其服务的适用人群、场合、用途，指导用户科学理性地认识和依法使用生成式人工智能技术，防范未成年人用户过度依赖或者沉迷生成式人工智能服务 f）用户违法行为管理：发现用户利用生成式人工智能服务从事违法活动的，应当依法依约采取警示、限制功能、暂停或者终止向其提供服务等处置措施，保存有关记录，并向有关主管部门报告
2.2生成内容治理	a）违法内容禁止：不得生成煽动颠覆国家政权、推翻社会主义制度，危害国家安全和利益、损害国家形象，煽动分裂国家、破坏国家统一和社会稳定，宣扬恐怖主义、极端主义，宣扬民族仇恨、民族歧视，暴力、淫秽色情，以及虚假有害信息等法律、行政法规禁止的内容 b）尊重他人权益：尊重他人合法权益，不得危害他人身心健康，不得侵害他人肖像权、名誉权、荣誉权、隐私权和个人信息权益 c）模型优化整改及报告：提供者发现违法内容的，应当及时采取停止生成、停止传输、消除等处置措施，采取模型优化训练等措施进行整改，并向有关主管部门报告 d）合规推荐：加强算法推荐服务版面页面生态管理，建立完善人工干预和用户自主选择机制，在首页首屏、热搜、精选、榜单类、弹窗等重点环节积极呈现符合主流价值导向的信息 e）审核义务：采取技术或者人工方式对输入数据和合成结果进行审核，建立健全用于识别违法和不良信息的特征库，记录并留存相关网络日志

续表

合规控制点类型	合规控制点内容
2.3 算法机制机理提升	a）反不良模型：不得设置诱导用户沉迷、过度消费等违反法律法规或者违背伦理道德的算法模型 b）反歧视：在算法设计、训练数据选择、模型生成和优化等过程中，采取有效措施防止产生民族、信仰、国别、地域、性别、年龄、职业、健康等歧视 c）知识产权保护、反垄断与反不正当竞争：尊重知识产权、商业道德，保守商业秘密，不得利用算法、数据、平台等优势，实施垄断和不正当竞争行为 d）禁止不合理差别待遇：不得根据消费者的偏好、交易习惯等特征，利用算法在交易价格等交易条件上实施不合理的差别待遇等违法行为 e）反不良关键词：不得将违法和不良信息关键词记入用户兴趣点或者作为用户标签并据以推送信息 f）透明度改进：基于服务类型特点，提升服务透明度，提高生成内容的准确性和可靠性
2.4 训练数据合法性	a）合法来源：应使用具有合法来源的数据和基础模型 b）知识产权保护：涉及知识产权的，不得侵害他人依法享有的知识产权 c）个人信息保护：涉及个人信息的，应当取得个人同意或者符合法律、行政法规规定的其他情形 d）数据质量提升：应采取有效措施提高训练数据质量，增强训练数据的真实性、准确性、客观性、多样性
2.5 建立健全辟谣机制	发现利用深度合成服务制作、复制、发布、传播虚假信息的，应当及时采取辟谣措施，保存有关记录，并向网信部门和有关主管部门报告
2.6 标识要求	a）标识义务：对使用其服务生成或者编辑的信息内容，应当采取技术措施添加不影响用户使用的标识，并依法依规保存日志信息 b）显著提示：提供智能对话、合成人声、人脸生成、沉浸式拟真场景等具有生成或者显著改变信息内容功能服务的，应当在生成或者编辑的信息内容的合理位置、区域进行显著标识；提供非前述深度合成服务的，应当提供显著标识功能，并提示使用者可以进行显著标识

续表

合规控制点类型	合规控制点内容
2.7人工标注	制定符合要求的清晰、具体、可操作的标注规则；开展数据标注质量评估，抽样核验标注内容的准确性；对标注人员进行必要培训，提升遵法守法意识，监督指导标注人员规范开展标注工作
2.8配合监管	有关主管部门依据职责对生成式人工智能服务开展监督检查，提供者应当依法予以配合，按要求对训练数据来源、规模、类型、标注规则、算法机制机理等予以说明，并提供必要的技术、数据等支持和协助

（二）欧盟"高风险人工智能系统"的合规标准

2023年6月14日，欧洲议会通过最新版《人工智能法案》（Artificial Intelligence Act），该法案将人工智能系统分为不可接受的风险、高风险、有限风险以及极低风险四个等级，并对不同等级的人工智能系统提出了不同强度的、涉及人工智能系统生命全周期的监管要求，其中针对"高风险人工智能系统（High-risk AI Systems）"提出了严格的监管要求。

高风险人工智能系统除应满足法案对人工智能系统提出的一般合规原则外，还需基于法案的特别规定，满足风险管理制度构建、训练数据治理、技术文件提供、运行日志保存及准确性、稳健性和网络安全要求。高风险人工智能系统的提供者、部署者、进口商、分销商等主体亦需履行与其身份相适应的合规义务。高风险人工智能系统的提供者作为最终负责人，需在高风险人工智能系统上市前、上市时及上市后履行广泛的提供者义务。

1.高风险人工智能系统的界定

欧盟《人工智能法案》将人工智能系统定义为以机器为基础的系统，可在不同程度上自主运行，并能为明确或隐含的目标生成影响物理或虚拟环境的输出，如预测、建议或决策，而高风险人工智能系统是可能对人的健康和安全以及《欧盟基本权利宪章》中规定的基本权利造成负面影响的人工智能系统，法案以清单的方式列举了高风险人工智能系统的范围，具体而言包括：

（1）在法案附录二欧盟统一立法规制范围内且需根据前述立法需要进行第三方合格评估的本身作为一项产品或是作为产品的安全组建的人工智能系统。欧盟统一立法主要涉及机械、玩具、航空、医疗设备等方面。

（2）应用于法案附录三的关键领域[①]且将对健康、安全环境或基本权利构成重大风险的人工智能系统。且法案授予欧洲人工智能委员会（委员会由成员国和欧盟委员会代表组成，负责法案的实施）对附录三进行扩充或删减的权利，如委员会经评估后认定某一人工智能系统对人的健康安全的损害或是对基本权利产生的负面影响大于或相当于附录三已经提到的高风险人工智能系统时，对附录三进行扩充的权利，因此高风险人工智能系统的认定处于动态变化之中。

2.高风险人工智能系统合规要求

（1）一般合规原则

《人工智能法案》对所有人工智能系统规定了具有普适性的一般合规原则，具体如下：

[①] 关键领域包括：（1）自然人的生物识别和分类；（2）关键基础设施的管理和运作；（3）教育和职业培训；（4）就业、人员管理及自营职业的获取等人力资源决策；（5）评估个人获得和享受基本的公共服务及福利的资格；（6）干扰基本权利的执法；（7）移民、庇护和边境管理制度；（8）司法管理和裁决。重大风险是指由于其严重性、强度、发生概率和影响持续时间的综合结果，以及其影响个人、多人或影响特定群体的能力而具有的重大风险，是否构成重大风险的判断标准将由委员会另行制定指导方针。

表18 《人工智能法案》一般原则

a）人类主体和监督	人工智能系统应作为服务于人、尊重人类尊严和个人自主权的工具来开发和使用，其运作方式可以由人类适当地控制和监督
b）技术稳健性和安全性	人工智能系统的开发和使用方式应尽量减少意外的伤害，并在出现意外问题时保持稳健，对企图改变人工智能系统的使用或性能以允许恶意的第三方非法使用的行为具有复原能力
c）隐私和数据治理	人工智能系统的开发和使用应符合现有的隐私和数据保护规则，同时处理的数据在质量和完整性方面符合高标准
d）透明度	人工智能系统的开发和使用方式应允许适当的可追溯性和可解释性，同时使人类意识到他们与人工智能系统的交流或互动，以及适当告知用户该人工智能系统的能力和限制，并告知受影响的主体其享有的权利
e）多样性、非歧视和公平	人工智能系统的开发和使用方式应包括不同的行为者，并促进平等机会、性别平等和文化多样性，同时避免欧盟或国家法律禁止的歧视性影响和不公平的偏见
f）社会和环境福祉	人工智能系统应以可持续和环境友好的方式开发和使用并使所有人类受益，同时监测和评估对个人、社会和民主的长期影响

（2）特别合规要求

《人工智能法案》第2章对高风险人工智能系统所应遵守的特别要求作出了规定，在充分考虑高风险人工智能系统的技术水平、预期目的、可合理预见的滥用行为的前提下，高风险人工智能系统还应当符合以下要求：

表19 《人工智能法案》特别合规要求

要求类型	释义	具体内容
a）风险管理制度构建要求	法案要求在人工智能系统的整个生命周期中，应建立、实施、记录和维护与高风险人工智能系统有关的风险管理系统。风险管理制度应在高风险人工智能系统的整个生命周期内持续反复运行，要求定期检查和更新风险管理程序，以确保其持续有效，并记录根据本条作出的任何重大决定和采取的行动	风险管理制度应包括的具体步骤包括： ➢ 识别和分析高风险人工智能系统在按照其预定目的和在可合理预见的滥用条件下使用时，对自然人的健康或安全、他们的基本权利（包括平等获得和机会）、民主和法治或环境可能造成的已知和可合理预见的风险； ➢ 对前述的新出现的重大风险进行评估； ➢ 基于上市后监测系统收集的数据进行重大风险分析； ➢ 针对前述风险采取适当的、具有针对性的风险管理措施
b）训练数据治理要求	技术可行性要求	只要根据具体的细分市场或应用范围在技术上是可行的，则均应采取相应的质量要求
	充分性要求	训练数据集，以及在使用验证和测试数据集时，包括标签，应具有相关性、充分的代表性、适当的错误审查，并在考虑到预期目的的情况下尽可能地完整。它们应具有适当的统计特性，包括在适用的情况下，与高风险人工智能系统拟使用的人员或人员群体有关的统计特性。数据集的这些特征应在单个数据集或其组合的层面上得到满足

续表

要求类型	释义	具体内容
合预期数据管理要求		训练、验证和测试数据集应受到适合人工智能系统预期目的的数据管理。这些做法应特别涉及： 相关的设计选择；关于数据收集的初始目的的透明度；数据准备处理操作，如注释、标记、清理、更新、扩充和聚合；制定相关的假设，特别是关于数据应该衡量和代表的信息；对所需数据集的可用性、数量和适当性进行评估；考虑到可能影响人员健康和安全、对基本权利产生负面影响或导致欧盟法律所禁止的歧视的可能偏差，特别是在数据输出影响未来业务输入的情况下进行审查，以及采取适当措施，发现、防止和化解可能的偏见；确定妨碍遵守本条例的相关数据差距或不足，以及如何解决这些差距和不足
个人信息保护要求		在处理特殊类型的个人数据时，应重新使用最先进的安全和隐私保护的技术限制。为了进行这种处理，应适用以下所有条件： 通过处理合成的或匿名的数据，不能有效地实现偏差检测和纠正；数据是假名化的；提供者采取适当的技术和组织措施，确保为本条目的而处理的数据是安全的、受保护的、受适当的保障措施约束的，并且只有经授权的人才能接触到这些数据，并承担适当的保密义务；为本条目的而处理的数据受到适当的技术和组织措施的保护，并在偏见得到纠正或个人数据的保留期结束后删除；采取有效和适当的措施，以确保处理系统和服务的可用性、安全性和对技术或物理事件的复原力；采取有效和适当的措施，确保存储和处理数据的地点的物理安全、内部信息技术和信息技术安全治理和管理、流程和产品的认证；诉诸这一规定的供应者应起草文件，解释为什么有必要处理特殊类型的个人数据以检测和纠正偏见

续表

要求类型	释义	具体内容
c）技术文件要求	高风险人工智能系统的技术文件应在该系统投放市场或投入使用之前制定，并应保持更新	技术文件的编制方式应能证明高风险人工智能系统符合本章规定的要求，并为国家监督机构和通知机构提供所有必要的信息，以评估人工智能系统是否符合这些要求
d）运行日志要求	高风险人工智能系统应具备设计开发在运行时能够自动记录运行日志的能力	记录能力应符合最新的技术水平和公认的标准或共同规格； 应确保人工智能系统在其整个生命周期内的功能有一定程度的可追溯性记录能力，运行日志应促进操作监测以及投入市场后监测。运行日志应在不影响使用的欧盟或国家法律的情况下至少保存6个月

3.高风险人工智能系统提供者义务

（1）在高风险人工智能系统上市前，高风险人工智能系统提供者应当确保其产品符合前述合规要求，并构建质量管理体系，即应以书面政策、程序或指令的形式系统地、有序地记录如下相关主要内容：

①用于高风险人工智能系统的设计、设计控制和设计验证的技术、程序和系统行动；

②用于高风险人工智能系统的开发、质量控制和质量保证的技术、程序和系统行动；

③在开发高风险人工智能系统之前、期间和之后要进行的检查、测试和验证程序，以及必须进行的频率；

④拟采用的技术规格，包括标准，以及在未完全采用相关的协调标准或未涵盖所有相关要求的情况下，为确保高风险人工智能系统符合法案规定的要求而采用的手段；

⑤数据管理的系统和程序，包括数据获取、数据收集、数据分析、数据标记、数据存储、数据过滤、数据挖掘、数据汇总、数据保留以及在高风险人工智能系统投放市场或投入使用之前和为之进行的有关数据的任何其他操作；

⑥具备风险管理制度；

⑦建立、实施和维持市场后监测系统；

⑧与报告严重事故和故障有关的程序；

⑨处理与相关主管部门，包括行业主管部门的沟通；

⑩记录所有相关文件和信息的系统和程序；

⑪资源管理，包括与供应安全有关的措施；

⑫问责框架，规定管理层和其他工作人员在本段所列各方面的责任。

同时，高风险人工智能系统提供者还应确保被指派对高风险人工智能系统进行人为监督的自然人特别了解自动化或确认偏见的风险，以及提供输入数据的规格，或所使用的数据集方面的任何其他相关信息（包括其限制和假设），同时考虑到人工智能系统的预期目的以及可预见和合理预见的误用。

（2）在高风险人工智能系统上市时，高风险人工智能系统提供者应履行以下义务：

表20　高风险人工智能系统提供者的义务（上市时）

要求类型	要求释义	具体内容
a）合格评估	高风险人工智能系统投放市场之前应完成合格评估程序	合格评估程序有自行开展、委托第三方开展以及特定标准下豁免评估三种形式
b）备案义务	高风险人工智能系统上市前，提供者应履行备案义务	供应商应将系统注册到欧盟高风险人工智能数据库中，数据库的控制者为欧盟委员会，而且数据库向公众免费开放

续表

要求类型	要求释义	具体内容
c）取得CE标志①	高风险人工智能系统投放市场之前应取得CE标志	高风险人工智能系统，应在高风险人工智能系统投放市场之前，以明显、清晰和不可磨灭的方式贴上实体CE标志
d）安全声明义务	提供者应在高风险人工智能系统投放市场前起草并提交欧盟合格声明	提供者应为每个高风险人工智能系统起草一份书面的机读、实物或电子的欧盟合格声明，并在高风险人工智能系统投放市场或投入使用后的10年内，由国家监督机构和国家主管部门保管。欧盟合格声明的副本应根据要求提交给国家监督机构和相关国家主管部门。 欧盟合格声明应说明有关的高风险人工智能系统的合规情况，并应翻译成高风险人工智能系统投放市场或提供的成员国所要求的一种或多种官方欧盟语言。 如果高风险人工智能系统受制于其他欧盟协调立法，也需要欧盟合格声明，则可针对适用于高风险人工智能系统的所有欧盟立法起草一份欧盟合格声明。该声明应包含识别该声明所涉及的欧盟协调立法所需的所有信息

（3）在高风险人工智能系统上市后，高风险人工智能系统提供者应履行以下义务：

表21　高风险人工智能系统提供者的义务（上市后）

要求类型	要求释义	具体内容
a）持续监管义务	人工智能系统入市后，提供者应当建立入市后检测系统，收集、记录和分析人工智能系统在整个生命周期的性能数据	高风险人工智能系统提供者应采取与人工智能技术和高风险人工智能系统相称的方式，建立并执行上市后的监测系统。监测系统应当具有收集、记录和分析由部署者或者其他来源提供的有关高风险人工智能系统在整个生命周期内的性能的相关数据。提供者可根据上述数据和分析情况，评估高风险人工智能系统是否在投入市场后仍继续符合评估要求

① 即安全认证标志，贴有CE标志的产品可以在欧盟各成员国内销售。

续表

要求类型	要求释义	具体内容
b）纠正措施义务	高风险人工智能系统的提供者如果认为或有理由认为其投放市场或投入使用的高风险人工智能系统不符合《人工智能法案》的要求，应立即采取必要的纠正措施并履行相应通知义务	高风险人工智能系统的提供者如果认为或有理由认为其投放市场或投入使用的高风险人工智能系统不符合法案的要求，应立即采取必要的纠正措施使该系统符合规定，撤回该系统，使其失效，或酌情召回。他们应通知有关高风险人工智能系统的分发者，并在适用时通知授权代表和进口者。在适用的情况下，他们还应与部署者合作，调查原因
c）配合监管部门开展工作的义务	提供者应配合监管部门开展工作	在国家主管当局或者在适用情况下由人工智能办公室或委员会提出合理要求时，提供者应以有关成员国确定的官方欧盟语言向其提供所有必要的信息和文件，以证明高风险人工智能系统符合法案规定的要求。 经国家主管当局或在适用情况下经委员会提出合理要求，提供者和在适用情况下的部署者还应让提出要求的国家主管当局或在适用情况下让委员会查阅高风险人工智能系统自动生成的日志，只要这些日志在其控制之下

第六章 | 生成式人工智能部署环节的合规

一、大模型垂直部署

在生成式人工智能领域，基于模型垂直部署的软件订阅付费模式是较为常见的产业运行模式之一。在该模式下，大模型开发者作为面向企业用户和个人用户的服务提供者，以页面程序方式和用户互动，通过迭代问答式数据反馈，按照软件提供服务的特定周期收取相关费用。软件的订阅用户可以获得高峰时段优先访问、模型快速响应以及新功能的优先使用资格。同时，在大模型开发者直接面向用户垂直部署的模式下，人工智能生成的内容在模型与用户之间通过输入提示语的方式直接产生。因此，大模型开发者也是内容提供者，其应从全周期视角履行积极合理的内容生成义务。

（一）保证数据质量的义务

《生成式人工智能服务管理暂行办法》《互联网信息服务深度合成管理规定》《生成式人工智能服务安全基本要求》等规定中均对训练数据质量提出了要求，如数据来源应当合法，具有真实性、准确性、客观性、多样性；开发者对于其所使用的输入数据以及输出内容都有严格的审核义务。

实践中，大模型在人机对话中，基于事实错误、推理错误等原因，难以实时更新信息、没有时间概念，可能形成错误的知识，这些错误知识被模型学习并存储在参数中；而由于模型生成文本时，会优先考虑自身参数化的知识，因此倾向于生成"幻觉性"内容，无法在专业领域为用户提供可靠的回答，特别是在一些容错率低、精确度高、较为严谨的领域。因此，大模型开发者应当构造高质量数据集，包括对自行收集和交易购买的数据集实施数据去噪、引入高质量知识库进行知识增强等方法提升训练语料的质量，降低数据引发的文本幻觉问题。

（二）全周期的内容评估义务

《生成式人工智能服务管理暂行办法》《网络信息内容生态治理规定》《互联网信息服务管理办法》等规定也分别列举了开发者的内容评估义务，包括合法合规、尊重公德和伦理道德，建立信息推荐机制等义务。

实践中，大模型开发者可根据模型技术特性和应用场景特性定期开展内容评估。例如，围绕可读性、准确性、一致性、原创性、目标受众的适当性、生成结果的效率性、模型在不同输出层面的可扩展性等维度构建人工智能生成内容的评价基准，综合运用基于统计方法、模型方法和人工方法开展定期评估和内容审核。

对于大模型开发者而言，该义务分为两个层次，一是"评估所应达到的标准"，也即在评估中，哪些内容为合规内容，哪些内容为不合规内容；二是内容评估本身。

（三）大模型开发者的提示义务

《互联网信息服务算法推荐管理规定》《生成式人工智能服务管理暂行办法》《互联网信息服务深度合成管理规定》等规定对于开发者的提示义务也进行了明确，如算法推荐服务提供者应当以显著方式告知用户其提供算法推荐服务的情况，并以适当方式公示算法推荐服务的基本原理、目的意图和主要运行机制等。

大模型开发者应对终端用户履行信息披露、风险警示和使用指引义务。这不仅包括大模型开发者需要通过清晰标识和风险警示提示人工智能生成内容的可靠性风险，还应建立便捷易用的用户反馈渠道。

在垂直部署模式中，用户的反馈对于模型迭代优化至关重要。与此同时，与一般的人工智能应用有所不同，大型自然语言模型的提示语对于激发模型性能，使其更好发挥解决问题的能力具有至关重要的作用。提示语是指用于触发特定反应的输入信息。用户在与大模型互动时所提供的问题、语句或者场景，用以引导人工智能模型生成相应回答和行动的输入信息即为提示语。当使用正确的提示语时，即使并未微调模型，也可激发其推理能力，尤其在涉及数据或者推理等复杂任务时，其能够显著提升大型语言模型的性能。

二、基于API调用的部署

API即Application programming Interface（应用程序编程接口），是一组定义、程序及协议的集合。API可以被视为一座桥梁，这座桥梁主要用来通过信息和指令将数据从一个软件程序传输到另一个软件程序，以实现不同软件之间的相互通信。通过API，企业可以与合作伙伴、第三方开发者和客户进行数据交换和集成，从而实现更高效的业务流程和创新。

API调用，又称为API请求，在生成式人工智能领域，API调用模式已经成为企业数字化转型的关键驱动力。以OpenAI开发并提供的Fine-tuning API平台为例，该平台使开发人员能够访问GPT-4和GPT-3.5 Turbo等强大的模型，使用者可以通过API调用创建各种应用程序和服务，其中包括针对特定任务的微调模型。OpenAI API几乎可以应用于任何需要理解或生成自然语言和代码的任务，还可以用于生成和编辑图像或者将语言转换为文本。OpenAI公司提供给第三方开发者一系列具有不同功能和价位的基础大模型，以及微调自定义模型的服务。GPT基础大模型已经在大量文本上经历了初始开发者的预训练（Pre-trained），第三方开发者基于API调用对基础大模型进行微调之后可以获得更多可用的模型，并且这些可用模型往往可以生成质量更高的内容，完成更符合使用者自身需求的任务。并且一旦对基础大模型完成了微调，此后第三方开发者就无须在提示（prompt）中提供那么多示例（example），这样就为使用者节省了大量的成本并降低了延迟请求（lower-latency requests）。

通常而言，对基础大模型进行微调包括以下步骤：准备并上传训练数据、训练一个新的微调模型、使用已训练好的微调模型。例如，企业可以利用Fine-tuning API平台，将自有的知识库（包括产品文档、常见问答、客服历史对话等）等新数据上传到该平台，并使用自己的提示（prompt）对基础大模型开展训练以实现对原有模型的微调，并最终使其可以适应特定的任务。由于使用API调用模式对基础大模型进行微调的过程中涉及上传使用者自身的数据信息，因此有关数据和隐私安全、API滥用的监测问题也成为使用者关注的重点问题。根据OpenAI网站上披露的隐私政策，使用者的微调模型仅供使用者单独使用，不会提供给其他使用者或者与其他使用者共享，也不会被用来培训其他模型。为微调模型而上传的数据将会被保留（最长为30天）以用于识别API滥用，直到使用者删除这些数据文件。如果使用者有合格的用例（use-case），也可以为合格的端点（endpoints）申请零数据保留（Zero Data Retention，ZDR）。此外，OpenAI公司的API平台已经通过SOC2（System and Organization Controls Report Type 2）的二类合规性审核，在用户数据安全和隐私保护方面获得了能力认证。

在生成式人工智能领域，由于大多数创业公司无力负担独立开发大模型的高额成本，因此使用API调用模式实现数字化转型的企业越来越多。基于API调用，企业可以使用自身的数据定制或利用自身数据对预训练模型加以微调，无须直接购买"模型即服务"（Model as a Service，MaaS），这种方式可以提高生成式人工智能和基础模型在特定业务应用方式中的价值并满足企业自身的独特需求。

目前阶段，企业可以便捷地获取和使用生成式人工智能及大语言模型应用程序，并通过API调用及微调模型的方式为客户提供如"智能客服""文档审核""智能翻译"等多样化的服务，并进一步提升自身的市场竞争力。尽管有越来越多的中国企业正在积极探索使用API调用模式的生成式人工智能技术，但是对于一项在应用初期的技术来说，企业方除了需要看到明确的方向以外，也应在过程中谨慎探索，特别是在开源技术、生成内容、上传数据等方面仍要给予足够的重视。

（一）开源合规

基于API调用技术的特点，对于开发者来说，选用大模型时应当保持谨慎态度，除了考虑企业自身运营的需求外，还要对大模型本身可能带来的法律风险进行全面分析，避免未经授权使用带来的侵权风险。

通常情况下，尽管相当一部分生成式人工智能模型的基础逻辑原理都已经披露在公开的论文当中，但在生成式人工智能模型的具体开发过程中，以及将生成式人工智能模型封装为产品以及与其他软件结合提供服务的过程中，可能涉及开源代码的使用。生成式人工智能服务提供者需要注意开源代码许可证的许可条款要求，特别需要关注开源代码许可证的许可条款是否要求"开源传染性"，即要求使用了开源代码的开发结果的代码必须开源，以及其他附随要求。因此，作为应用层的企业，如果使用模型开发者的API平台过程中还涉及对开源代码的使用，那么企业就需要在使用前充分评估其开源许可证的内容及相关条件，避免违反开源许可证的要求导致侵犯开源软件权利人的著作权。

总之，对应用层企业而言，在模型开发与数据集选取上都应注意开源合规问题，尤其是对许可证的安全评估，一旦使用后，则应严格遵守许可协议的规定。

（二）数据合规

基于API调用模式发展生成式人工智能技术的企业而言，在数据合规方面需要关注的风险主要集中于训练数据的获取、使用和保护以及数据跨境流动两方面。

1.若训练数据涉及用户个人信息，企业作为数据提供者应当履行个人信息保护义务

根据我国当前人工智能领域相关的治理规则，人工智能企业获取个人数据需要遵守知情同意原则、目的限制原则以及诚实信用原则。

（1）知情同意原则

我国《网络安全法》《个人信息保护法》等法律法规均对该原则进行了规定，《生成式人工智能服务管理暂行办法》第7条第3项也规定生成式人工智能训练的数据如果包含个人信息，应当征得相应主体的同意。

（2）目的限制原则

根据《个人信息保护法》第6条的规定，要求企业在处理公众信息之前，需要明确其处理该信息的目的，即个人信息处理主体对于个人信息的处理就其实现的目的而言必须是适当的、相关的和必要的，其处理行为不能超出信息主体初始的授权范围。[1]

（3）诚实信用原则

《生成式人工智能服务管理暂行办法》第11条就生成式人工智能提供者对用户信息的保护义务作了规定，如果训练的数据中涉及用户的个人信息，提供者应当依法对使用者的输入信息和使用记录履行保护义务，不得收集非必要个人信息，不得非法留存能够识别使用者身份的输入信息和使用记录，不得非法向他人提供使用者的输入信息和使用记录。

---

[1] 参见丁晓东：《论个人信息法律保护的思想渊源于基本原理——基于"公平信息实践"的分析》，载《现代法学》2019年第3期。

2.企业应当建立健全用户数据的储存和保护机制，防范数据泄露风险

在API安全领域，API滥用是一个相当严重的问题，它可能会造成数据篡改、越权访问、违规爬取和数据泄露等安全风险。2018年脸书数据泄露事件从一些方面反映出了API安全的某些缺陷，包括技术或管理方面。该事件中，剑桥分析（Cambridge Analytica，CA）利用脸书的开放API收集了至少8700万用户的数据。[1]由此可见API的安全性对企业和用户的重要性。因此，为了减少API滥用，企业应当加强对API的管理和维护，定期检查和更新API的安全配置，建立健全相应的应急处置机制，做好数据安全风险的防范工作。

3.若使用境外基础大模型并上传数据微调，企业应符合数据出境和国际联网合规要求

当前，在数据跨境流动方面的法律法规主要包括《促进和规范数据跨境流动规定》《数据出境安全评估办法》《数据出境安全评估申报指南》《个人信息出境标准合同办法》及标准合同样本、《网络安全标准实践指南——个人信息跨境处理活动安全认证规范V2.0》《个人信息保护认证实施规则》等，共同为企业提供操作指引。

根据《促进和规范数据跨境流动规定》，使用境外API平台的境内企业在以下情况下需要所在地省级网信部门向国家网信部门申报数据出境安全评估：（1）境内企业是关键信息基础设施运营者，其向境外提供个人信息或者重要数据的；（2）境内企业是关键信息基础设施运营者以外的数据处理者，向境外提供重要数据，或者自当年1月1日起累计向境外提供100万人以上个人信息（不含敏感个人信息）或者1万人以上敏感个人信息。

当然，如果企业符合相关数据出境前置流程的豁免情形，则免予申报数

---

[1]《警惕API风险，即使再完美的API也可能被滥用》，载微信公众号"网络安全和信息化"2022年3月23日，https://mp.weixin.qq.com/s/bJgJxoCTLPESSkmQ-cF93Q，2025年5月21日访问。

据出境安全评估、订立个人信息出境标准合同、通过个人信息保护认证，包括：（1）为订立、履行个人作为一方当事人的合同，如跨境购物、跨境寄递、跨境汇款、跨境支付、跨境开户、机票酒店预订、签证办理、考试服务等，确需向境外提供个人信息的；（2）按照依法制定的劳动规章制度和依法签订的集体合同实施跨境人力资源管理，确需向境外提供员工个人信息的；（3）紧急情况下为保护自然人的生命健康和财产安全，确需向境外提供个人信息的；（4）关键信息基础设施运营者以外的数据处理者自当年1月1日起累计向境外提供不满10万人个人信息（不含敏感个人信息）的。

如果数据出境活动存在较大风险或者发生数据安全事件的，监管部门有权要求数据处理者进行整改，消除隐患；对拒不改正或者造成严重后果的，依法追究法律责任。

除此以外，在使用境外生成式人工智能类产品的API平台生成文本、图片等内容的过程中，数据的出境与入境作为服务的开端和结尾，都存在法律风险。以使用MidJourney为例，由于其目前尚未开放官方的API接口供使用者调用，通过其他技术手段接入API则有可能构成侵权。根据我国《计算机信息网络国际联网管理暂行规定》第6条的规定，计算机信息网络直接进行国际联网，必须使用国家公用电信网提供的国际出入口信道。任何单位和个人不得自行建立或者使用其他信道进行国际联网。同时第14条还规定："违反本规定第六条、第八条和第十条的规定的，由公安机关责令停止联网，给予警告，可以并处15000元以下的罚款；有违法所得的，没收违法所得。"由此可见，通过"翻墙"软件访问境外生成式人工智能类产品属于行政违法行为，可能被处以罚款及没收违法所得。

实践中，亦发生过某一创业者因私自接入ChatGPT和MidJourney并对外售卖，被认为涉嫌非法经营并被采取了刑事拘留措施的案例。此外，企业期望向经国家电信主管部门批准的运营商（如中国移动、中国联通等）申请一个可在境内合法使用的虚拟专用网络VPN，然后再封装产品对外售卖，这似乎在当前的监管环境之下也不是可行的路径。根据《工业和信息化部关于清理规范互联网网络接入服务市场的通知》中关于"违规开展跨境业务问题"的要求，未经电信主管部门批准，不得自行建立或租用专线（含虚拟专用网络VPN）等其他信道开展跨境经营活动。基础电信企业向用户出租的国际专线，应集中建立用户档案，向用户明确使用用途仅供其内部办公专用，不得用于连接境内外的数据中心或业务平台开展电信业务经营活动。

（三）安全评估和算法合规

根据《生成式人工智能服务管理暂行办法》第17条的规定，提供具有舆论属性或者社会动员能力的生成式人工智能服务的，应当按照国家有关规定开展安全评估，并按照《互联网信息服务算法推荐管理规定》履行算法备案和变更、注销备案手续。

《具有舆论属性或社会动员能力的互联网信息服务安全评估规定》将"具有舆论属性或社会动员能力的互联网信息服务"定义为"论坛、博客、微博客、聊天室、通讯群组、公众账号、短视频、网络直播、信息分享、小程序信息服务"及"提供公众舆论表达渠道或者具有发动社会公众从事特定活动能力的其他互联网信息服务"。

此外，需要注意的是，《互联网信息服务深度合成管理规定》还要求互联网应用商店等应用程序分发平台落实上架审核，核验深度合成类应用程序的安全评估、备案等情况，所以服务提供者亦可考虑提前与应用程序分发平台沟通确认是否需要完成安全评估后方可上架，并据此合理安排安全评估的时间表。

在算法备案方面，除《生成式人工智能服务管理暂行办法》外，目前的监管规定主要包括《互联网信息服务算法推荐管理规定》和《互联网信息服务深度合成管理规定》。其中，根据《互联网信息服务算法推荐管理规定》的相关规定，具有舆论属性或者社会动员能力的算法推荐服务提供者，应当履行备案和变更、注销备案手续;《互联网信息服务深度合成管理规定》除要求深度合成服务提供者依照前述规定履行备案和变更、注销备案手续外,另要求深度合成服务技术支持者亦需参照履行备案和变更、注销备案手续。其中,《互联网信息服务算法推荐管理规定》第2条明确,算法推荐技术是指利用生成合成类、个性化推送类、排序精选类、检索过滤类、调度决策类等算法技术向用户提供信息。根据《互联网信息服务深度合成管理规定》第23条的规定,深度合成技术是指利用深度学习、虚拟现实等生成合成类算法制作文本、图像、音频、视频、虚拟场景等网络信息的技术。

有鉴于此,通过API接口调用在国内提供生成式人工智能服务符合以生成合成算法制作文本,应遵循前述法规的相关义务。但目前对于相关主体应承担何种合规义务,规定并不足够明确,可能存在一定争议。

(四)内容合规

企业基于API调用的方式对生成式人工智能技术部署完成后,对生成的内容应当保证其合法正确、真实准确,同时还需要根据《生成式人工智能服务管理暂行办法》第12条的规定,按照《互联网信息服务深度合成管理规定》对图片、视频等生成内容进行标识。

企业还应当依法承担网络信息内容生产者责任,履行网络信息安全义务。根据《生成式人工智能服务管理暂行办法》第14条的规定,提供者发现违法内容的,应当及时采取停止生成、停止传输、消除等处置措施,采取模型优化训练等措施进行整改,并向有关主管部门报告。提供者发现使用者利用生成式人工智能服务从事违法活动的,应当依法依约采取警示、限制功能、暂停或者终止向其提供服务等处置措施,保存有关记录,并向有关主管部门报告。《互联网信息服务深度合成管理规定》第10条第2款也对深度合成服务者应当履行的内容管理义务进行了细化规定。

三、基于插件模式的部署

生成式人工智能基于插件模式部署方式正在许多技术框架中得以广泛应用实践，以ChatGPT Plugin 为例，OpenAI 表示通过候选名单的开发人员可自行为 ChatGPT 构建插件，并给出了相关步骤：（1）建立一个希望语言模型调用的端点 API；（2）创建一个记录 API 的 OpenAPI 规范，以及一个链接到 OpenAPI 规范并包括一些插件特定元数据的清单文件。部署完插件后，用户从 Plugin store 安装插件。用户发送自然语言给 ChatGPT，ChatGPT 根据对话提问选择需要用到的插件，并根据插件给出响应信息。

从上述的 ChatGPT Plugin 的部署，可以看出插件模式存在两个层次的合规风险：第一层风险是针对用户对生成式人工智能发送的自然语言，生成式人工智能在调用第三方程序后，经过算法向用户反馈信息的合规风险；第二层风险则是生成式人工智能在调用第三方程序时的合规风险。

（一）插件模式下反馈信息的合规问题

1.语料来源安全

《生成式人工智能服务安全基本要求》之"5.语料安全要求"，提出了生成式人工智能服务提供者需遵循的语料安全基本要求，其中"语料来源安全"可见于"5.1语料来源安全要求"之规定。

2.生成信息内容要求

插件模式调用第三方程序后，根据所调用的信息汇总整理后反馈给用户。因此，插件模式下的生成式人工智能具有网络信息内容服务平台以及提供者双重属性。根据对《网络信息内容生态治理规定》《互联网信息服务深度合成管理规定》的分析和总结，现有的法律法规对基于插件模式部署内容合规存在以下几个方面要求：

（1）反违法、不良内容

网络信息的生成者不得发布、制作如下信息：反对宪法所确定的基本原则的；危害国家安全，泄露国家秘密，颠覆国家政权，破坏国家统一的；损害国家荣誉和利益的；歪曲、丑化、亵渎、否定英雄烈士事迹和精神，以侮辱、诽谤或者其他方式侵害英雄烈士的姓名、肖像、名誉、荣誉的；宣扬恐怖主义、极端主义或者煽动实施恐怖活动、极端主义活动的；煽动民族仇恨、民族歧视，破坏民族团结的；破坏国家宗教政策，宣扬邪教和封建迷信的；散布谣言，扰乱经济秩序和社会秩序的；散布淫秽、色情、赌博、暴力、凶杀、恐怖或者教唆犯罪的；侮辱或者诽谤他人，侵害他人名誉、隐私和其他合法权益的；等等。

（2）鼓励正能量、主流价值内容

鼓励网络信息内容生产者制作、复制、发布含有下列内容的信息：宣传习近平新时代中国特色社会主义思想，全面准确生动解读中国特色社会主义道路、理论、制度、文化的；宣传党的理论路线方针政策和中央重大决策部署的；展示经济社会发展亮点，反映人民群众伟大奋斗和火热生活的；弘扬社会主义核心价值观，宣传优秀道德文化和时代精神，充分展现中华民族昂扬向上精神风貌的；有效回应社会关切，解疑释惑，析事明理，有助于引导群众形成共识的；有助于提高中华文化国际影响力，向世界展现真实立体全面的中国的；等等。

3.信息内容审核

根据《网络信息内容生态治理规定》以及《互联网信息服务算法推荐管理规定》，目前对网络信息及算法审核机制有如下要求：加强首页专栏、搜索栏置顶、弹窗、热门推荐等重点环节对正能量内容的呈现，该等环节的信息对用户影响较大，不得以"技术中立"为由放任页面呈现不符合主流价值导向的内容；加强对信息内容的审核巡查；建立健全用于识别违法和不良信息的特征库，制定入库标准、规则及程序；发现违法、不良信息立即采取措施（停止传输、防止扩散等）并保存记录向有关部门报告。

4.分发平台合规要求

应用程序分发服务，是指通过互联网提供应用程序发布、下载、动态加载等服务的活动，包括应用商店、应用中心、互联网小程序平台、浏览器插件平台等类型。插件模式下，人工生成智能类似应用程序商店，如苹果商店、安卓商店等，作为一个平台提供应用程序分发服务。目前，《移动互联网应用程序信息服务管理规定》对应用程序分发平台的相关要求如下：

表22　程序分发平台合规要求

合规要点	具体义务
备案	应用程序分发平台应当在上线运营30日内向所在地省、自治区、直辖市网信部门备案。办理备案时，应当提交以下材料： （1）平台运营主体基本情况； （2）平台名称、域名、接入服务、服务资质、上架应用程序类别等信息； （3）平台取得的经营性互联网信息服务许可或者非经营性互联网信息服务备案等材料； （4）《移动互联网应用程序信息服务管理规定》第五条要求建立健全的相关制度文件； （5）平台管理规则、服务协议等。 省、自治区、直辖市网信部门收到备案材料后，材料齐全的应当予以备案
建立分类管理机制	应用程序分发平台应当建立分类管理制度，对上架的应用程序实施分类管理，并按类别向其所在地省、自治区、直辖市网信部门备案应用程序
应用程序提供者身份认证与公示	应用程序分发平台应当采取复合验证等措施，对申请上架的应用程序提供者进行基于移动电话号码、身份证件号码或者统一社会信用代码等多种方式相结合的真实身份信息认证。 根据应用程序提供者的不同主体性质，公示提供者名称、统一社会信用代码等信息，方便社会监督查询
完善管理制度	应用程序分发平台应当建立健全管理机制和技术手段，建立完善上架审核、日常管理、应急处置等管理措施

续表

合规要点	具体义务
对应用程序的审核与管理义务	应用程序分发平台应当对申请上架和更新的应用程序进行审核，发现应用程序名称、图标、简介存在违法和不良信息，与注册主体真实身份信息不相符，业务类型存在违法违规等情况的，不得为其提供服务。应用程序提供的信息服务属于《移动互联网应用程序信息服务管理规定》第七条规定范围的，应用程序分发平台应当对相关许可等情况进行核验；属于第十四条规定范围的，应用程序分发平台应当对安全评估情况进行核验。 应用程序分发平台应当加强对在架应用程序的日常管理，对含有违法和不良信息，下载量、评价指标等数据造假，存在数据安全风险隐患，违法违规收集使用个人信息，损害他人合法权益等的，不得为其提供服务
制定管理规则	应用程序分发平台应当依据法律法规和国家有关规定，制定并公开管理规则，与应用程序提供者签订服务协议，明确双方相关权利义务
对违规行为采取处罚措施	对违反《移动互联网应用程序信息服务管理规定》及相关法律法规及服务协议的应用程序，应用程序分发平台应当依法依约采取警示、暂停服务、下架等处置措施，保存记录并向有关主管部门报告

（二）生成式人工智能基于插件模式调用第三方程序合规问题

SDK 是 Software Development Kit 的缩写，即"软件开发工具包"，是软件工程师用于为特定软件包、软件框架、硬件平台、作业系统等创建应用软件的开发工具集合。生成式人工智能插件作为 SDK 的一种形式嵌入第三方应用程序，需遵守 SDK 相关要求。具体要求如下：

表23 SDK合规要求

合规要求	具体内容
收集要求	收集使用个人信息和申请敏感权限应遵循合理、最小、必要原则。作为个人信息共同控制者或独立控制者收集使用用户个人信息的SDK时，应单独向用户告知收集使用个人信息的行为并征得用户同意。 除应遵循与APP个人信息收集环节相关的基本要求外，SDK提供方还应特别注意需制定SDK合规指引，并提供直观、便捷、清晰的展示位置及查询方式

续表

合规要求	具体内容
存储要求	在保障安全的前提下，SDK应优先在本地存储个人信息，对个人敏感信息内容进行加密，不应留存不可变更的设备唯一标识符。对在服务端存储的个人信息，应采取数据存储区域隔离、访问控制和异常访问行为监控等措施
使用要求	SDK提供方对个人信息的使用和加工方式应与隐私政策等声明的内容保持一致，变更使用目的应重新告知用户并征得用户同意。 SDK提供方使用用户个人信息进行自动化决策，向用户进行信息推送或商业营销的，应提供有效的功能说明、个性化推送的开关方式；作出对个人权益有重大影响的决定，SDK应提供相关说明，并及时响应用户拒绝或申诉
加工要求	SDK加工个人信息的，应严格落实"告知—同意"原则，且应优先在本地加工个人信息
传输要求	SDK在进行数据传输时，应使用HTTPS安全信道、双向证书校验、证书绑定等安全机制，避免因中间人攻击导致传输数据泄露或被篡改；传输用户个人敏感信息的，在传输前应对个人敏感信息内容进行加密
对外提供要求	SDK提供方向APP提供方之外的其他机构或个人提供其处理的个人信息，应向用户告知接收方的基本信息及处理目的、处理方式和个人信息的种类，并需要获得最终用户的单独同意；同时应与数据接收方通过合同等形式明确双方的责任和义务
公开要求	SDK提供方不应公开披露个人信息，若需公开个人信息应取得个人信息主体的单独同意
删除要求	在完成其使用业务功能及目的或者超出个人信息存储期限后，SDK提供方应对个人信息进行删除或匿名化处理；法律、行政法规规定的保存期限未届满，或者删除个人信息从技术上难以实现的，SDK提供方应当停止除了存储和采取必要的安全保护措施之外的处理。 有下列情形之一的，SDK提供方应当主动删除个人信息： 处理目的已实现、无法实现或为实现处理目的不再必要； SDK提供者停止提供产品或服务，或者保存期限已届满； 个人撤回同意； 合作协议约定的情形； SDK提供者违反法律、行政法规或违反约定处理个人信息； 法律、行政法规规定的其他情形

四、"一站式"大模型集成平台

"一站式"大模型集成平台,是指集成了多个模型及服务的一站式大模型"工具箱",企业可以在平台上自主选择模型和数据集并与自身业务数据结合,最终快速应用到业务流中。百度智能云千帆——"文心千帆"是全球首个一站式的企业级大模型生产平台,不仅提供大模型服务,还提供大模型开发和应用的整套工具链,并支持各类第三方大模型,未来将成为大模型生产和分发的集散地,能够提供智能制造、智能能源、智能水务、智能金融,甚至是智能城市等方面的服务。

由于"一站式"的属性是通过海量文本、代码和知识的学习实现的,其拥有跨领域的知识和语言理解能力,能够基于自然对话方式理解与执行任务,因此其部署阶段的合规更为重要。对其合规性的探讨主要包括内容管理、用户管理和应急处理三个方面。

(一)内容管理

1.管理机制

《互联网信息服务深度合成管理规定》第7条和第10条对于审核机制提出了规定,分别要求提供者建立信息发布审核管理制度和加强内容管理,采取技术或者人工方式对输入数据和合成结果进行审核。

2.自有管理与第三方管理

《具有舆论属性或社会动员能力的互联网信息服务安全评估规定》第4条规定,互联网信息服务提供者可以自行实施安全评估,也可以委托第三方安全评估机构实施。《生成式人工智能服务安全基本要求》的"9.安全评估要求"之"9.1评估方法"中指出"按照本文件自行组织的安全评估,可由提供方自行开展,也可委托第三方评估机构开展"。因此第三方评估本身是合规的。

《互联网信息服务深度合成管理规定》第10条第2款要求，深度合成服务提供者应当建立健全用于识别违法和不良信息的特征库，完善入库标准、规则和程序，记录并留存相关网络日志。该规定体现了监管机关对于企业自有审核能力的要求。

3.自动审核与人工审核

实践中，绝大部分大模型产品需要在用户提出需求后的极短时间内反馈，人工审核难以快速进行，因此自动审核是大模型产品的主要审核手段。在实践中，监管机关会要求企业对自动审核机制进行结论性描述，并提供审核记录等佐证材料。

为了对自动审核的结果进行查漏补缺，不断改进自动审核可能产生的漏洞，企业有必要引入人工审核，并将自动审核与人工审核机制进行有效结合。在实践中，监管机关要求企业对自动审核存疑的内容进行全量人工审核，并要求企业提供审核人员名单、培训记录、培训内容等佐证材料。

4.管理效果

《生成式人工智能服务安全基本要求》的"9.安全评估要求"之"9.3生成内容安全评估"和"9.4问题拒答评估"中，对于二者所应达到的合格率进行了明确规定。

（二）用户管理

1.真实身份信息认证

《互联网信息服务深度合成管理规定》第9条规定，深度合成服务提供者应当基于移动电话号码、身份证件号码、统一社会信用代码或者国家网络身份认证公共服务等方式，依法对深度合成服务使用者进行真实身份信息认证，不得向未进行真实身份信息认证的深度合成服务使用者提供信息发布服务。这主要是为了对违法违规用户进行用户溯源，确保落实《治安管理处罚法》《网络信息内容生态治理规定》等相关法律法规的规定。

2.输入输出信息记录

《具有舆论属性或社会动员能力的互联网信息服务安全评估规定》第5条要求，互联网信息服务提供者记录用户的账号、操作时间、操作类型、网络源地址和目标地址、网络源端口、客户端硬件特征等日志信息，以及用户发布信息记录。为了实现违法和不良信息的有效溯源，大模型产品运营企业在以上信息之外还应记录大模型产品输出的信息。

根据《生成式人工智能服务管理暂行办法》第11条第1款的规定，提供者在提供服务过程中，对用户的输入信息和使用记录承担保护义务。在实践中，监管机关除要求提供业务数据和业务日志的记录之外，还会要求企业提供对业务数据和业务日志采取安全措施的佐证材料。

但信息的记录应当被限定在"必要"的范围内，《生成式人工智能服务管理暂行办法》第11条第1款规定，提供者对使用者的输入信息和使用记录应当依法履行保护义务，不得收集非必要个人信息，不得非法留存能够识别使用者身份的输入信息和使用记录，不得非法向他人提供使用者的输入信息和使用记录。

3.违法用户处置

《网络信息内容生态治理规定》第15条规定，网络信息内容服务平台应制定并公开管理规则和平台公约，完善用户协议，明确用户相关权利义务，并依法依约履行相应管理职责。在实践中，为了满足相关合规要求，有效控制用户的使用行为给大模型产品带来的合规风险，企业需要对于输入或诱导大模型产品生成违法和不良信息的用户，采取警告整改、暂停服务、关闭账号、禁止再次注册等管理措施，并在用户协议和平台管理规则等文件中对可能采取的措施予以明确提示。

《生成式人工智能服务管理暂行办法》第14条第2款规定，提供者发现使用者利用生成式人工智能服务从事违法活动的，应当依法依约采取警示、限制功能、暂停或者终止向其提供服务等处置措施，保存有关记录，并向有关主管部门报告。

《互联网信息服务管理办法》第16条规定："互联网信息服务提供者发现其网站传输的信息明显属于本办法第十五条所列内容之一的，应当立即停止传输，保存有关记录，并向国家有关机关报告。"

"北京互联网法院数据算法十大典型案件"之八，交友平台算法误判"杀猪盘"案（李某诉某公司侵害名誉权纠纷案）进一步体现了对违法用户进行处置的界限。[①]

在本案中，原告李某为某金融公司员工，注册了被告运营的某征婚交友平台，提交了真实照片作为头像以及实名认证手机号。在李某正常使用平台期间，被告对其账户进行了封号处理，并向其他网友提示称"账号可能存在异常""不要与之发生金钱来往"等。该情况导致原告多位朋友误认为原告是骗子，造成原告名誉受损。原告诉至法院，认为被告运营的平台实施算法技术造成误判侵犯其名誉权，请求法院判令被告在其平台中公开向原告道歉予以澄清并赔偿原告损失2万元。

被告辩称，其为涉案平台运营者，按照法律法规的规定，对用户在平台的行为进行监管，履行平台主体责任。原告为其运营平台注册用户，在与平台其他用户聊天过程中，短期内多次被检测到出现"金融""基金""加微信"等"杀猪盘"诈骗案件所涉高频词汇，因此自动触发了被告平台风控系统的审核规则，经原告致电客服反映情况，被告人工核实后对该账户进行解封。被告的行为仅是为公共利益依法履行主体监管责任，系统自动判定原告账户为风险账号，不存在侵权行为。

上述案件中，被告平台设立了风控系统的审核规则，对于短期内多次被

[①]《北京互联网法院数据算法十大典型案件｜砥砺五载·典型案例篇》，载微信公众号"北京互联网法院"2023年9月4日，https://mp.weixin.qq.com/s/XRB3TqJs-VL67FjKkO-IMw，2025年5月21日访问。

出现"金融""基金""加微信"等关键词进行识别，并对异常账号进行封号处理；经原告与客服沟通后解封，符合"尽到合理注意义务"并采取预防措施。

（三）应急处理

《互联网信息服务深度合成管理规定》第7条规定，深度合成服务提供者应当落实信息安全主体责任，建立健全用户注册、算法机制机理审核、科技伦理审查、信息发布审核、数据安全、个人信息保护、反电信网络诈骗、应急处置等管理制度，具有安全可控的技术保障措施。这一规定要求深度合成服务提供者建立健全应急处置管理制度。

《网络信息内容生态治理规定》第9条第1款也指出，网络信息内容服务平台应当建立网络信息内容生态治理机制，制定本平台网络信息内容生态治理细则，健全用户注册、账号管理、信息发布审核、跟帖评论审核、版面页面生态管理、实时巡查、应急处置和网络谣言、黑色产业链信息处置等制度。

第三编

生成式人工智能域外合规要览

随着人工智能技术的发展尤其是生成式人工智能的流行，"算法黑箱"、数据隐私泄露等风险引发全球性担忧。各国和地区基于技术发展阶段、产业布局与价值取向的差异，逐步形成了特色鲜明的人工智能监管体系。

欧盟以构建全球人工智能规则领导力为目标，率先推出"以风险为导向"的综合性人工智能立法框架，系统地说明了应受规制的人工智能系统定义、不同风险等级的人工智能系统范围、各类风险等级人工智能系统的合规要求以及通用人工智能模型提供者的合规义务等。2024年8月1日欧盟《人工智能法案》分阶段生效后，欧盟人工智能办公室等部门也逐步就《人工智能法案》里涉及的具体概念等细节发布指导方针或实施细则例如《关于被禁止的AI实践的指导方针》等，以便人工智能相关企业能够更好地判断自身是否适用相关监管规则以及如何具体落实相关监管要求。

与欧盟的强监管路径形成鲜明对比，美国目前采取的人工智能监管思路呈现出明显的"先发展、后监管"特点，主要聚焦于培育产业优势和技术创新。尽管联邦层面尚未出台统一的人工智能专门法律，但通过一系列政策文件、行政命令和行业指引，美国政府试图在保障安全与伦理的前提下，为人工智能发展提供灵活空间。例如，2022年的《人工智能权利法案蓝图》强调了安全、公平和创新等原则，而《关于安全、可靠和值得信赖的人工智能的行政命令》则进一步要求联邦机构制定标准和指南，推动人工智能技术的负责任发展。此外，国会提出的《人工智能基础模型透明法案》等草案虽未生效，但反映了对数据透明性和版权保护的关注。美国各州和联邦机构层面也在积极探索人工智能治理，如各州通过隐私法案强化数据保护，联邦贸易委员会从反垄断和消费者权益角度监管人工智能应用。总体来看，美国的立法和政策更倾向于通过间接引导和行业自律促进人工智能发展，而非过早施加严格限制。这种监管模式旨在维持技术领先地位，同时逐步应对人工智能带来的伦理、安全和社会挑战。

作为全球人工智能治理的"第三条道路"探索者，英国通过"战略锚定—政策引导—立法兜底"的三阶路径，构建了兼顾技术创新与风险防控的独特监管体系。2018年《国家人工智能战略》率先将人工智能确立为"国家生产力革命的核心驱动力"，通过每年20亿英镑的基础设施投资与产学研联动计划，为技术商业化铺平道路。2023年《促进创新的人工智能监管方法》白皮书则提出五项原则框架，确立"轻立法、强指导"的柔性治理基调。在政策实施层面，《建立支持创新的人工智能规划路径》开创跨部门协同的"沙盒治理"机制，允许医疗影像诊断、自动驾驶等高风险人工智能在受控环境中先行先试；2025年《前沿模型监管法案》最终将生成式人工智能纳入立法约束，强制开发方披露数据来源与模型决策逻辑，建立全球首个针对大语言模型的"透明度—可解释性"双轨问责机制。这种从战略布局到立法落地的渐进式治理，既通过弹性政策释放产业创新活力，又以精准立法遏制技术滥用风险，为数字经济时代的规则制定提供了"英国样本"。

日本则采取了与美国相似的"先发展、后监管"道路，即在通过产业政策积极促进生成式人工智能相关产业发展的同时不断完善相关监管立法。早在2023年ChatGPT掀起生成式人工智能浪潮前，日本则已着手制定相关人工智能文件如《AI战略2022》，明确了人工智能发展的尊重人类、多样性和持续发展三个原则。2023年后，日本发布了软法性质的《AI事业者指南》，分别对人工智能开发者、人工智能提供者和人工智能使用者提出合规要求。此外，日本还发布了《生成式AI服务的使用注意事项》，提示个人信息处理者、行政机关和普通用户等角色在使用生成式人工智能产品时应关注的事项例如普通用户应在充分确认生成式人工智能服务协议内容并在清楚输入的个人信息可能被用于正确或不正确的人工智能输出之后再使用生成式人工智能产品。

除欧、美、英、日，世界范围内的其他国家或地区如韩国、西班牙等也在逐步开展人工智能治理工作。囿于篇幅限制，本编将着重就欧、美、英、日的生成式人工智能产业现状及相关监管合规要求进行介绍。然而，在未来，随着生成式人工智能产品及人工智能技术的跨国流动加速，如何在主权管辖与全球协同监管之间建立起和谐的治理接口也将成为世界各国共同面临的挑战。

第七章 | 欧盟生成式人工智能合规框架

一、欧盟生成式人工智能合规监管体系概述

(一)欧盟生成式人工智能技术产业现状

作为世界上最庞大的经济体之一,欧盟一直致力于数字经济的发展。对此,欧洲委员会先后制定了《欧盟人工智能》(Artificial Intelligence for Europe)[①]、《人工智能白皮书:追求卓越和信任的欧洲方案》(White Paper: On Artificial Intelligence—A European Approach to Excellence and Trust)[②]等一系列数字经济发展规划,旨在推动欧盟的数字化转型并致力于成为全球数字化社会的领导者。但在人工智能(Artificial Intelligence, AI)产业发展方面,相较于中美,欧盟的发展势头稍显不足。

例如,在投融资方面,欧盟在人工智能领域与中美存在较为明显的差距。根据斯坦福大学以人为本人工智能研究所发布的《人工智能指数报告2023》(2023 AI Index Report),从2022年世界各国在人工智能私人投资总额、获得融资的人工智能企业数量的表现来看,美国居于绝对领先的地位,

---

[①] European Commission, *Artificial Intelligence for Europe* (April 2019), https://eur–lex.europa.eu/legal–content/EN/ALL/?uri=COM:2018:237:FIN.(参见欧洲经济和社会委员会官网上的"欧洲的人工智能",2025年6月10日访问)

[②] European Commission, *White Paper on Artificial Intelligence: a European approach to excellence and trust* (February 2020), https://commission.europa.eu/publications/white-paper-artificial-intelligence-european-approach-excellence-and-trust_en.(参见欧盟委员会官网上的"人工智能白皮书:欧洲追求卓越与信任的方法",2025年6月10日访问)

中国位列第二；而部分欧洲国家虽入围世界前十五，但总量远不及中国和美国（见图11、图12）。[①]

2022年按地理区域划分的人工智能私人投资
来源：NetBase Quid，2022年 | 图表：人工智能指数报告，2023年

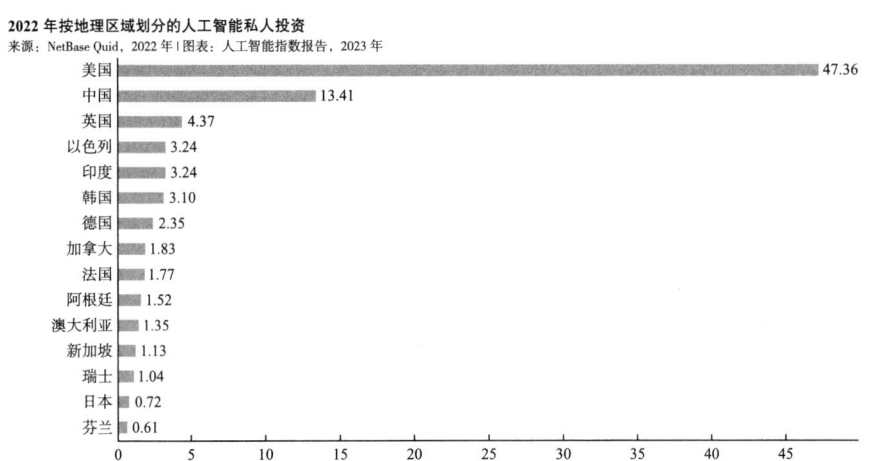

国家	总投资（单位：十亿美元）
美国	47.36
中国	13.41
英国	4.37
以色列	3.24
印度	3.24
韩国	3.10
德国	2.35
加拿大	1.83
法国	1.77
阿根廷	1.52
澳大利亚	1.35
新加坡	1.13
瑞士	1.04
日本	0.72
芬兰	0.61

图11 2022年各国人工智能私人投资情况

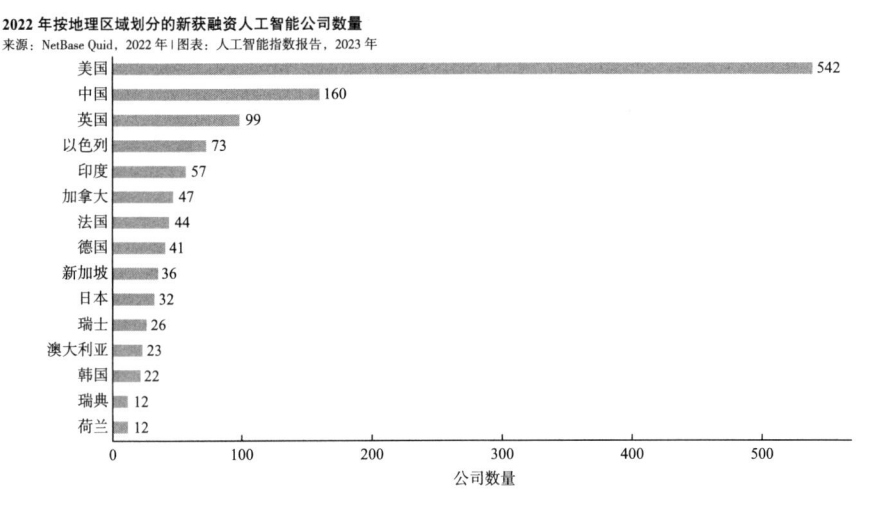

2022年按地理区域划分的新获融资人工智能公司数量
来源：NetBase Quid，2022年 | 图表：人工智能指数报告，2023年

国家	公司数量
美国	542
中国	160
英国	99
以色列	73
印度	57
加拿大	47
法国	44
德国	41
新加坡	36
日本	32
瑞士	26
澳大利亚	23
韩国	22
瑞典	12
荷兰	12

图12 2022年各国人工智能企业获得融资情况

[①] Stanford Institute for Human-Centered Artificial Intelligence, *AI Index Report 2023* (Apr.3, 2023), https://aiindex.stanford.edu/ai-index-report-2023/.（参见斯坦福大学以人为本人工智能研究所官网上的"人工智能指数报告"，2025年2月5日访问）

在生成式人工智能模型的发展数量及质量方面，《全球人工智能市场中的新兴非欧洲垄断企业》（Emerging Non-European Monopolies in the Global AI Market）直接指出，由于在竞争中处于相对劣势的地位，加之开发人工智能模型需耗费大量资金、数据以及计算资源，欧洲公司短期内自行开发通用人工智能模型（General Purpose AI Models）的可能性较小，而是更多地依赖其他地区开发的模型。[1]事实也确实如此，自OpenAI发布ChatGPT掀起世界热议后，美国的谷歌、Meta以及中国的百度、阿里等头部企业纷纷布局大模型，着手语言模型的研发。反观，欧盟仅有德国初创公司Aleph Alpha的Luminous[2]和法国政府资助的BLOOM[3]等大模型项目。

为了改变现状、提高国际竞争力，欧盟各国陆续加大对人工智能产业的投入力度。例如，2023年6月，法国总统马克龙宣布了法国的"人工智能集群"（AI-Cluster）和"人工智能加速器"（AI-Booster）计划，计划由国家拨款超过5亿美元，以加强法国院校和中小企业在人工智能方面的发展。[4]2023年8月，德国联邦教育和研究部（Bundesministerium für Bildung und Forschung，BMBF）提出了一项新的人工智能行动计划，承诺其将对人工智能投资超过16亿欧元，以加强德国教育、科学研究等方面的人工智能

---

[1] Future of Life Institute, *Emerging Non-European Monopolies in the Global AI Market* (Nov.1, 2022), https://futureoflife.org/wp-content/uploads/2022/11/Emerging_Non-European_Monopolies_in_the_Global_AI_Market.pdf.（参见生命未来研究所官网上的"全球人工智能市场中新兴的非欧洲垄断"，2025年6月10日访问）

[2] Aleph Alpha是一家总部位于德国海德堡的人工智能公司，创立于2019年，并于2022年4月发布了其自研的Luminous系列第一个大语言模型。

[3] BLOOM模型是法国BigScience研讨会项目的主要成果，该项目是一个2021年5月至2022年5月期间举行的研究研讨会，聚集了数百名研究人员，并得到了法国公共超级计算机Jean Zay的大型公共计算拨款的支持。

[4] 参见中国科学院科技战略咨询研究院科技政策与咨询快报：《法国发布人工智能集群等新计划》，https://casisd.cas.cn/zkcg/ydkb/kjzcyzxkb/2023/zczxkb202308/202311/t20231120_6934994.html，2025年6月10日访问。

投入。①

综上所述，欧盟诸国正在尽力调动在人工智能方面的组织、资金和资源的投入，以高效推动人工智能产业的发展。

（二）欧盟生成式人工智能治理的基本原则

欧盟致力于构建可信任的人工智能环境，在此过程中，欧盟通过倡议、立法等形式逐步确立了欧盟人工智能规制的基本思路与监管框架：

其一，欧盟提出了"以风险为进路（Risk-based Approach）"的基本治理理念，并在制定《人工智能法案》②的过程中贯彻落实。一方面，广泛运用人工智能技术以增进社会福祉时，风险相伴而生，有必要对应用人工智能技术引发的社会风险如虚假信息生成及传播、知识产权侵权等风险进行规制。另一方面，针对不同程度的风险，如采取程度相当的监管措施，既可能使风险较低的人工智能系统受到过重负担，也可能使风险较大的人工智能系统逃离适当的监管。因此，除了控制、减小人工智能系统带来的社会风险以外，"以风险为进路"还强调为不同风险等级的人工智能系统制定相适应的监管要求，从而平衡人工智能产业发展与监管的天平。具体而言，欧盟人工智能立法始终坚持"以风险为进路"的思路，将人工智能系统分为不可接受的风险（Unacceptable Risk）、高风险（High Risk）、有限风险（Limited Risk）以及极低风险（Minimal Risk）四类，并配以差异化的具体制度以实现监管思

---

① BMBF, *BMBF-Aktionsplan, Künstliche Intelligenz* (Nov 17, 2023), https://www.bmbf.de/DE/Forschung/Zukunftstechnologien/KuenstlicheIntelligenz/KiAktionsplan/dossier_kiaktionsplan/dossier_ki-aktionsplan.html?nn=916334.（参见德国联邦教育与研究部官网上的"BMBF人工智能行动计划"，2025年2月5日访问）

② European Commission, *The Proposal for a Regulation laying down harmonized Rules on Artificial Intelligence* (April 2021), https://digital-strategy.ec.europa.eu/en/library/proposal-regulation-laying-down-harmonised-rules-artificial-intelligence.（参见欧盟委员会官网上的"制定人工智能协调规则的法规提案"，2025年2月5日访问）

路的执行、落地。①

前述以风险为导向的治理思路有助于欧盟结合特定人工智能系统应用场景的特殊性，制定相适宜的监管措施，实现人工智能系统关联企业及用户的共同受益。对用户而言，"以风险为进路"的人工智能监管框架使用户在享受人工智能应用带来的便捷与高效的同时，能在一定程度上防范人工智能系统应用对其健康、安全及其他基本权利产生负面影响；对企业而言，"以风险为进路"可以避免"一刀切"的监管框架阻碍人工智能产业的发展，为绝大多数人工智能系统保留充分自由、灵活的空间。

其二，就人工智能立法顶层设计而言，欧盟采取了横向立法的模式，制定适用于各风险等级人工智能系统的综合性立法。在制定人工智能相关立法的过程中，主要存在横向立法与纵向立法两种方式。通常而言，在横向立法方式中，监管机构意图创建一个全面、尽可能涵盖人工智能可能产生的多方影响的综合性法规并以此作为人工智能发展与监管的基本规则。即使新场景、新应用中出现新人工智能技术，也需遵循该综合性法规为全部人工智能设置的基本合规要求。而在纵向立法方式中，政策制定者更倾向于针对人工智能系统应用的垂类领域，基于行业特性，制定仅适用于特定场景或类型人工智能系统的具体规则。

虽然也有观点认为，《人工智能法案》在适用范围中排除了某些应用人工智能系统的特定情形，尚未完全实现横向立法的目标，②但在世界范围内的

---

① 例如，根据欧盟《人工智能法案》，针对不可接受风险的人工智能系统，欧盟将禁止任何企业或个人部署；针对高风险人工智能系统，欧盟允许相关主体在履行数据库备案、符合性评估等义务后将相关人工智能系统投放市场或投入使用，并确保可开展持续性的事后监测；针对有限风险的人工智能系统，欧盟虽然不要求相应主体履行符合性评估等事前准入义务，但仍要求其履行相应的透明度义务；针对极低风险的人工智能系统，《人工智能法案》并未就其提供者或部署者设置特定的义务或监管规则，在遵循全部人工智能系统的一般规则基础上，相关主体可自由部署、使用极低风险人工智能系统。

② Artur Bogucki, Alex Engler, Clement Perarnaudm, Andrea Renda, *The AI Act and Emerging EU Digital Acquis: Overlaps, gaps and inconsistencies* (Sept.2, 2022), https://cdn.ceps.eu/wp-content/uploads/2022/09/CEPS-In-depth-analysis-2022-02_The-AI-Act-and-emerging-EU-digital-acquis.pdf.（参见欧洲政策研究中心官网上的"《人工智能法案》和新兴的欧盟数字资产"，2025年6月10日访问）

立法模式下，欧盟通过制定《人工智能法案》对人工智能系统进行规制仍然被倾向于视为一种典型的横向立法模式，即对市场中的人工智能系统（例外情形除外）进行规制，并以风险分级分类为手段，制定涵盖人工智能系统投入市场前、投入市场时以及投入市场后的监管要求，具有一定的普遍适用性。

其三，在规制人工智能的过程中，欧盟坚持"以人为本"（human-centric）的基本立场。人工智能技术的发展及具体应用可能会产生风险，尤其是对受到欧盟法律保护的公共利益和自然人的基本权利造成损害，因此，人工智能技术及其发展应当是"以人为本"的，在使用的过程中可以符合《欧盟条约》（Treaty on European Union）[①]所载的欧盟价值观，并保障《欧盟条约》《欧盟基本权利宪章》（Charter of Fundamental Rights of the European Union）[②]等所保护的个人基本权利与自由。有鉴于此，欧盟制定《人工智能法案》时，也提出了保障人工智能时代的社会公共利益、个人基本权利、民主法治与环境等欧盟所珍视的核心价值的要求。

此外，2023年11月2日，包含中国、美国、欧盟、英国在内的28个国家及地区共同签署《布莱切利宣言》（Bletchley Declaration），[③]共同承诺以安全、以人为本、值得信赖和负责任的方式设计、开发、部署和使用人工智能。坚持以人为本，有助于世界各国在极具差异化的文化、民族、历史背景

[①] European Commission, *Treaty on European Union* (December 1991), https://eur-lex.europa.eu/EN/legal-content/summary/treaty-on-european-union.html.（参见欧盟官网上的"欧盟条约"，2025年2月5日访问）

[②] European Commission, *Charter of Fundamental Rights of the European Union* (December 1991), https://www.europarl.europa.eu/charter/pdf/text_en.pdf.（参见欧盟官网上的"欧盟基本权利宪章"，2025年2月5日访问）

[③] The Bletchley Declaration by Countries Attending the AI Safety Summit, 1–2 November 2023, https://www.gov.uk/government/publications/ai-safety-summit-2023-the-bletchley-declaration/the-bletchley-declaration-by-countries-attending-the-ai-safetysummit-1-2-november-2023.（参加英国政府官网上的"2023年人工智能安全峰会：布莱切利宣言"，2025年6月10日访问）

下，形成相对统一的人工智能监管立场，从而实现人工智能监管的国际化。

其四，欧盟秉持透明公开的原则，要求人工智能系统相关义务主体履行一定程度的披露或解释义务。一方面，欧盟认为人工智能系统应具备可追溯性和可解释性，能够使人工智能系统使用者足以意识到其与人工智能系统进行交互；要求人工智能系统提供者以适当的方式告知使用者其使用的人工智能系统所具备的能力、能力限制、个人权利可能受到的影响。另一方面，针对特定风险程度的人工智能系统如高风险人工智能系统，欧盟还通过《人工智能法案》提出了数据库备案、制定技术文档、按照监管部门要求提供训练数据集等既涉及面向监管部门，也涉及面向社会公众的透明公开的要求。

透明度义务在一定程度上可畅通监管部门了解人工智能系统的应用人群、潜在风险的渠道，从而实现监督与执法，保障用户知情权，构建透明公开的人工智能生态环境。但需注意，对人工智能系统的了解如应用人工智能系统将在何种程度上对个人权益造成影响，除了需以企业公开披露的信息为依据以外，还有赖于用户个人的判断能力、辨别能力，因此企业在面向社会公众披露时应尽可能使用清晰的语言，加强用户理解。

（三）主要监管部门及职责

根据《人工智能法案》的现有规定，欧盟层面和成员国层面将协同合作，就《人工智能法案》的修订、实施与监督负责，最终在欧盟范围内实现人工智能治理的高度协调与一致。在现有立法框架下，欧盟委员会、欧盟人工智能委员会、国家主管机关将作为人工智能监管的主要机构，充分发挥其作用。

1. 欧盟委员会

《人工智能法案》中，欧盟秉持"以风险为进路"的治理思路对人工智能系统进行四级分级从而形成高风险人工智能系统清单。但是，高风险人工智能系统清单并非绝对不变，而将随着技术的革新、技术应用场景的变化、社会的实际发展等因素进行相适宜的调整。根据现有规定，这一动态调整高风险人工智能系统清单的权力被赋予至欧盟委员会。同时，欧盟委员会还有权就法案的技术文件要求、有关符合性评估（Conformity Assessment）的程序进行调整。由于高风险人工智能系统清单及相关系统投放市场时应开展的符合性评估流程决定了企业是否能上市某项人工智能服务与上市前应遵循的义务履行要求，因此可能对企业面向社会提供人工智能产品产生实质性的重大影响。同时，欧盟还将建立高风险人工智能系统数据库，由欧盟委员会负责维护，履行面向公众的透明公开义务。

值得注意的是，2024年1月24日，欧盟委员会宣布组建人工智能办公室（AI Office，已于2024年2月21日成立），以作为通信网络、内容和技术总司行政结构的组成。根据《人工智能法案》以及组建人工智能办公室的决定，[1] 人工智能办公室将负责制定和协调欧洲层面的人工智能政策，并监督《人工智能法案》的实施与执行；建立人工智能系统提供者的合作论坛，推动最佳行业实践，制定行为守则；定期与来自社会各界的专家、学者磋商，以推动《人工智能法案》的有效落实。

此外，欧盟委员会还将成立咨询论坛（Advisory Forum）和独立专家科学小组（Scientific Panel of Independent Experts），以协助委员会和欧盟人工智能委员会（European Artificial Intelligence Board）执行《人工智能法案》所规定的职责，协助开展《人工智能法案》执法活动。就咨询论坛而言，其将由来自工业界、学术界等社会各界的成员组成，欧洲标准化委员会（European Committee for Standardization，CEN）、欧洲电工技术标准化委员会（European Committee for Electrotechnical Standardization，CENELEC）和欧洲电信标准协会（European Telecommunications Standards Institute，ETSI）

---

[1] European Commission, *Commission Decision of 24.1.2024 establishing the European Artificial Intelligence Office* (Feb.21, 2024), https://eur-lex.europa.eu/eli/C/2024/1459/oj. （参见欧盟官方网站上的"委员会于2024年1月24日决定成立欧洲人工智能办公室"，2025年2月5日访问）

等组织应作为咨询论坛的常任成员；兼顾商业利益和非商业利益，并向欧盟委员会和欧盟人工智能委员会提供咨询意见和技术知识。独立专家科学小组将由具备相应人工智能领域最新科学或技术知识的专家组成，并向人工智能办公室提供支持。例如，支持《人工智能法案》有关通用型人工智能模型和系统的规则实施，协助支持跨境市场监督活动等。

2.欧盟人工智能委员会

为确保《人工智能法案》在协调的前提下有效执行，《人工智能法案》第65条规定组建欧盟人工智能委员会。

在组成方面，欧盟人工智能委员会将由每个成员国的一名代表组成；欧盟数据保护监督员作为观察员参与；人工智能办公室也将列席参与欧盟人工智能委员会会议，但不参与表决。其中，成员国代表由其成员国指定，任期3年，可连任一次，并由其中一位成员担任欧盟人工智能委员会主席。同时，欧盟人工智能委员会还将设立两个常设机构，分别为市场监督管理机关和通知机关提供一个就市场监督和通知机关相关问题进行合作、交流的媒介。

在职责方面，欧盟人工智能委员会的主要职责在于，为欧盟委员会和成员国提供建议与协助从而促进《人工智能法案》的一致与有效施行。例如，为《人工智能法案》的执行尤其是有关通用人工智能模型规则的执行提供建议，协助人工智能办公室支持各成员国建立和发展人工智能监管沙盒，在成员国之间收集和分享技术和监管方面的专门知识与最佳实践，促进与第三国或国际组织的有效合作等。

3.国家主管机关

欧盟虽为一个联合体，但本质上仍由多个独立的主权国家构成。因此，《人工智能法案》在各成员国的落地执行与违法情况，仍需由各成员国的专门机构负责。

具体而言，根据《人工智能法案》第70条，在《人工智能法案》的框架下，各成员国应至少设立或指定一个通知机关（Notifying Authority）和一个市场监督管理机关（Market Surveillance Authority）作为国家主管机关（National Competent Authorities），确保《人工智能法案》在其管辖范围内的适用与实施，这也延续了《通用数据保护条例》（General Data Protection Regulation，GDPR）[1]中各成员国专门机构独立执法的机制。

就国家主管机关的设立及职责而言，成员国应当向其国家主管机关提供充足的技术、资金、人力资源等支持，以确保国家主管机关能够有效履行《人工智能法案》规定的职责。而在履行职责的过程中，各国国家主管机关可能获取企业尚未向社会公开的企业资料，如算法源代码或其他商业秘密，因此相关机关也应承担《人工智能法案》第78条规定的保密义务。

设立国家主管机关后，一方面，成员国应向欧盟委员会通报相关通知机关和市场监督管理机关的身份、职责，并在发生变化时进行更新。另一方面，成员国应在《人工智能法案》生效后的一年内及此后每两年向欧盟委员会报告其国家主管机关的财力和人力资源情况，并评估相关水平是否充足。

此外，考虑到高风险人工智能系统可能对自然人的基本权利造成重大影响，《人工智能法案》第77条还明确规定，在《人工智能法案》生效后的三个月内，各成员国应当确立一个公共机关，作为该国负责监督或强制执行与使用高风险人工智能系统相关的欧盟法律规定的保护基本权利的义务的机构。与国家主管机关相同，公共机关基于履行《人工智能法案》规定的职责而获取信息或文件时，也应当履行相应的保密义务。

---

[1] The European Parliament and the Council, *General Data Protection Regulation* (April 2016), https://eur-lex.europa.eu/legal-content/EN/TXT/?uri=CELEX%3A32016R0679.［参见欧盟官方网站上的"欧洲议会和理事会2016年4月27日颁布的关于在个人数据处理和此类数据自由流动方面保护自然人以及废除95/46/EC指令（通用数据保护条例）的（EU）2016/679号条例（与欧洲经济区相关的内容）"，2025年2月5日访问］

二、主要规定与历史沿革

（一）监管法律及其历史沿革

早在2016年，欧盟就已经着手构建人工智能应用的监管体系。具体而言，欧盟法律事务委员会于2016年制定了《欧盟机器人民事法律规则》（European Civil Law Rules in Robotics），[①]就基于人工智能控制的机器人提出了责任归属、损害赔偿等监管原则。2018年，欧盟建立人工智能高级专家小组（High-level Expert Group on Artificial Intelligence，AI HLE），制定《可信人工智能伦理指南》（Ethics Guidelines for Trustworthy AI），[②]以期加快建设高度协调一致的人工智能监管体系的步伐。欧盟委员会于2018年起陆续发布《欧盟人工智能》《人工智能白皮书——追求卓越和信任的欧洲方案》《欧洲数据战略》（European Data Strategy）[③]等政策，逐步确立建立可信任的人工智能生态环境等目标。最终，欧盟委员会于2021年首次发布欧盟《人工智能法案》，明确了"以风险为进路"的监管机制。

由上可知，《人工智能法案》的制定并非一蹴而就，而是历经一系列的专家研讨、政策研究等活动。以下就欧盟在人工智能方面的重要政策及立法进行介绍：

1.《人工智能白皮书——追求卓越和信任的欧洲方案》

2020年2月19日，欧盟委员会发布《人工智能白皮书——追求卓越和信

[①] European Parliament, *European Civil Law Rules in Robotics* (February 2017), https://www.europarl.europa.eu/doceo/document/TA-8-2017-0051_EN.html. （参见欧盟议会官网上的"有关机器人技术的民法规则"，2025年2月5日访问）

[②] The High-Level Expert Group on AI, *Ethics Guidelines for Trustworthy AI* (April 2019), https://digital-strategy.ec.europa.eu/en/library/ethics-guidelines-trustworthy-ai. （参见欧盟官方网站上的"值得信赖的人工智能的道德准则"，2025年2月5日访问）

[③] European Commission, *European Data Strategy* (February 2020), https://digital-strategy.ec.europa.eu/en/policies/strategy-data. （参见欧盟官方网站上的"欧洲数据战略"，2025年2月5日访问）

任的欧洲方案》，旨在通过构建监管机制以及加强投资两种方式促进欧盟的人工智能发展，解决人工智能技术应用所引发的风险，在充分尊重欧盟公民价值和权利的前提下，确保人工智能可在欧盟安全可靠发展。

欧盟委员会通过白皮书提出，欧盟应当构建可信任的人工智能环境，即应当确保各成员国遵循欧盟统一的规则，如保护个人的基本权利等，使公众有信心接受人工智能应用，并促进人工智能在欧盟的创新与发展。

2.《人工智能法案》

2021年4月，欧盟委员会发布《人工智能法案》提案，首次在欧盟法律中对人工智能系统进行定义，并采取基于风险分类的方式就不同风险程度的人工智能系统提出差异化的监管规则。

为了平衡人工智能生态系统相关各方的利益，确保《人工智能法案》能够实现监管与发展的动态平衡，欧盟及成员国就《人工智能法案》提案进行了多次洽谈、协商，并适时调整拟定条款。具体而言，2022年12月6日，欧盟理事会通过了关于《人工智能法案》的共识，并形成2022年《人工智能法案》妥协版本。2023年6月14日，欧洲议会全体会议对《人工智能法案》进行表决，并以499票赞成、28票反对和93票弃权的压倒性结果获得了关于《人工智能法案》的折衷成果。此后，欧盟成员国、欧洲议会和欧盟理事会多次就法案的具体文本内容形成"三方会谈"，开展数次谈判。最终，2023年12月9日，欧洲议会、欧盟理事会和欧盟委员会就《人工智能法案》达成临时协议。

达成临时协议并不代表欧盟人工智能立法程序的结束，《人工智能法案》仍有待欧洲议会的最终表决。2024年2月13日，欧洲议会内部市场和消费者保护委员会以及公民自由、司法和内政事务委员会以71票赞成、8票反对和7票弃权的投票结果通过了与各成员国就《人工智能法案》的谈判草案。2024年3月13日，欧洲议会以523票赞成、46票反对和49票弃权的表决结果通过了《人工智能法案》。2024年5月21日，《人工智能法案》由欧盟理事会正式批准通过，并于当地时间8月1日分阶段正式生效，成为欧盟第一部综合性人工智能正式法律。

（二）主要监管及激励措施

1."以风险为进路"形成多层监管体系，实现对人工智能的监管

"以风险为进路"是欧盟讨论人工智能治理框架的重要议题，并贯彻欧盟《人工智能法案》立法的全过程。具体而言，欧盟依据人工智能系统的预期用途或应用场景等因素确立人工智能系统的四级风险级别，并以此为基础制定适宜特定风险级别的监管措施，避免"一刀切"的泛化规制要求阻碍风险较低人工智能系统的发展，又未深入触及较高风险人工智能系统的实质风险，致使规制失焦。

此外，伴随ChatGPT等生成式人工智能模型在世界范围内的流行，为应对通用模型应用的风险，相较于2021年发布的提案，欧洲议会在2024年3月通过《人工智能法案》时新增了对通用人工智能模型及系统的监管要求，延续了"以风险为进路"的监管要求，对具备系统性风险的通用人工智能提供者提出额外的合规要求。

2.主导法律规制，技术及实践标准决定权交企业及标准化组织

欧盟采取横向立法模式制定《人工智能法案》，以期构建具有相当普适性的人工智能治理体系。然而，尽管《人工智能法案》对高风险人工智能系统及其提供者施加了包含构建技术文档、数据库备案等一系列法定义务，但相关标准应履行至何种程度仍处于"真空"状态；或仅是为企业明确了应当执行的内部程序，但法定义务履行程度主要由企业自证合规，缺乏外部监管。[1]在此背景下，企业内部如何履行合规义务取决于企业自身的合规水平，可能难以达成相对一致的实践标准。

另外，如前所述，《人工智能法案》作为一部规制人工智能系统投放市

---

[1] 参见曾雄、梁正、张辉：《欧盟人工智能的规制路径及其对我国的启示——以〈人工智能法案〉为分析对象》，载《电子政务》2022年第9期。

场的基本法律，可能难以对全部合规义务进行详细的标准和要求制定，而相关落地标准的制定则交由各欧洲标准化组织，如欧洲标准化委员会、欧洲电工标准化委员会等。作为欧盟标准的制定组织，欧盟委员会于2023年5月22日发布M/593号标准化请求（Standardisation Request M/593），向欧洲标准化委员会和欧洲电工标准化委员会提出支持欧盟人工智能政策的标准化要求。目前，已被列入M/593号标准化请求的标准包括用于建立人工智能系统数据集治理和质量管理程序的标准、明确高风险人工智能系统风险管理体系的标准、规范高风险人工智能系统的日志记录能力的标准等。待上述标准制定并落实后，欧盟各高风险人工智能系统提供者的合规水平可能将趋于相对协调统一。

3.平衡人工智能监管与产业发展

《人工智能法案》自发布之日起即遭受因监管要求过于严苛而阻碍人工智能产业发展的争议。在数次协商和修订法案的过程中，欧盟也尝试采取多种措施，如降低小微型人工智能企业的合规成本，促进人工智能创新。相较于2021年《人工智能法案》提案，《人工智能法案》通过版本第1条对法案的规范内容进行了补充，明确其将关注支持人工智能创新的各项措施，特别是关注小微企业的激励创新措施。综观《人工智能法案》，发展及监管的平衡主要体现为保护小微企业与建立人工智能监管沙盒：

其一，为了确保小微企业能够有效履行作为高风险人工智能系统提供者的合规义务，《人工智能法案》依据实际情况减轻了小微企业的部分要求履行程度。例如，在技术文档方面，《人工智能法案》规定，欧盟委员会将制定针对小微企业的技术文档范式，简化其提供的技术文档内容。在处罚方面，《人工智能法案》第99条特别提出，在确定处罚措施时将考虑小微企业的利益及经济可行性（Economic Viability）。

其二，《人工智能法案》确立了人工智能监管沙盒（AI Regulatory Sandbox）制度。人工智能监管沙盒旨在于人工智能系统开发和上市前的阶段建立一个受控的实验和测试环境并纳入适当的风险缓释措施，以促进人工智能系统在遵循《人工智能法案》的情况下实现创新及发展。根据临时协议，欧盟成员国负有至少在其国家层面建立一个人工智能监管沙盒的义务，使得企业在泛欧盟区域可以至少选择参加任一国家级别的监管沙盒进行人工智能技术测试与实验，获得更高水平的资源力量和指导性建议。一方面，监管沙盒能够促进监管机构对人工智能技术发展的了解，改进监管方法，协调新风险、新影响与现有法律框架的平衡；另一方面，监管沙盒环境中，监管机构可向人工智能相关企业尤其是小微企业提供指导，分享最佳行业实践，并加快市场准入。

4.构建完整的责任链，多方共同维护人工智能应用生态安全与稳定

从产业链的角度而言，人工智能系统在研发设计、测试、投入使用、分销等各环节，可能涉及多个利益相关方，如基础模型研发者、垂直模型研发者、人工智能服务提供者和终端用户等。如何在复杂的责任链中合理分配参与各方的权利与义务，实现"权责一致"，对人工智能的发展和监管至关重要。

目前，欧盟通过《人工智能法案》，初步构建起人工智能责任价值链，即除了人工智能服务主要涉及的人工智能系统提供者，《人工智能法案》还就进口商（Importer）、分销商（Distributor）、部署者（Deployer）等多个角色的义务进行了规定。《人工智能法案》第23—24条、第26条分别明确了高风险人工智能系统进口商、分销商和部署者的一般义务，如进口商应核验高风险人工智能系统提供者是否已根据《人工智能法案》开展符合性评估、撰写技术文件，分销商应核验高风险人工智能系统是否具备CE标识（CE Marking of Conformity）与欧盟符合性声明（EU Declaration of Conformity，DoC）[①]等；第25条还进一步列明了相关主体需作为高风险人工智能系统提供者履行合规义务的特殊情形。

我们理解，构建人工智能责任链有助于区分人工智能系统利益相关方的各方责任和义务，确保最终投入市场的高风险人工智能系统符合欧盟《人工智能法案》的合规标准。

[①] European Commission, EU Declaration of Conformity (April 2024), https://ec.europa.eu/docsroom/documents/9781/attachments/1/translations.（参见欧盟官网上的"欧盟符合性声明"，2025年2月5日访问）

三、合规要点

（一）高风险人工智能系统的合规要求

《人工智能法案》"以风险为进路"，对人工智能系统进行四级分级，并对不同风险等级的人工智能系统持以差异化的监管态度：部分人工智能系统禁止使用，高风险人工智能系统施以严格的合规要求，有限风险人工智能系统应履行相应的透明度义务。

其中，《人工智能法案》主要就高风险人工智能系统提出涵盖全生命周期的监管机制。

表24 高风险人工智能系统全生命周期监管要求

义务主体	义务阶段	合规义务
原则上为高风险人工智能系统提供者，特殊情况下为部署者等其他主体	投放市场前	• 确保高风险人工智能系统符合《人工智能法案》规定的合规要求（包含构建风险管理体系，开展数据治理活动，制定技术文档，履行透明度义务，制定人为监督体系，确保高风险人工智能系统的准确性、稳定性和网络安全水平以及日志记录与保存的要求等） • 构建质量管理体系
	投放市场时	• 开展符合性评估 • 开展基本权利影响评估 • 制定欧盟符合性声明 • 加贴CE标识 • 完成欧盟数据库备案
	投放市场后	• 构建上市后风险监测制度 • 采取纠正措施及通知 • 报告严重事件（Serious Incident）[1] • 通知风险情况 • 配合监管部门开展工作

---

[1] 根据《人工智能法案》第3条对于严重事件的定义，是指直接或间接导致以下任何人工智能的事件或运行错误：(a)个人死亡或对个人健康严重损害；(b)对关键设施的管理和运行产生严重和不可逆的破坏；(c)导致违反保护基本权利的欧盟法律的有关义务；(d)对财产或环境产生严重损害。

1. 人工智能系统投放市场前

①构建风险管理体系

《人工智能法案》第9条规定，高风险人工智能系统应当具有涵盖其全生命周期的风险管理体系（Risk Management System）。

首先，风险管理体系应有能力记录高风险人工智能系统在整个生命周期内的运行过程，并进行定期审查和更新。其次，《人工智能法案》要求风险管理体系应当包含识别、评估高风险人工智能系统在预期目的和可合理预见的使用目的范围内对自然人的健康、安全、基本权利以及民主与法治等可能造成的风险的机制或流程，并采取适当、有针对性的风险管理措施，从而彻底消除或减少重大风险。

②开展数据治理活动

考虑到训练、验证、测试数据集的质量、内容可能对人工智能系统的性能、是否能按照预期用途安全运行等方面产生直接影响，《人工智能法案》第10条对高风险人工智能系统提出了数据治理要求。

在数据治理的环节方面，数据治理应涵盖数据的选择、收集、预处理，如标记、清洗等多方面。同时，数据治理还包括对数据集可能存在的偏见进行审查；如存在可能影响自然人基本权利的偏见，应当采取合理措施以减少相关偏见。

选择数据集时，其一，应当选择具备相关性，充分代表性，在考虑到预期目的的情况下尽可能保持完整，并具有适当统计特性的数据集。其二，应综合考虑高风险人工智能系统应用的场景、行为、环境的特殊性。

在数据处理方面，在符合目的原则的情况下，如拟选择的数据集涉及《通用数据保护条例》所规定的特殊种类敏感个人数据，应当积极采取诸如假名化、访问权限管控等措施保障个人信息安全。

③制定技术文档

根据《人工智能法案》第11条规定，高风险人工智能系统投放市场前即须配备一份技术文档并保持更新,为国家主管机关提供必要的信息以判断人工智能系统是否符合《人工智能法案》的要求。

《人工智能法案》附录4列明了编制技术文档所需的内容。

表25 技术文档部分内容(非穷尽展示)

要　　点	概括性要求
对高风险人工智能系统的总体描述	人工智能系统的预期目的、提供者名称、系统版本等
	人工智能系统如何与系统本身以外的硬件或软件进行交互、运行所依赖的硬件情况等
	人工智能系统投入使用的形式,如API(Application Programming Interface)、软件包等
	人工智能系统作为产品的组成时,对应的产品外部特征、标记、内部布局的图片材料
	部署者的使用说明、向部署者提供的用户界面基本描述等
对高风险人工智能系统构成及开发过程的描述	开发人工智能系统所采取的步骤和方法
	人工智能系统的设计规格的描述,如系统与算法之间的运行逻辑、优化目标、适用人群等
	人工智能系统结构说明的描述
	人工智能系统数据集的描述,如训练数据集的来源、范围、清洗办法等
	采取的人为监督措施
	采取的验证和测试程序
	采取的网络安全措施
对高风险人工智能系统的监测、运行和控制情况的描述	例如,对人工智能系统性能及局限性、使用人工智能系统可预见的风险等
其他	对人工智能系统所构建的风险管理体系的描述
	提供者对人工智能系统所作更改的说明
	欧盟符合性声明复印件
	人工智能系统投放市场后的监测计划等

④履行透明度义务

《人工智能法案》第13条规定,高风险人工智能系统的设计和开发应当具备充分的透明度。一方面,高风险人工智能系统在一定程度上的透明度应能使部署者足以合理使用系统,促使部署者充分履行《人工智能法案》规定的相关义务。

另一方面,高风险人工智能系统应当具备相应的使用说明。使用说明应当简明、清晰、完整地载明有助于用户理解、使用人工智能系统的信息,包括人工智能系统的提供者信息,系统本身的特点、性能及限制,系统的预期目的,对系统及其性能的修改,采取的人为监督措施,所需的计算和硬件资源等内容。

⑤制定人为监督体系

如前所述,高风险人工智能系统的应用可能对自然人的健康、安全等基本权利产生负面影响,因此欧盟认为有必要对人工智能系统进行人为监督。具体而言,根据《人工智能法案》第14条的规定,高风险人工智能系统的设计和开发方式应能确保在人工智能系统运行期间,可由个人进行监督;具体监督措施应与人工智能系统的风险、自主程度与使用环境等因素相匹配。

进一步而言,为了确保人为监督体系能够有效运行,一方面,应当确保人为监督人在适当情况下能够实际使用人工智能系统,以了解系统的相关能力与局限性,监测系统的运行情况,并有权通过停止按钮等设计中断系统的运行。另一方面,监督人应当具有一定的人工智能素养,能够正确理解人工智能系统的输出结果、过度依赖人工智能系统输出结果可能造成的影响等内容,从而作出合理的监督决定。

⑥确保高风险人工智能系统的准确性、稳健性和网络安全水平

人工智能系统作为一种产品或服务,确保其输出内容的准确性、服务的稳定性与稳健性方能构建可信任的人工智能系统生态环境。基于此,《人工智能法案》延续了2021年《人工智能法案》提案中的高风险人工智能系统的准确性、稳健性和网络安全的要求,且应确保准确性、稳健性和网络安全能

够贯穿人工智能系统的全生命周期。

首先,为了衡量准确性、稳健性的具体指标水平,欧盟委员会将与利益相关方、标准制定机构等主体"协作共治",酌情制定衡量方法。

其次,一方面,高风险人工智能系统本身应当尽可能避免系统内部或运行环境中出现错误或故障,并可通过备份或故障安全计划等措施维护系统的稳健性。另一方面,系统提供者还应设置相应的管理和技术措施,从而确保人工智能系统具有一定的"弹性",以防止未经授权的第三方通过系统漏洞对系统产生不利影响。例如,提供者需采取合理措施应对可能涉及的"数据投毒""模型投毒"的攻击。

⑦日志记录与保存

《人工智能法案》第12条规定,高风险人工智能系统应在技术上具备自动记录日志的能力。我们理解,对系统运行进行自动记录的能力有助于确保高风险人工智能系统的活动始终处于可追溯状态,从而及时解决风险。

进一步而言,为确保人工智能系统的可追溯性与其预期目的相适应,人工智能系统的日志记录能力需能够确定导致人工智能系统产生损害自然人基本权利的风险、实质性修改的相关情况,有助于实现对系统投入市场后的监测,并能实际监督系统的运行。如果是远程生物识别系统,还应当进一步记录使用系统的开始及结束时间、对输入数据进行核对的参考数据库、识别结果对应的自然人身份等信息。

此外,根据《人工智能法案》第19条的规定,高风险人工智能系统提供者还应保存系统自动生成的日志;日志记录时间需与人工智能系统的预期目的相适应,且至少为6个月。

⑧构建质量管理体系

《人工智能法案》第17条规定,高风险人工智能系统提供者应建立质量管理体系,确保其遵循《人工智能法案》的相关规定。

表26 质量管理体系构建要求

序号	要求
1	合规策略，包括遵守符合性评估的程序等
2	用于高风险人工智能系统的设计、设计控制和设计验证的技术、程序和系统操作
3	用于高风险人工智能系统的开发、质量控制和质量保证的技术、程序和系统操作
4	在开发高风险人工智能系统之前、期间和之后要进行的检查、测试和验证程序及频率
5	拟采用的技术规格
6	数据管理的体系和流程
7	风险管理体系
8	上市后高风险人工智能系统监测计划
9	与报告严重事故有关的程序
10	处理与国家主管机关等有关机构沟通的程序
11	相关文件和信息的记录保存体系
12	资源管理，如与供应安全有关的措施
13	问责框架，规定管理层和其他工作人员就前述各方面的责任

原则上，高风险人工智能系统提供者应当按照前述要求落实构建质量管理体系的要求，但是，考虑到质量管理体系是企业广泛采用的标准化实践，《人工智能法案》的质量管理要求可能与现有企业质量管理体系，如ISO 9000系列标准存在重叠适用的可能性，因此，《人工智能法案》在既有规则基础上，明确规定相关企业可将高风险人工智能系统的质量管理体系纳入现行立法的既有质量管理体系当中。

2.人工智能系统投放市场时

①开展符合性评估

为了确保高风险人工智能系统的合规性，根据《人工智能法案》第43条的规定，相关系统提供者在将其投放市场前应当进行符合性评估（Conformity Assessment）。

符合性评估分为自评估和第三方评估。但在特定情况下，提供者仅能通过第三方进行符合性评估，具体情形视欧盟协调标准（Harmonised Standards）和通用规范（Common Specifications）的存在情况和提供者的应用情况而定。[①]

表27 《人工智能法案》所述开展符合性评估的要求和流程

高风险人工智能系统/主体类型	评估条件		评估方式
高风险人工智能系统（附录3）	远程生物识别系统、用于生物分类的人工智能系统、用于情绪识别的人工智能系统（附录3第1条）	如高风险人工智能系统提供者已应用欧盟协调标准或通用规范	依据附录6进行自评估，或依据附录7进行第三方评估（第43条第1款第1项）
		如不存在欧盟协调标准或通用规范，或者提供者未应用、未完全应用欧盟协调标准和通用规范或应用时受到限制	依据附录7进行第三方评估（第43条第1款第2项）
	针对《人工智能法案》附录3所述的其他高风险人工智能系统		依据附录6进行自评估（第43条第2款）
产品制造商	如果产品制造商适用的行业立法规定了本行业的协调标准，但该协调标准并未符合《人工智能法案》项下的协调标准或通用规范		根据该行业立法的规定以及附录7的部分规定开展第三方评估（基于第43条第3款得出）
	如果产品制造商适用的特定行业立法规定了本行业的协调标准，且该协调标准也符合《人工智能法案》项下的协调标准或通用规范		可选择不适用第三方评估（第43条第3款）

[①]《人工智能法案》第40条和第41条分别就欧盟协调标准和通用规范进行了规定。概括而言，协调标准和通用规范均旨在为提供者设立一定的基准，提供者在某些义务要求上符合该基准的要求，即推定提供者符合要求地履行了这项义务。区别在于，协调标准是自愿性的，而通用规范通常是强制性的。因此，在缺乏协调标准和通用规范的指导下，提供者开展自评估可能存在一定的任意性，因而《人工智能法案》进一步要求该情况下应引入第三方进行符合性评估。

当已经过符合性评估的高风险人工智能系统发生实质修改时,其应重新开展符合性评估。

②开展基本权利影响评估

特定的高风险人工智能系统部署者将系统首次实际投入使用前,应当开展基本权利影响评估(Fundamental Rights Impact Assessment)。

根据《人工智能法案》第27条的规定,开展基本权利影响评估时,部署者应至少就按照人工智能系统预期目的使用系统的过程、预期使用时间及频率、可能受到系统使用影响的个人和群体类别及对应的损害风险、人为监督措施、风险应对措施等内容进行评估。完成基本权利影响评估后,部署者应按照人工智能办公室提供的问卷模板告知市场监管机关相关评估情况。同时,在评估因素发生变化后,部署者还需采取措施及时更新相关信息。

此外,鉴于欧盟《通用数据保护条例》第35条就数据控制者在使用新技术涉及的数据处理方式可能给自然人的权利和自由带来高度风险的情况下开展数据保护影响评估进行了规定,《人工智能法案》第27条第4款也补充了数据保护影响评估和基本权利影响评估的关系,即如《人工智能法案》项下关于基本权利影响评估的义务已通过数据保护影响评估得到了履行,则基本权利影响评估应作为数据保护影响评估的补充。

③制定欧盟符合性声明

《人工智能法案》第47条规定,高风险人工智能系统提供者应当为其系统制定欧盟符合性声明(EU Declaration of Conformity)。欧盟符合性声明是欧盟要求在其范围内销售产品的制造商或分销商出具的法律文件,其作用是表明该产品符合适用法规的全部要求,是欧盟对其范围内产品的安全要求。

具体到高风险人工智能系统这一产品,《人工智能法案》要求提供者制定书面、机器可读的符合性声明时,应对其所提供的高风险人工智能系统遵循《人工智能法案》规定的合规义务的情况进行说明。如其他欧盟立法同样要求高风险人工智能系统提供者出具符合性声明时,提供者应合并起草，并根据实际情况进行更新。

此外，在高风险人工智能系统投入市场使用后的10年内，符合性声明将由成员国的国家主管机关保存。

④加贴CE标识

与符合性声明类似，CE标识也是欧盟对在其范围内所销售产品的安全要求。根据《人工智能法案》第48条规定，欧盟要求高风险人工智能系统提供者在经评估程序认定其高风险人工智能系统合格后，对其提供的系统贴上CE标识，这一要求也符合欧盟对在管辖范围内销售的产品进行安全管理的一般要求。

首先，CE标识应当符合（EC）765/2008号法规[①]第30条的一般规定。其次，CE标识应当明显、清晰且不可擦除。再次，考虑到人工智能系统可能仅以电子形式提供服务，在人工智能系统交互界面易于用户访问、浏览等情况时，提供者可以酌情使用数字化CE标识。最后，如适用，提供者还应在CE标识中附随提供开展符合性评估的认证机构的识别码。

⑤完成欧盟数据库备案

根据《人工智能法案》第49条和第71条的规定，在高风险人工智能系统投放市场或投入使用前，其提供者或授权代表应当在欧盟数据库中进行备案。对于部署者，《人工智能法案》第71条第3款也规定了高风险人工智能系统部署者的备案义务，即公共当局、机构或组织作为部署者也应在数据库中就其各自使用特定高风险人工智能系统的情况进行备案。

《人工智能法案》附录8对各类义务主体应当向欧盟数据库提交的备案

---

① The European Parliament and the Council, *Regulation (EC) No 765/2008 of the European Parliament and of the Council of 9 July 2008 setting out the requirements for accreditation and market surveillance relating to the marketing of products and repealing Regulation (EEC) No 339/93 (Text with EEA relevance)*, https://eur-lex.europa.eu/eli/reg/2008/765/oj.［参见欧盟官网上的"欧洲议会和理事会2008年7月9日颁布的第765/2008号（EC）条例规定了与产品营销相关的认证和市场监督要求，并废除了第339/93号（EEC）条例（与欧洲经济区相关的内容）"，2025年2月5日访问］

信息进行了规定。例如，在备案时，高风险人工智能系统提供者应填写其名称、地址和联系方式（提供者如有授权代表或代理，还应提供授权代表的姓名、地址、联系方式）；高风险人工智能系统对应的商品名称及相关资料；对人工智能系统的概括性描述；系统使用的信息（数据、输入）和其操作逻辑的基本简明描述；人工智能系统的市场投放状态；认证相关信息；人工智能系统预计投放成员国；欧盟符合性声明副本；电子化使用说明等内容。

3.人工智能系统投放市场后

①制定上市后风险监测体系

《人工智能法案》第72条规定，人工智能系统提供者应当依据人工智能技术的特性，结合技术应用可能引发的实际风险，建立上市后的人工智能系统监测体系。

上市后监测体系应当积极并系统性地收集和记录相关数据，包括高风险人工智能系统在其整个生命周期内的性能的相关数据，该系统与其他人工智能系统进行交互的情况等。通过上述数据，提供者可评估判断该系统是否持续覆盖符合《人工智能法案》第3编第2章规定的要求。

上市后监测体系必须基于上市后监测计划进行，上市后监测计划是技术文档的组成部分，应当在技术文档中进行披露。此外，制订上市后监测计划时，相关企业需依据欧盟委员会在《人工智能法案》生效后通过的实施法令制订，并兼顾其他适用法律的要求。

②采取纠正措施及通知

与汽车、电脑等产品类似，高风险人工智能系统投入市场销售或使用后，仍可能出现不符合《人工智能法案》规定的情形。为了及时进行纠正，《人工智能法案》第20条规定，高风险人工智能系统提供者认为或有理由认为上市后的高风险人工智能系统不再符合《人工智能法案》的要求时，应当立即采取措施进行纠正、撤回、停用或召回。

此外，如果涉及严重事件，提供者还应在与告知的部署者合作的基础上，立即调查严重事件的原因，并将不符合《人工智能法案》规定的性质以及所采取的纠正措施通知相应的成员国市场监督管理机关以及为该系统进行认证的认证机构。

③报告严重事件

《人工智能法案》第73条规定，高风险人工智能系统提供者负有向严重事件发生地的成员国市场监督管理机关报告的义务。

就报告时间而言，提供者应当在确定特定高风险人工智能系统和严重事件存在或可能存在因果关系后立即进行报告，且在任何情况下均不得迟于提供者和相应的部署者意识到该严重事件的15日（如果是大范围违规事件或《人工智能法案》第3条第49款定义的严重事故，则为2日；如果是导致个人死亡的严重事件，则为10日）内。

就报告程序而言，为符合时效性的要求，提供者或部署者可以先提交初步报告，并在后续追加更新。

报告发生的严重事件后，提供者必须立即对严重事件开展必要的调查，包括风险评估和纠正措施。调查应与主管机关和相关认证机构进行合作，并且在未通知主管机构前，提供者不得开展任何可能导致改变人工智能系统，从而影响后续事故原因评估的调查。

④通知风险情况

与前述高风险人工智能系统提供者严重事件报告义务相对应，进口商、分销商和部署者需要向提供者履行风险通知义务。根据《人工智能法案》第23条第2款、第24条第2款以及第26条第5款的规定，当进口商、分销商和部署者有理由确信存在导致人工智能系统出现了《人工智能法案》第79条第1款规定的可能损害相关个人健康、安全及其他基本权利的风险，或识别到任何严重风险时，其应当立即通知相应的对象。各义务主体的通知对象存在些许差异，这些差异产生的原因可能源于各义务主体在人工智能系统投入市场的环节和作用的不同。

表28 风险通知要求

义务主体	风险或事件类型	通知对象
进口商	（EU）2019/1020条例①所规定的可能对个人的健康、安全，工作场所的健康、安全、消费者保护、环境、公共利益以及欧盟立法保护的其他利益产生不利影响的风险，其影响程度超出了在预期用途或可合理预见使用情况下被认为是可接受的程度	提供者、授权代表、市场监督管理机关
分销商		提供者或进口商
部署者		提供者或分销商，以及相应市场监督管理机关
	严重事件	提供者（首先告知）、进口商或分销商以及相关市场监督管理机关

⑤配合监管部门开展工作

《人工智能法案》明确了国家市场监督机关等主体作为《人工智能法案》框架下的主管部门。主管部门履行职责的过程中，人工智能系统相关主体如提供者应当积极配合。

例如，对于高风险人工智能系统，市场监督管理机关有权访问提供者用于研发高风险人工智能系统的文档、训练、验证和测试数据集；有权在满足特定情况下访问高风险人工智能系统的源代码（第74条）。另外，国家公共部门也有权就基本权利保护事项，要求并访问基于《人工智能法案》形成的任何文档（第77条）。

对于通用人工智能系统，人工智能办公室拥有《市场监管法》所规定的所有权力，以对其是否遵守《人工智能法案》进行监测和监督（第75条）。

---

① The European Parliament and the Council, *Regulation (EU) 2019/1020 of the European Parliament and of the Council of 20 June 2019 on market surveillance and compliance of products and amending Directive 2004/42/EC and Regulations (EC) No 765/2008 and (EU) No 305/2011 (Text with EEA relevance.)*, https://eur-lex.europa.eu/legal-content/EN/TXT/?uri=celex:32019R1020.［参见欧盟官网上的"欧洲议会和理事会2019年6月20日关于产品市场监督和合规性以及修订2004/42/EC指令和法规（EC）No 765/2008和（EU）No 305/2011的条例（EU）2019/1020（与欧洲经济区相关的内容）"，2025年2月5日访问］

例如，人工智能办公室可以采取必要措施以监测通用人工智能模型提供者对《人工智能法案》有效实施和遵守的情况（第89条）；开展对通用人工智能模型的评估，以评估提供者是否遵循《人工智能法案》的有关义务或调查其系统性风险（第92条）。同时，欧盟委员会有权要求通用人工智能模型提供者起草并提交说明文件以及其他必要材料，以评估提供者是否遵守《人工智能法案》的义务（第91条）；并要求提供者采取整改措施，以恢复提供者对于《人工智能法案》的遵守状态或解决系统性风险（第93条）。

对于所有的提供者（第21条）、进口商（第23条第7款）、分销商（第24条第6款）和部署者（第26条第12款），在面对各有权监管机构执法时，均有义务进行协助和配合，提供相关材料并支持其各项评估监管活动的开展。

（二）有限风险人工智能系统的合规要求

针对有限风险人工智能系统的监管，虽然欧盟对其并未施加类似于高风险人工智能系统的严格合规义务，但《人工智能法案》仍对有限风险的特定人工智能系统提出了一定的透明度要求。根据2021年《人工智能法案》提案序言5.2.4的解释，透明度义务旨在应对有限风险人工智能系统的具体操纵风险（Specific Risk of Manipulation），保障人们能够作出知情选择或退出特定场景。延续至最新《人工智能法案》，其第50条依据人工智能系统的不同类型，提出了个性化的透明度义务要求，具体如下表所示。

表29 《人工智能法案》所述有限风险人工智能系统的透明度义务

系统类型	与人类直接互动的人工智能系统	生成音频、图像、视频或文本内容的人工智能系统	情绪识别人工智能系统、生物特征分类人工智能系统	生成或操纵构成深度伪造的图像、音频或视频内容的人工智能系统	为了向公众提供有关公共利益问题的信息而使用的人工智能系统
义务主体	系统提供者	系统提供者	系统部署者	系统部署者	系统部署者

续表

系统类型	与人类直接互动的人工智能系统	生成音频、图像、视频或文本内容的人工智能系统	情绪识别人工智能系统、生物特征分类人工智能系统	生成或操纵构成深度伪造的图像、音频或视频内容的人工智能系统	为了向公众提供有关公共利益问题的信息而使用的人工智能系统
义务内容	告知用户其正在与人工智能系统互动	确保人工智能系统的输出机器可读；可检测其内容系人为生成或操纵；在技术可行的情况下，确保其技术解决方案是有效、可互操作、稳健和可靠的，同时已结合不同类型的特殊性、局限性、成本等相关参考因素	告知用户上述系统的运行情况	告知用户构成深度伪造的图像、音频或视频内容是由人为生成或操纵的	告知用户其为了向公众提供有关公共利益问题的信息而发布的文本是人为生成的
例外情形	从一个具有合理观察力、谨慎的自然人的角度来看，结合其应用场景，与人工智能的交互是显而易见的；法律授权的在适当保护第三方权利和自由的情况下用于侦查、预防、调查和起诉刑事犯罪的情形	系统仅执行标准编辑的辅助功能；没有实质性改变部署者输入的数据或数据的语义；经法律授权用于侦查、预防、调查和起诉刑事犯罪的情形	法律授权的在适当保护第三方权利和自由的情况下用于侦查预防和调查刑事犯罪的情形	法律授权的为了侦查、预防、调查和起诉刑事犯罪的情形；若生成内容构成明显具有创造性、讽刺性、艺术性或虚构性的作品或节目的一部分，则前述义务仅限于以不妨碍作品展示或欣赏的适当方式披露此类生成内容的存在	法律授权的为了侦查、调查和起诉刑事犯罪的情形；内容经人工审核或编辑控制；自然人或法人对发布的内容负有编辑责任的情形
履行要求	最迟应在首次互动或接触时、以清晰可辨的方式提供，且适用无障碍要求					

此外，根据《人工智能法案》第50条第6款的规定，前述透明度要求为《人工智能法案》对有限风险人工智能系统提出的初步透明度要求，不影响欧盟或成员国在此基础上制定其他透明度规则。

（三）通用人工智能模型提供者的合规要求

随着ChatGPT等人工智能应用在世界范围内掀起热议，欧盟理事会于2022年12月6日就《人工智能法案》达成一致立场时，新增了有关通用人工智能模型的合规要求。根据《人工智能法案》，通用人工智能模型被定义为能够使用大量数据进行大规模自我监督训练、具有通用性、可用于多种用途且可集成至各类下游系统的人工智能模型。而通用人工智能系统则是基于通用人工智能模型形成的人工智能系统。

值得注意的是，通用人工智能模型同样受到"以风险为进路"的规制，即当通用人工智能被认定为具有系统性风险（System Risk）时，相应提供者需履行《人工智能法案》所述的额外合规义务。

1.履行透明度义务

与有限风险人工智能系统提供者类似，受《人工智能法案》管辖的通用人工智能模型提供者也需履行一定的透明度义务。其一，如通用人工智能系统用于生成音频、视频或文本等内容，提供者应确保生成内容机器可读并显示其为人工智能生成。其二，编制并适时更新技术文件，以便向人工智能办公室及国家主管机关提供。其三，考虑到通用人工智能模型可能被集成至下游人工智能系统，通用人工智能模型提供者应当制定、更新面向人工智能系统提供者提供的信息清单，从而提高下游人工智能系统提供者对通用人工智能的了解，实现对《人工智能法案》的遵守。其四，通用人工智能模型提供者应当保护受著作权法保护的数据和内容，基于此，《人工智能法案》第53条规定，提供者需要制定内部政策以遵循欧盟著作权法的相关要求。其五，根据人工智能办公室提供的模板，通用人工智能提供者应当公开披露其关于用于训练通用人工智能模型的数据的相关情况。

2.系统性风险评估及缓释义务

根据《人工智能法案》第55条的规定，具有系统性风险的通用人工智能模型提供者还需就系统性风险履行额外的风险评估及缓释措施。

具体而言，其一，提供者应对模型进行评估，如开展对抗测试，以识别、减轻模型的系统性风险。其二，跟踪、记录、及时向人工智能办公室报告并依据实际情况选择向国家主管机关报告通用人工智能模型发生的严重事件以及为解决相关严重事件而采取的纠正措施。其三，确保具有系统性风险的通用人工智能模型及其所依赖的物理基础设施具有充分的网络安全保护水平。

第八章 | 美国生成式人工智能合规框架

一、美国生成式人工智能合规监管体系概述

(一) 美国生成式人工智能治理的基本原则

总体上,美国目前对于生成式人工智能的监管仍呈较为灵活开放的态度,暂未出台专门性的治理法规。近年来,世界各地人工智能技术的发展所带来的隐患日益凸显,美国对人工智能的治理政策也在试图向加强监管靠拢。

在过去的几年,美国联邦政府陆续尝试出台了相应的政策法规,进一步加大对人工智能的治理力度。尽管美国逐渐加快了人工智能治理的顶层设计步伐,但现阶段尚未确立国家层面统一的人工智能治理原则。

虽然其中绝大部分立法因为美国对人工智能强监管仍持有的摇摆态度、对人工智能性能创新及鼓励产业创新的重视等多种原因并未正式通过或被搁置,倡议、声明等文件也仅具有软性的倡导性而未转换为具有强制力的正式法案。但在此过程中,仍出现了一些相对而言具有一定影响力的政策文件,美国现有的人工智能治理原则也散见于政府及相关部门发布的政策文件和行业组织制定的指引性文件当中。除此之外,美国非政府组织、机构等也在不断探索并提出治理生成式人工智能的原则及框架。

1.法律政策文件中的治理原则

自2020年以来,美国政府陆续出台了一些政策、法令,并提出了一系列关于人工智能治理的原则。

2022年10月，美国白宫科学与技术政策办公室（White House Office of Science and Technology Policy，OSTP）发布了《人工智能权利法案蓝图：让自动化系统为美国人民服务》（Blueprint for an AI Bill of Rights：Making Automated Systems Work for the American People）（以下简称《人工智能权利法案蓝图》）。[1]《人工智能权利法案蓝图》尽管不具备正式的法律效力，但也为自动化系统、人工智能技术的构建和发展提出了原则框架，为人工智能技术所应遵循的价值观提供了指引。《人工智能权利法案蓝图》主要提出了五项基本的原则，具体包括：第一，安全有效的系统。第二，防止算法歧视。第三，保护数据隐私。系统应当内置保护措施，以保护公民免于滥用数据行为的侵害，同时，个人有权利决定其如何使用与自身相关的数据。第四，通知及说明。第五，人类参与决策。

2023年5月23日，美国白宫发布了《国家人工智能研发战略计划2023年更新》（National Artificial Intelligence Research and Development Strategic Plan 2023 Update）[2]并公布了一系列围绕美国人工智能使用和发展的新举措。作为一份国家战略计划，该文件虽不具有法律上的强制性效力，但为美国近年来人工智能研发和治理提供了持续的战略指导。该计划主要提出九项战略目标，主要包括：（1）对基础和负责任的人工智能研究进行长期投资。（2）开发有效的人类—人工智能协作方法。（3）理解并解决人工智能的伦理、法律和社会影响。（4）确保人工智能系统的安全。（5）开发用于人工智能训练和测试的共享公共数据集和环境。（6）通过明确标准衡量和评估人工智

---

[1] The White House, *Blueprint for an AI Bill of Rights: Making Automated Systems Work for the American People* (October 2022), https://bidenwhitehouse.archives.gov/ostp/ai-bill-of-rights/.（参见美国白宫官网上的"人工智能权利法案蓝图：让自动化系统为美国人民服务"，2025年2月5日访问）

[2] The White House, *National Artificial Intelligence Research and Development Strategic Plan 2023 Update* (May 2023), https://www.nitrd.gov/national-artificial-intelligence-research-and-development-strategic-plan-2023-update/.（参见美国政府官网上的"国家人工智能研发战略计划2023年更新"，2025年6月10日访问）

能系统。（7）更好地了解国家人工智能研发劳动力需求。（8）加强公私合作以加速人工智能发展。（9）建立有原则和可协调的人工智能研究国际合作方法。

上述政策性文件虽无法律强制力，但为美国人工智能发展及治理提供了必要的原则性指引。从其共性特征来看，美国政府对于人工智能系统的发展主要秉持确保安全、保障人权、加速发展等理念。但聚焦于生成式人工智能的发展，美国在2023年以前尚未出台专门的治理原则，原因可能在于生成式人工智能技术自2023年Open AI发布ChatGPT大模型后，才迎来行业井喷式发展，生成式人工智能技术的发展和治理才引起政府及社会的极大关注。

2023年10月30日，美国总统拜登签署了一项与人工智能有关的行政命令：《关于安全、可靠和值得信赖的人工智能的行政命令》（Executive Order on Safe, Secure, and Trustworthy Artificial Intelligence）[①]，这也是美国总统所签署的第一个人工智能行政命令。

该命令强调了关于人工智能治理的八项原则，并在每一项原则下相应提出了一系列政策要求与展望，尽管不直接监管私营企业，但要求商务部（Department of Commerce）、能源和国土安全部等联邦机构与部门发布人工智能领域的标准和指南，利用其现有权利监管人工智能的开发和使用。具体包括：（1）确保人工智能技术的安全和保障。（2）促进创新和竞争。（3）支持工人。（4）促进公平和公民权利。（5）保护消费者、患者、乘客与学生。（6）保护隐私。（7）推动联邦政府对人工智能的使用。（8）加强美国的海外领导力。

2023年12月，美国两名国会众议员提出一项名为《人工智能基础模型

---

① The White House, *Executive Order on Safe, Secure, and Trustworthy Artificial Intelligence* (October 2023), https://www.federalregister.gov/documents/2023/11/01/2023-24283/safe-secure-and-trustworthy-development-and-use-of-artificial-intelligence.（参见联邦公报官网上的"安全、可靠、值得信赖的人工智能开发和使用"，该行政命令已于2025年1月20日撤销）

透明法案》（AI Foundation Model Transparency Act of 2023）[①]的新法案，该法案旨在推动人工智能公司更透明地披露其受版权保护的训练数据。根据法案规定，美国联邦贸易委员会（Federal Trade Commission，FTC）将与美国国家标准与技术研究院（National Institute of Standards and Technology，NIST）合作，制定有关训练数据源透明度报告的规则。此外，该法案强调了版权透明对于人工智能模型数据训练的重要性，要求人工智能大模型所有者报告训练数据来源，同时披露模型的局限性或潜在风险。

2. 其他原则框架

除了上述政府发布的政策文件以外，美国的民间组织、行业组织也在积极探索人工智能治理的原则框架。2023年8月10日，美国非营利组织Accountable Tech，AI Now研究所和美国电子隐私信息中心（Electronic Privacy Information Center，EPIC）联合发布《零信任人工智能治理》（Zero Trust AI Governance）。[②]该政策建议提出"零信任人工智能治理"框架的三项首要原则：（1）时间就是生命，人工智能治理首先应从加大现有法律的执行力度开始，重点关注反歧视、消费者保护、反不当竞争相关法律；（2）制定大胆、易于管理的清晰明示规则，如从根本上限制或禁止不符合人权保护的用途和数据使用情况；（3）在人工智能系统生命周期的每个阶段，公司都有义务证明其系统无害。该原则借鉴了医药领域新药上市过程中的证明责任规则。[③]

[①] Congress.gov, *AI Foundation Model Transparency Act of 2023* (February, 2024), https://www.congress.gov/bill/118th-congress/house-bill/6881/text.（参见美国国会官网上的"2023年人工智能基础模型透明度法案"，2025年2月5日访问）

[②] 清华大学人工智能国际治理研究院：《【AIIG观察第201期】美国AI Now研究所：零信任人工智能治理框架的三项原则》，https://new.qq.com/rain/a/20230901A0AULW00，2025年5月21日访问。

[③] Accountable Tech, AI Now Institute, EPIC, Zero Trust AI Governance (August 2023), https://ainowinstitute.org/publication/zero-trust-ai-governance.（参见美国研究所官网上的"零信任人工智能治理"，2025年2月5日访问）

（二）主要治理主体及职责

1.联邦机构

（1）美国政府（白宫）

美国政府及其下属机构对于人工智能领域始终保持着密切关注，并致力于推动美国的人工智能研究、发展与应用，其中白宫内设的机构与部门对人工智能的治理的关注和参与尤为集中。近年来，各任政府治下的白宫均有发布针对人工智能的法规与政策，所形成的一系列文件和意见成为美国人工智能治理与监管的核心依据。人工智能相关政策的讨论和发布涉及白宫多个机构和部门。其中最具代表性的为科学与技术政策办公室（Office of Science and Technology Policy，OSTP）、总统科技顾问委员会（President's Council of Advisors on Science and Technology，PCAST）及美国国家科学技术委员会（National Science and Technology Council，NSTC）三个机构，它们一直被认为是美国政府科技咨询的三大重要支柱，是美国高度重视联邦科技政策决策咨询的象征。三个机构通过成立特别小组和进行专家调研、文件产出等形式，均陆续在人工智能，特别是生成式人工智能领域投入了注意力，亦代表了白宫层面对本领域的特别重视。

①科学与技术政策办公室

OSTP是美国总统行政办公室（Executive Office of the President，EOP）的一部分。于1976年经由《国家科学技术政策、组织与优先事项法案》（National Science and Technology Policy, Organization, and Priorities Act）[①]设立以来，OSTP为美国总统及白宫提供了大量的科技咨询建议，是总统制定科技政策和计划的主要顾问之一。其主要职能是在总统行政办公室的框架

[①] United States Congress, *National Science and Technology Policy, Organization, and Priorities Act* (May 1976), https://www.govinfo.gov/content/pkg/COMPS-1865/pdf/COMPS-1865.pdf.（参见美国国会官网上的"1976年国家科学技术政策、组织和优先事项法案"，2025年2月5日访问）

下，针对政府高层所关心的问题，提出有关经济、国家安全、卫生、外交关系、环境以及技术恢复和资源利用等方面的科学、工程与技术建议，并在联邦政府重大政策、计划与项目方面，充当总统的科技分析与判断来源。在人工智能领域，2022年，OSTP发布了前文提到的《人工智能权利法案蓝图》，旨在指导自动化系统的设计、使用和部署。

②总统科技顾问委员会

PCAST是唯一一个联邦政府外负责向总统和白宫提出科技创新政策建议的顾问机构，于1993年根据行政命令成立，是一个独立的联邦咨询委员会。委员会由来自工业界、学术界和非营利组织的杰出人士组成，通过其不同视角的专业知识，为美国总统提供涉及科学、技术和创新政策等一系列主题的建议。

2023年5月13日，PCAST启动了一个聚焦生成式人工智能的工作组（PCAST Working Group on Generative AI），以帮助白宫和总统评估生成式人工智能领域的关键机遇和风险，并就如何以最佳方式确保尽可能公平、负责任及安全地开发和部署相关技术提供意见，同时邀请公众就生成式人工智能发表意见。在此之前，时任美国总统拜登也曾就人工智能的机遇与风险等话题与PCAST的专家们进行会议，讨论包含科技公司的个人数据问题、定向广告，以及相关生产中对健康和安全问题的考量等。对于成立生成式人工智能工作组，白宫认为，生成式人工智能模型在改变各领域实践的同时，也可能被用于恶意目的，在没有保障措施的情况下使用，可能会加剧社会偏见和不平等，并侵犯各种权益，因此，在此前发布的一系列蓝图、管理框架、倡议的基础上，美国政府机构希望找到并实现鼓励创新和追求技术有益应用与识别和减轻潜在危害之间的平衡。

③美国国家科学技术委员会

NSTC于1993年11月23日根据行政命令设立，是美国行政部门协调联邦研发企业的各个实体的科技政策的主要机构。NSTC召集联邦科技领导人，为科技政策和投资制定明确的国家目标。该委员会制定的研发战略在联邦各机构间进行协调，旨在实现多个国家目标。内阁级委员会由总统担任主席，成员包括副总统、内阁部长、承担重要科技职责的机构负责人以及其他白宫官员，由OSTP负责对NSTC的日常活动进行监督。NSTC下辖六个主要委员会组织和两个特别委员会，前者包括的技术委员会（Committee on Technology）以及后者包含的人工智能特别委员会（Select Committee on Artificial Intelligence）均在美国人工智能治理中发挥了重要作用。

NSTC中的技术委员会（Committee on Technology，COT）于2016年成立了下设的机器学习和人工智能小组委员会（Subcommittee on Machine Learning and Artificial Intelligence，MLAI），其工作目的为监测机器学习和人工智能领域的技术发展状况（包含联邦政府内部、私营部门和国际范围内），关注人工智能发展中重要技术里程碑的到来，协调联邦政府对机器学习和人工智能知识和最佳实践的使用并促进其共享，以及在制定机器学习和人工智能领域的联邦研发优先事项时提供咨询。而NSTC下设的人工智能特别委员会（Select Committee on Artificial Intelligence）成立于2018年6月，负责就机构间人工智能研发优先事项和改善联邦人工智能工作的协调向白宫提供建议，以确保美国在该领域继续保持领先地位。委员会成员重点关注人工智能研发的优先考虑与促进、使人工智能社区利用联邦数据和计算资源以及培训人工智能预备劳动力的政策。

（2）联邦部门与机构

除了白宫内部，联邦政府层面各委员会和部门亦对人工智能治理有所涉及，其中既包含部分专设机构，也包含联邦政府部门就其职权范围内与人工智能有关的事项履行治理责任。

一方面，联邦层面成立了一些独立机构，聚焦人工智能治理与发展。例如，美国人工智能国家安全委员会（National Security Commission on Artificial Intelligence，NSCAI）在美国人工智能治理的政策发展中发挥过重要作用，其为美国在2018年根据《约翰·S.麦凯恩2019财年国防授权法案》(John S. McCain National Defense Authorization Act for Fiscal Year 2019)[①]设立的一个独立委员会，旨在向总统和国会提出建议，促进人工智能、机器学习和相关技术的发展，以全面满足美国的国家安全和国防需求。委员会在2021年3月完成了其工作，发布了最终版的研究报告，就在人工智能时代保护美国国家安全，美国如何在人工智能激烈竞争中取得胜利、维持全球领导地位等展开了一系列论述，并阐述了联邦各机构此后改革的行动路线。

另一方面，针对人工智能治理，美国联邦层面各政府部门、各已有机构均在其不同职权范围内发挥了积极作用。

①美国商务部

美国商务部是美国主要联邦行政部门之一，负责国际贸易、出口管制、贸易救济在内的商务政策与执行。近年来，商务部密切关注人工智能及生成式人工智能领域的发展，并持续在人工智能监管领域展开讨论和尝试，试图寻找鼓励科技发展和控制风险的最佳平衡。2023年10月，时任美国总统拜登签署人工智能相关行政命令《关于安全、可靠和值得信赖的人工智能的行政命令》后，商务部部长吉娜·雷蒙多（Gina Raimondo）表示，"商务部在美国政府把握先进人工智能发展潜力，同时减轻危险能力或安全风险的方针中发挥着举足轻重的作用"。[②]商务部在实施该命令在内的一系列人工智能政策上发挥了关键和领导性的作用，以期将先进的标准和评估能力与强有力的

---

① United States Congress, *John S. McCain National Defense Authorization Act for Fiscal Year 2019*, https://www.congress.gov/bill/115th-congress/house-bill/5515/text.（参见美国国会官网上的"约翰·S.麦凯恩2019财年国防授权法案"，2025年6月10日访问）

② Office of Public Affairs, *Department of Commerce to Undertake Key Responsibilities in Historic Artificial Intelligence Executive Order* (Oct.30, 2023), https://www.nist.gov/news-events/news/2023/10/department-commerce-undertake-key-responsibilities-historic-artificial.（参见美国商务部官网上的"商务部将在历史性人工智能行政命令中承担关键职责案"，2025年6月10日访问）

报告要求和自愿措施相结合，实现更安全、更有保障的人工智能愿景。

具体而言，商务部下属的多个机构将开展该行政命令目标的重要组成部分，包括美国国家标准与技术研究院（National Institute of Standards and Technology，NIST）、美国工业与安全局（Bureau of Industry and Security，BIS）、国家电信和信息管理局（National Telecommunications and Information Administration，NTIA）以及美国专利商标局（United States Patent and Trademark Office，USPTO）。该份行政命令亦反映了以上商务部下属的政府机构是美国人工智能治理的重要构成。

②美国国家标准与技术研究院

NIST成立于1901年，作为一家测量标准实验室，NIST目前是隶属于美国商务部的非监管机构，其官方使命为"促进美国的创新和产业竞争力，推进度量衡学、标准、技术以强化经济安全，并改善人类的生活质量"。在人工智能领域，经过此前的长期开发与更新，NIST发布了《美国在人工智能领域的领导地位：联邦参与开发技术标准和相关工具的计划》（U.S.Leadership in AI：A Plan for Federal Engagement in Developing Technical Standards and Related Tools）[1]等一系列专业意见和报告，并围绕人工智能风险管理做出了一系列努力。

2023年1月26日，NIST发布了《人工智能风险管理框架》（AI Risk Management Framework，AI RMF）[2]，并发布了配套的行动手册、说明视频等

---

[1] National Institute of Standards and Technology, *U.S. Leadership in AI: A Plan for Federal Engagement in Developing Technical Standards and Related Tools* (August 2019), https://www.nist.gov/system/files/documents/2019/08/10/ai_standards_fedengagement_plan_9aug2019.pdf.（参见美国国家标准与技术研究所官网上的"美国在人工智能领域的领导地位：联邦参与开发技术标准和相关工具的计划"，2025年2月5日访问）

[2] National Institute of Standards and Technology, *AI Risk Management Framework* (January26 2023), https://www.nist.gov/itl/ai-risk-management-framework.（参见美国国家标准与技术研究所官网上的"人工智能风险管理框架"，2025年2月5日访问）

系列文件，其目标在于为设计、开发、部署、应用人工智能系统的组织提供参考，这一框架希望为使用和部署人工智能系统的组织提供资源，并提供了一种结构化的方式，来识别、评估和减轻人工智能系统相关的风险，确保负责任地开发和使用人工智能。此后，NIST于2023年3月30日启动了"值得信赖和负责任的人工智能资源中心（Trustworthy and Responsible AI Resource Center）"，该中心将促进AI RMF的实施与国际协调。2023年6月，NIST宣布将成立新的人工智能公共工作组（AI Public Working Groups），以将人工智能从业者、研究人员和其他各方聚集在一起，更好地了解人工智能技术如何为个人、组织、社区和世界产生影响。其中，生成式人工智能公共工作组（Generative AI Public Work Group，GAI-PWG）于2023年7月成立，旨在带头开发跨部门的AI RMF配置文件，以支持AI RMF的稳健使用，管理生成式人工智能模型或系统的风险。

此外，NIST正在建立美国人工智能安全研究所（AI Safety Institute），为了支持该研究所，2024年2月，美国商务部发布公告，建立了人工智能安全研究所联盟（Artificial Intelligence Safety Institute Consortium，AISIC），联盟汇集了200多个人工智能创造者和使用者、学术界、政府和行业研究人员以及民间社会组织，旨在为人工智能测量和政策制定基于科学和经验支持的指导方针和标准，共同支持安全可信的人工智能的开发和部署。

③美国国家电信和信息管理局

NTIA为隶属于美国商务部的行政机构，是总统在信息技术和电信政策方面的主要顾问，负责协助进行美国国内及跨国间的电信和信息政策的拟定，其中包含对于人工智能的验证措施与政策制定。同样以开发和部署负责任的人工智能系统为原则，NTIA致力于收集意见并向政策制定者和其他利益相关者通报哪些步骤可能有助于确保这些系统的安全、有效、负责任和合法。NTIA希望帮助建立一个由人工智能审计、评估、认证和其他政策组成的生态系统，以支持人工智能系统赢得信任。

举例而言，2023年4月，NTIA发布了《人工智能问责政策征求意见书》（AI Accountability Policy Request for Comment），[①]就人工智能审计与风险评估、建立人工智能问责制度、支持人工智能系统的可信性等问题公开征求意见，以回应同时发生的人工智能广泛应用与越发显著的人工智能和算法致害事件。2024年2月21日，NTIA就《关于安全、可靠和值得信赖的人工智能的行政命令》中涉及可广泛获得模型权重的双重用途基础模型（Dual-use Foundation Models for Which the Model Weights are Widely Available）的相关内容发布征求意见书，收集相应政策和监管建议，以用于考察其潜在收益、风险和影响，并将向总统提交一份报告。

④联邦贸易委员会

联邦贸易委员会是美国政府的独立机构，其核心任务在于消费者保护及消除反竞争性的商业行为。因此FTC对于人工智能，尤其是生成式人工智能的监管集中于消费者保护以及反垄断视角。

针对消费者保护，FTC发布了一系列提示和声明，以加强对于人工智能企业的监管，避免人工智能带来的消费者欺诈和损害，监管范围包括人工智能企业的用户协议、隐私政策、系统开发与使用等。例如，2023年4月，FTC与消费者金融保护局、司法部民权司、平等就业机会委员会四部门发表联合声明，承诺将加强法律法规执行，监督自动化系统的开发与使用，保护消费者免遭人工智能滥用带来的欺诈和自动歧视威胁。2024年2月，FTC就禁止使用人工智能，尤其是人工智能生成深度伪造以冒充个人的规则征求公众意见，并于3月正式发布了《冒充政府和企业的贸易监管规则》（Trade Regulation Rule on

---

① National Telecommunications and Information Administration, *AI Accountability Policy Request for Comment* (April 2023), https://www.ntia.gov/issues/artificial–intelligence/stakeholder–engagement/request–for–comments.（参见美国国家电信和信息管理局官网上的"人工智能问责政策征求意见"，2025年2月5日访问）

Impersonation of Government and Businesses），[①]赋予自身打击使用人工智能冒充企业和政府机构的诈骗者的有力工具，FTC可以直接就此类欺诈向联邦法院提起诉讼，并且，FTC希望将该规则扩展至对人工智能冒充个人的规制上。

反垄断角度，近两年FTC密切关注生成式人工智能企业的投资和合作动向，认为生成式人工智能带来了一些竞争担忧，如市场领导者可能使用不公平竞争的方法以巩固权力，获得对市场的控制权。例如，2024年1月25日，FTC即发起了一项调查，审查Alphabet、微软和亚马逊对生成式人工智能初创公司Open AI和Anthropic的投资和合作关系，责令上述五家生成式人工智能和云服务商公司提交近期的投资和合作信息，以调查其合作关系背后的战略理由及实际影响、交易对市场竞争的影响以及对人工智能投入和资源的竞争。

⑤其他部门

此外，即使不作为直接执法部门或政策咨询部门，其他诸多联邦机构也均从其自身角度出发积极进行人工智能发展和治理的探索。较为常见的做法是下设专门的人工智能相关机构，以展开相应领域的调研和执法。

举例而言，2019年9月，美国能源部宣布成立人工智能与技术办公室（Artificial Intelligence and Technology Office，AITO），以辅助能源部集中于现有工作，同时维护盟友间的合作伙伴关系，并为美国的人工智能研究人员提供联邦数据、模型和高性能计算资源等。

2023年9月，美国国家安全局宣布其正在建立一个人工智能安全中心（AI Security Center），负责监督美国国防和情报部门人工智能能力的开发和整合。美国专利商标局等部门亦有此类下属机构设立。针对职权范围内的

[①] Federal Trade Commission, *Trade Regulation Rule on Impersonation of Government and Businesses* (month 2024), https://www.federalregister.gov/documents/2024/03/01/2024-04335/trade-regulation-rule-on-impersonation-of-government-and-businesses.（参见联邦公报官网上的"冒充政府和企业的贸易监管规则"，2025年2月5日访问）

人工智能发展与治理议题专设工作组或工作中心的方式普遍存在于各联邦机构中。以上足见美国联邦层面对于人工智能治理的重视以及治理主体的广泛性。

（3）国会

作为立法机关，美国国会持续在立法层面做出人工智能的规制尝试：近年来，美国国会先后提出了一系列人工智能治理为中心的法案草案，尽管部分法律提案最终搁置，部分提案一直在讨论和更新的过程中，截至2024年4月，美国并没有已生效的、较为全面的人工智能联邦法案，但可从中窥见国会对于人工智能治理的积极性。对于近几年美国提出的人工智能相关法案，详见下文"二、主要规定与历史沿革"部分。

除了立法尝试之外，为确定对人工智能的治理方向并完善相关法律法规，国会对人工智能业界的意见也进行了相当多的收集与参考。如2023年9月，美国国会参议院多数党领袖查克·舒默（Chuck Schumer）举办了名为"人工智能洞察论坛"的闭门会议，邀请一批涉及人工智能的企业参加，包括OpenAI的首席执行官萨姆·奥特曼、特斯拉的首席执行官埃隆·马斯克（Elon Musk）、Meta首席执行官马克·扎克伯格（Mark Zuckerberg）等都出席了会议。此次会议受到广泛关注，国会表示召开此次会议旨在为人工智能监管政策奠定基础，对此有必要听取业界企业的意见，希望最大限度地降低人工智能带来的风险。

此外，美国国会及其下属机构召开了多次听证会，如美国参议院司法隐私、技术和法律小组委员会（Senate Judiciary Privacy, Technology & the Law Subcommittee）于2023年5月举办了名为"人工智能监督：人工智能规则"（Oversight of A.I.：Rules for Artificial Intelligence）听证会，聚焦人工智能技术增长带来的公权力监管、就业以及用户关系等挑战，该场听证会邀请了OpenAI首席执行官萨姆·奥特曼出席并针对人工智能治理提出建议；又如国会众议院军事委员会下属的网络、信息技术与创新小组委员会

（House Subcommittee on Cyber，Innovative Technologies，and Information Systems，CITI）于2023年7月召开的"人与机器：战场上的人工智能"（Man and Machine：Artificial Intelligence on the Battlefield）听证会，讨论国防领域采用人工智能的现状、发展与风险。国会开展的一系列围绕人工智能使用和治理的听证会，均可以看作美国国会对人工智能治理立法的广泛准备。

2.地方机构

联邦制下，美国各州作为人工智能治理的重要主体，也在聚焦人工智能尝试进行规制。尽管大多数州目前尚未对人工智能进行明确规制，但有十余个州已颁布法律，将研究义务委托至政府或政府组织设立的实体机构，以增加机构对人工智能及其相关影响的了解。其中部分州已经根据调研情况成立了人工智能监管机构。

各州开展监管的第一步通常为成立咨询机构，召集相关领域专家展开讨论。这些机构以研究人工智能和相关技术为目标，形成并提交相应的研究报告，其中包含对于州层面人工智能治理政策的建议，涉及就业、医疗保健、教育和选举等一系列主题。和联邦层面类似，此类机构可能是临时性的。

这些政策建议中，有部分目前已经付诸实践，据此形成了较为固定的聚焦人工智能的地方治理机构。例如，佛蒙特州人工智能工作组（Artificial Intelligence Task Force）发布的评估建议促进了该州相关立法；进而根据该州州法佛蒙特州成立了人工智能理事会（Council on Artificial Intelligence）和人工智能司（Division of Artificial Intelligence），[1]前者由来自佛蒙特州各地的领导人组成的多元化团体，为佛蒙特州的人工智能使用提供指导和监督，理

---

[1] Artificial Intelligence in Vermont, Vermont government, https://digitalservices.vermont.gov/ai.（参见弗蒙特州政府官网上的"佛蒙特州的人工智能"，2025年2月5日访问）

事会于每月召开理事会会议,讨论人工智能在州内使用的情况及相关立法、政策进展,该会议欢迎所有公众通过电话或视频参与;后者负责实施理事会的指导意见,并作为该州范围内的人工智能支持中心,每年都会对州政府内部人工智能系统的使用和影响进行盘点。此外,其余各州类似的机构与报告建议都在逐步建立与完善中。

二、主要规定与历史沿革

(一)美国生成式人工智能联邦监管立法及政策概述

在美国地方各州推进各类算法及人工智能治理规则的同时,联邦层面在算法治理方面发挥的引领性作用越发明显。一方面,如前所述,白宫发布了一系列行政命令和纲领性政策不断鼓励美国人工智能技术的发展,从而试图进一步维持美国在人工智能领域的领先地位。部分政策提案也趋于关注算法的透明度及算法歧视相关问题的治理。另一方面,从立法角度进行观察,美国国会也陆续提出了系列算法监管法案与政策,以确立各机关、各行业运用算法决策时所应当遵守的理念和原则。

表30 美国算法治理联邦层面政策一览

文件名称	发布机关	发布/实施时间	内容介绍
《人工智能基础模型透明法案》(AI Foundation Model Transparency Act)	美国国会	2023年12月22日提交众议院,未成为法律	该法案草案要求FTC咨询NIST、OSTP和美国版权局,以制定基础模型的透明度标准,要求基础模型部署者向消费者公开相关信息,并指导企业向消费者和FTC提供有关模型训练数据、模型训练机制及是否涉及收集用户数据的信息

续表

文件名称	发布机关	发布/实施时间	内容介绍
《生成式人工智能网络安全法（草案）》（Generating Artificial Intelligence Networking Security Act）	美国国会	2020年5月19日提交众议院，未成为法律	该法案要求美国商务部和联邦贸易委员会明确人工智能在美国应用的优势和障碍；调查其他国家的人工智能战略，并与美国进行比较；评估供应链风险以及如何化解这些风险
《数据和算法透明度协议法（草案）》（Data and Algorithm Transparency Agreement Act）	美国国会	2023年3月7日提交参议院，未成为法律	对使用算法操纵平台上内容可得性的互联网平台施加通知和同意要求，例如要求涉及的互联网平台通知用户所收集的信息类别、处理方式等
《算法问责法2023（草案）》（The Algorithmic Accountability Act of 2023）	美国国会	2023年9月21日提交众议院，未成为法律	2019年、2022年的两份《算法问责法》均未获得国会通过，2023年第三份《算法问责法》草案得到提交。本法要求公司评估其使用和销售的人工智能系统的影响，为此类系统的使用时间和方式创造透明度，并赋予消费者在与人工智能系统互动时作出知情选择的权利。具体而言要求公司评估自动化关键决策的影响，并要求联邦贸易委员会制定法规，为评估和报告提供结构化的指导方针，并建立信息库，以供消费者查阅哪些关键决策已经由公司进行自动化处理
《关于安全、可靠和值得信赖的人工智能的行政命令》（Executive Order on Safe, Secure, and Trustworthy Artificial Intelligence）	美国白宫	2023年10月30日经时任美国总统拜登签署生效，该行政命令已于2025年1月20日撤销	该行政命令是美国总统签署的第一个人工智能的行政命令，其在美国白宫此前非强制性计划的基础上提出人工智能治理的八项原则，且要求商务部、能源和国土安全部等联邦机构和部门推进相关人工智能领域的标准与指南的制定，以落实对人工智能领域的有效监管

续表

文件名称	发布机关	发布/实施时间	内容介绍
《国家人工智能研发战略计划2023年更新》（National Artificial Intelligence Research and Development Strategic Plan 2023 Update）	美国白宫	2023年5月23日发布	该文件曾于2016年和2019年发布，2023年版本重申了此前版本中对于人工智能投资、影响评估、标准监管、公私合作领域的八项原则，并更新补充了建议有原则和可协调的人工智能研究国际合作方法的原则，进一步明确了人工智能领域国际合作的原则指引
《人工智能权利法案蓝图》（The Blueprint for an AI Bill of Rights: Making Automated Systems Work for The American People）	美国白宫科学与技术政策办公室	2022年10月发布	该文件并不具备正式法律效力，但从原则框架的角度为人工智能技术的研发和使用提出了相关指引，包括保障系统安全有效、防止算法歧视、保护数据隐私、对个人进行通知及说明，并让人类参与决策

由上可知，美国联邦层面尽管也在积极推进相关立法，但与部分州层面颇有成效的立法进展不同，国会诸多立法提案被搁置或仍处在审议程序，至今尚未正式颁布专门立法。与之相对，美国政府层面正在逐步从人工智能技术监管和价值观对齐角度综合采取行政命令和非强制性指引等形式，为生成式人工智能企业提供规范指引；截至目前，尽管相关联邦机构和部门暂未就人工智能监管颁布相关行政法规，但已开始了相关征询意见的工作，如美国商务部已就具有广泛可用模型权重的两用基础人工智能模型的问题进行公开征求意见，以评估应用风险、影响及现有监管工具箱和方法论的完备性。然而，总体而言，作为一个联邦制国家，美国虽然在联邦及各州政府机关层面制定并出台了一系列法案政策，但各个法案所规制的范围或受制于地域，或聚焦于行业，不尽相同。目前尚未出现一部能够在算法治理领域发挥统领性作用的生效法律。

（二）《人工智能基础模型透明法案》重点制度框架

2023年12月22日，美国国会人工智能小组（Congressional Artificial Intelligence Caucus）副主席众议员唐纳德·拜尔（Donald Beyer）和国会人工智能小组联席主席众议员安娜·埃舒（Anna Eshoo）提出《人工智能基础模型透明法案》。法案围绕人工智能基础模型的透明度问题，要求人工智能基础模型部署者应当充分履行其对于消费者和FTC的透明披露义务，以加强对于人工智能基础模型部署者模型训练等活动的监督。

《人工智能基础模型透明法案》落脚点并不在于直接通过法案本身创设一系列对于人工智能基础模型透明度的要求，从而为生成式人工智能企业明确划定法定披露标准，而是指示FTC在综合咨询NIST、OSTP和美国版权局后，再行建立具体的透明披露要求。但是，该法案仍然是美国近年来推进对于人工智能，尤其是大量涉及基础模型使用的生成式人工智能的监管立场的重要展现，且为FTC后续以透明度为抓手对于生成式人工智能企业等基础模型使用者提供了制度框架性的要求。

1. 人工智能基础模型透明度要求监管立场

就监管立场的表述而言，该法案进一步明确并强调，美国国会已经认识到，尽管在人工智能领域，基础模型正在越来越多地进入美国公众日常生活的视野和活动中，但其透明度的欠缺对于美国公众权利的保护和著作权保护两方面都带来了显著的不利影响。

一方面，尽管人工智能基础模型正在实践中被快速推广，以用于人脸识别、健康评估、贷款发放等场景，但由于训练数据与模型训练机制的有限性，公众往往面临收到不准确或有偏见的信息的局面，且公众和监管机构都因为人工智能企业缺乏对训练数据、模型训练机制乃至于基础模型本身的披露，而难以实质性进行监管或监督，从而对人工智能基础模型应用中所导致的公众权利或消费者权利保护问题进行有效的干预。

另一方面，人工智能基础模型依赖于海量的训练数据的投入，但从现有实践中来看，由于训练数据的来源缺乏透明度，生成式人工智能企业可能将未经著作权人授权的数据投入模型训练之中，尽管这可能为模型训练本身会带来正面增益，却损害了著作权人的合法权利，且由于模型训练数据透明度的欠缺，著作权人试图保护其权利的行为也面临诸多客观阻碍，这使得著作权的保护在人工智能基础模型的语境下欠缺灵活的制度抓手。

2. 人工智能基础模型透明度要求监管框架

虽然《人工智能基础模型透明法案》并未直接确定人工智能基础模型透明度的具体披露要求，而是将这种权力转授于FTC，由FTC制定具体的披露规则，但该法案从原则性的角度，要求FTC后续在具体制定披露规则时，应当明确以下披露内容：

其一，训练数据的来源，以及在训练过程中是否和如何收集与保留数据。

其二，训练数据的规模和构成。

其三，训练数据的管理程序，包括如何编辑或过滤这些训练数据。

其四，如何标注训练数据，以及如何评估标注过程的有效性。

其五，对基础模型的预期目的和可预见的局限性或风险的描述、对该模型编辑历史的描述、该模型的版本，以及该模型的发布日期。

其六，为使该基础模型和该模型的透明度符合NIST《人工智能风险管理框架》（AI Risk Management Framework，AI RMF）等相似规则而做出的努力的描述。

其七，该基础模型符合相关公共标准或行业标准的评估情况，以及所采取的预防提供不准确或有害信息风险的措施，尤其是在基础模型涉及和医疗健康、生物或化学合成、网络安全、选举、公共治安、金融贷款决策、教育、就业或雇佣决定、公共服务、弱势群体相关领域的情形。

其八，用于训练和操作该基础模型的算力信息。

三、合规要点

(一) 生成式人工智能大模型训练数据合规

1.训练数据来源合法的相关规定

生成式人工智能大模型的发展离不开海量的训练数据。总体上，企业获取训练数据的方式多种多样，主要包括自行获取数据源、使用第三方数据源以及获取公共数据源等。在此过程中，为了确保模型训练的安全性及可靠性，公司宜注意确保训练数据源的合法合规性。目前，美国对于训练数据中所涉及的个人信息保护要求暂无专门的以及联邦层面的立法。但美国当前的治理框架已强调了对公民个人信息保护的重要性。正如前文所提到的《人工智能基础模型透明法案》，该法案已经尝试提出对训练数据来源以及在训练过程中是否和如何收集和保留数据等问题予以监督。同时，世界各国对生成式人工智能技术运用中的个人信息保护问题也十分关注。例如，2023年3月ChatGPT就曾因未就收集处理用户个人信息进行告知、缺乏处理个人信息的法律依据，而被意大利个人数据保护局禁用。其后，ChatGPT进行了包括修订隐私政策、完善用户权利响应途径、提供关闭内容记录的方式等一系列整改，最终才得以在意大利重新开放。①

考虑到美国有一定数量的业内知名人工智能科技公司，因此企业或可参考依据美国地方政府当前制定的个人数据保护规则，保障训练数据中个人信息的来源合法性。在该层面，美国加利福尼亚州于2020年发布的《加利福尼亚州消费者隐私法案》(California Consumer Privacy Act，CCPA)②以及《加

---

① 《ChatGPT获准恢复在意大利上线　监管披露OpenAI整改清单》，载腾讯网2023年4月29日，https://new.qq.com/rain/a/20230429A00DX200，2025年5月21日访问。

② State of California Department of Justice: *California Consumer Privacy Act (CCPA)*, (February, 2024), https://oag.ca.gov/privacy/ccpa.

利福尼亚州隐私权法案》（California Privacy Rights Act，CPRA）[1]对个人数据保护的相关规定具有较强的借鉴意义。

根据CCPA，消费者具有六大权利，包括知情权、访问权、删除权、选择退出权、不受歧视权以及个人诉讼权。企业应当在隐私政策中使用普通用户易于理解的措辞及语种，向用户告知CCPA赋予其的数据保护权利，且应保持每年一次的更新频率。除了在隐私条款中尽到告知义务，企业还应调整其数据管理架构，确保其能够快速响应消费者请求。同时还应做好数据标记、数据分类工作，区分出售数据、共享数据和营销数据等，确保在收到相关数据处理请求后，能快速通知数据服务提供商或第三方处理机构，实现相应的消费者数据请求。就具体的数据请求响应流程，CCPA要求企业制定相应具体的操作规范。此外，企业还应采取与信息性质相符的安全技术保障措施。

而CPRA在CCPA的基础上，为消费者个人信息保护设立了更加明确的保护标准。例如，企业在收集敏感个人信息[2]前，必须提前告知消费者。企业需要披露个人信息的存储时间，如果不能确定，也需要公布确定时间的标准。企业涉及向第三方出售或共享个人信息的，不仅需要与服务提供商或服务承包商签订合同，还需要和个人信息共享的第三方签订包含特定数据处理条款的协议。企业自身需要严格遵守CPRA的规定，企业还需要确保相关服务提供商、承包商以及第三方主体的数据使用行为也符合CPRA的规定。此外，CPRA要求处理消费者个人信息的企业进行年度网络安全审计和风险

---

[1] *The California Privacy Rights Act of 2020* (February, 2024), https://thecpra.org/.

[2] "敏感个人信息"包括：消费者社保号、驾驶执照、身份证或护照号；金融账户、银行卡号码、账户密码等；精准地理位置信息；种族、民族、宗教、哲学信仰、工会成员身份；（私人）邮件、短信等通信内容；基因数据；用于唯一识别消费者的生物识别信息；个人健康信息；性生活或性取向信息。请注意，根据CPRA的定义，公开获取的敏感个人信息不视为敏感个人信息，甚至也不视为个人信息。

评估。

值得注意的是，2024年2月28日，拜登政府依据《国际紧急经济权力法》（International Emergency Economic Powers Act，IEEPA）[1]发布了一项保护美国人个人敏感数据免遭"受关注国家"利用的行政命令（Executive Order on Preventing Access to Americans' Bulk Sensitive Personal Data and United States Government-Related Data by Countries of Concern）。[2]该行政命令旨在保护美国人的敏感个人数据，包括基因组数据、生物识别数据、个人健康数据、地理位置数据、财务数据以及特定类型的个人身份信息。这标志着美国首次创建了对美国人数据跨境传输审查的机制，同时也为相关企业对于生成式人工智能模型训练数据中涉及个人信息跨境的问题带来新的合规关注要点。

2.训练数据来源合法合规要点

基于上述法案及政策相关规定，企业在发展或使用AIGC算法模型的过程中，首先应注意确保训练数据来源的合法合规。具体而言：

在自行收集或通过公开渠道获取个人信息前，应注意按照上述相关要求，履行必要的通知义务，并获取个人信息主体的授权。如通过第三方获取训练数据的，企业应注意要求第三方确保所提供数据源的合法合规性，通过相关协议约定各方就数据源处理和安全保障的责任和义务。

在训练模型使用相关个人信息的过程中，采取相应的安全保障措施，避

---

[1] United States Congress, *International Emergency Economic Powers Act* (June 1977), https://www.congress.gov/bill/95th-congress/house-bill/7738.（参见美国国会官网上的"关于战争或国家紧急状态期间总统权力的法案"，2025年2月5日访问）

[2] The White House: *Executive Order on Preventing Access to Americans' Bulk Sensitive Personal Data and United States Government-Related Data by Countries of Concern*, https://www.federalregister.gov/documents/2024/03/01/2024-04573/preventing-access-to-americans-bulk-sensitive-personal-data-and-united-states-government-related.（参见联邦公报官网上的"防止受关注国家获取美国人大量敏感个人信息和美国政府相关数据"，2025年2月5日访问）

免出现个人信息泄露等安全事件。同时在发生个人信息安全事件或存在相关安全风险时，及时通知相关权利人，采取应急措施，防止损害或其他不利影响的扩大。

建立健全个人信息主体权利的响应渠道和机制，及时有效地响应个人信息主体提出的权利请求，保障个人信息主体的相关权益。

（二）知识产权保护合规

生成式人工智能由于其不同于普通创作的内容生成方式，自最初问世以来，引发了对于其知识产权问题，尤其是可版权性的广泛讨论，并已经产生了一系列较具代表性的案例。

1. AIGC的知识产权保护规定

从法律规定角度看，AIGC的知识产权合规要求仍然在已有的知识产权领域法规统摄之下。例如，美国本领域较具代表性的法案之一《数字千年版权法》（Digital Millennium Copyright Act，DMCA）[1]，作为《美国法典》第17条，即《美国版权法》（Copyright Act of 1976）[2]的修正案，DMCA以刑事犯罪立法的方式禁止了受版权保护的技术、设备、服务的生产与传播。其中DMCA第二部分为《网络著作权侵权责任限定法》（Online Copyright Infringement Liability Limitation Act，OCILLA）[3]，扩大了对互联网侵权的关注和处罚。如果AIGC能够受到版权保护，那么理应在现有版权法下处理其版权保护和侵权问题。

---

[1] United States Congress, *Digital Millennium Copyright Act* (December 1998), https://www.copyright.gov/legislation/dmca.pdf.

[2] United States Congress, *Copyright Act of 1976* (October 1976), https://www.copyright.gov/history/pl94-553.pdf.

[3] United States Congress, *Online Copyright Infringement Liability Limitation Act* (February 1998), https://www.congress.gov/bill/105th-congress/house-bill/3209.

而对于越发普遍出现的AIGC可版权问题，美国版权局于2023年3月16日发布了《版权登记指南：包含人工智能生成材料的作品》（Copyright Registration Guidance：Works Containing Material Generated by Artificial Intelligence）[1]。指南对于AIGC的可版权性进行了界定：完全由人工智能自动完成，且训练数据基于人类作品，那么生成的作品将不受到版权法保护；而在人工智能辅助下由人类艺术家创作完成的作品，仍然可以受到版权法保护。此外，指南还要求版权申请者应当明确披露作品包含和使用人工智能生成材料的情况、人工智能对作品的贡献等。

2. 生成式人工智能的知识产权案例

在上述指南发布前，美国已有两起引起广泛关注的AIGC知识产权案例：Thaler v. Perlmutter案[2]及Zarya of the Dawn案[3]，二者都是由于作者使用人工智能生成内容创建的作品无法完成版权注册申请引发的案件。其中前者自2018年持续至2023年，最终经美国联邦地区法院裁定，作者泰勒（Thaler）使用他创造的Creativity Machine算法制作的人工智能生成图像无法获得版权保护，认为人类创作是版权的基石要求，而否认了人工智能的作者身份；后者中的核心作品漫画书籍《Zarya of the Dawn》最终被准许了整体版权注册，但缩小了注册范围，仅仅包含了作者卡什塔诺娃（Kashtanova）在完成时创作的文字，以及她对人工智能生成作品的选择、协调与安排，而排除了使用Midjourney自动生成的图像部分。可见对于AIGC组成的作品能否获版权保护的重要认定标准，在于是否包含人类参与

---

[1] US Copyright Office, Copyright Registration Guidance: Works Containing Material Generated by Artificial Intelligence (March 10, 2023), https://www.federalregister.gov/documents/2023/03/16/2023-05321/copyright-registration-guidance-works-containing-material-generated-by-artificial-intelligence.

[2] Thaler v. Perlmutter, Case No. 22-CV-384-1564-BAH.

[3] US Copyright Office, Re: Zarya of the Dawn (Registration # VAu001480196) (February 21, 2023), https://www.copyright.gov/docs/zarya-of-the-dawn.pdf.

创作，与上述指南的要点相符，即版权只保护人类创造力的产物，美国宪法和版权法中使用的"作者"一词不包含非人类主体。

除AIGC的可版权性外，生成式人工智能模型的训练数据问题亦引发了一些备受瞩目的诉讼案件，与前者所不同的是，这类诉讼并非由个人作者发起，而往往是在较大的企业和机构之间展开，尤其是被告方作为生成式人工智能"大厂"，训练数据的来源合法性又是所有生成式人工智能算法所面临的共同问题，致使这类案件引发了更广泛的关注和影响。2023年12月《纽约时报》（The New York Times）在纽约南区联邦地方法院对OpenAI和微软提起诉讼，[1]称其发表的数百万篇文章被两家公司用来训练它们的自动聊天机器人，它们窃取了记者们价值数十亿美元的工作，某些情况下，这些公司研发的聊天机器人会将《纽约时报》的材料逐字提供给用户，这意味着这些人工智能正对新闻行业构成威胁，成为人们的新闻来源。尽管目前尚未判决，但这起诉讼被认为可能会测试生成式人工智能技术的新兴法律轮廓，包括对于人工智能训练数据的来源合法性的界定，以及人工智能生成文字内容的知识产权问题，并可能对新闻行业产生重大影响。

此前，著名图片媒体公司Getty Images也因类似的争议在美国特拉华州的地方法院对开源人工智能艺术生成器Stable Diffusion的创建者Stability AI公司提出起诉，[2]控告公司侵犯其著作权和商标权利：Getty Images声称Stability AI公司在未经许可或提供补偿的情况下从其数据库中采集了1200余万张图片及相关说明和元数据；此外，还指控Stability AI公司的产品在AIGC中复制Getty Images的水印，侵犯了商标权。就类似的问题，Getty

---

[1] 参见深圳市律师协会著作权法律专业委员会：《著作权法律资讯：2024年2月号总第22期》，载深圳市律师协会官网，https://static-www.szlawyers.com/file/upload/20240301/file/20240301163751_22322a247d8048f19318ab74b6bb0723.pdf，2025年6月10日访问。

[2] 参见王飞、蒲柯洁：《以全球范围内AIGC诉讼为例梳理AIGC的侵权认定和权利限制规则》，载中伦律师事务所官网，https://www.zhonglun.com/research/articles/53424.html，2025年6月10日访问。

Images也向伦敦高等法院提出了诉讼，目前英美两国法院均未作出最终判决，但由于诉讼双方的重要市场地位，以及英美两国并行的诉讼进展，该判决也将成为能够表明英美司法对于生成式人工智能著作权侵权问题态度的代表性案例。

3.生成式人工智能的知识产权合规要点

由上述案例可见，不论是从生成式人工智能的创建者、使用者还是原始数据提供者的角度出发，知识产权合规都是生成式人工智能发展中的重要合规环节。其中既涉及自身作品和数据的版权归属和保护，亦涉及训练数据来源的知识产权合法性问题。

尽管没有写入正式立法，但根据《版权登记指南：包含人工智能生成材料的作品》以及现有案例判决，可以推知美国对于AIGC是否具有可版权性的主要考量因素落在了作品中的人类参与成分，需要考察同一作品中人类创作与人工智能生成之间的关系，而非绝对地否定或认可AIGC的可版权性。指南表明，美国版权局对于AIGC的可版权性判断标准为该作品中的传统"作者要素"（如文学、艺术或音乐表达、选择、编排等因素）是否实际由人类完成：如果人类在利用生成式人工智能的基础上，充分地进行了具备独创性的修改、选择或安排，那么该作品整体即可申请版权保护，只是保护范围限于人类完成的部分；而如果仅向生成式人工智能产品发送提示（prompt）而创作产品，则不被认为具有版权性。因此，需要提示的是，使用生成式人工智能进行工作和创作的企业与个人如希望最终的产出产品得到《美国版权法》保护；或是使用他人人工智能生成产品而需要纳入合规考量避免出现侵权行为的，均需要考虑到相关作品可能的版权保护情况。如作品已被认可受到版权保护，那么应按照美国现有的《美国版权法》及《数字千年版权法》等法律的要求开展知识产权合规行动。

而对于企业或个人使用他人作品训练生成式人工智能的行为，除了上文提及的对于训练数据安全以及个人信息保护相关的要求以外，目前美国尚无对于训练数据知识产权保护的明确规则或指引。可以肯定的是，如果研发和训练生成式人工智能产品所使用的数据素材属于他人创作并受版权保护的作品，那么从保护这些作品的角度出发，仍然需要遵守已有的知识产权保护要求而避免任何形式的盗用和侵权行为，只是目前对于使用这些作品"投喂"生成式人工智能的行为尚未得到定性，因而不能确认这种行为是否能够得到某种豁免。但是，根据现有情况，直接使用他人所有的文字或图片作品训练生成式人工智能的确有较大的合规风险，至少可能引发与相关著作权人之间的争议甚至诉讼。因此，应当注意训练数据的版权归属问题，尽可能使用开源的数据和文章、图片素材；对于有明确的知识产权归属的作品，可能的风险规避方式是通过签署使用协议或提供补偿的方式与所有者达成合意后再行利用，以最大程度规避可能的侵权风险，降低合规成本。

（三）产品准入及前置程序合规

1. 生成式人工智能准入及前置程序的相关规则

如前文所述，美国官方目前尚未形成专门、统一的人工智能规制法律。联邦及各州政府均在同步推进其对人工智能立法的各项探索。在此过程中，公权力机关倾向于就某类人工智能乱象或重点行业及领域的行为进行专门立法规制，但总体上，这些法律法规的规定目前仍处于引导性地位，官方对于人工智能的管控仍以社会柔性治理为主，其制定的法案及行政命令等，则以划定人工智能发展的红线为原则，鲜有主动介入行政监管以规制人工智能技术使用的情况。当然，随着《关于安全、可靠和值得信赖的人工智能的行政命令》的颁布，尽管该行政命令已被撤销，但仍可以看出美国对于生成式人工智能等相关技术的监管也正在逐渐趋于严格。

例如，《关于安全、可靠和值得信赖的人工智能的行政命令》对于军民两用或具有潜在的军民两用属性的基础模型，即指示商务部进一步提出指令，要求相关基础模型开发者向联邦政府提供模型训练和开发计划说明、模型权重情况、人工智能红队测试性能结果，以及训练等环节中所部署的物理和网络安全保护措施。

此外，从实践角度考虑，尤其对于涉及医疗健康等特殊监管行业的生成式人工智能企业来说，还应当注意本行业的产品准入监管要求。值得注意的是，根据美国食品药品监督管理局（U.S. Food and Drug Administration，FDA）的统计，截至2023年10月19日，共有692项包含人工智能及机器学习技术的医疗器械通过其产品准入审查，但其中不包含任何一项使用生成式人工智能、通用型人工智能或由大语言模型所支持的医疗设备。①

2.生成式人工智能准入及前置程序合规要点

尽管目前针对生成式人工智能产品准入及前置规定暂未形成统一的合规监管框架，但AIGC仍然会受限于现有的行业性产品准入及前置程序监管要求，且美国仍然在持续推进生成式人工智能领域产品准入及前置程序等的横向监管。

因此，一方面，生成式人工智能企业需要结合自身所提供产品和服务所关涉的行业，审慎评估行业监管对于产品准入及前置程序的限制，尤其是医疗健康行业等美国已形成相对成熟且严格的产品准入监管体系的领域，就相关垂类生成式人工智能，应当基于所在行业的评估情况和具体产品准入要求，提前准备材料，并在通过相关产品准入审查要求后再正式对外提供产品及相应服务，以避免违反行业性产品准入要求。

另一方面，生成式人工智能企业应当持续跟踪关注美国生成式人工智能领域横向监管的变化，如后续国防部等部门就生成式人工智能提出前置性强制披露模型训练数据来源、模型迭代情况、模型参数规模等要求，或指示生

---

① U.S. Food and Drug Administration, *Artificial Intelligence and Machine Learning (AI/ML)-Enabled Medical Devices* (Dec. 6, 2023), https://www.fda.gov/medical-devices/software-medical-device-samd/artificial-intelligence-and-machine-learning-aiml-enabled-medical-devices.［参见FDA官网上的"支持人工智能和机器学习（AI/ML）的医疗设备"，2025年2月5日访问］

成式人工智能企业在正式对外提供具有较高风险的生成式人工智能产品或服务前经过其特殊审查，能够及时响应。

（四）内容安全及伦理安全

1. 生成式人工智能内容安全与伦理安全的相关规定

现阶段美国对于人工智能的治理仍然以柔性治理为主，在保障公民权利的基础之上，鼓励业界在人工智能领域的创新，并未提出强制性的限制性规定，因而也并不涉及对内容安全和伦理安全的强制性规定。但一方面，如前所述，目前，美国已通过相关原则性或框架性文件，为内容安全和伦理安全建立了基本的指引。另一方面，早在美国政府出面进行人工智能治理干预之前，美国的头部人工智能企业和科技公司就已经探索通过技术伦理的角度对自主研发的科技产品进行源头上的治理。针对人工智能发展中的潜在数据隐私安全风险，业界也在不断探索和提升以联邦学习、安全多方计算等技术手段在内的隐私增强技术，以便确保用以训练算法的数据安全。对于技术伦理机制的探索，企业已有多种尝试。2018年，微软就成立了人工智能伦理与工程研究委员会（AI and Ethics in Engineering and Research Committee），由产品研发、法律事务、人力资源等部门的负责人组成，专注于公平与包容、安全可靠、透明可解释、隐私保障、人工智能交互协作领域，积极制定内部政策，并决定出现问题的解决方式和责任形式。针对人工智能伦理实践，微软给出了一系列的技术解决方案，这些技术解决方案包括了贯穿整个人工智能生命周期的技术工具（Technology Tools）和管理工具（Management Tools），同时，还包括了按照应用场景将需求特性集成到人工智能系统中的工具包（Toolkit）。[1]

---

[1]《微软、谷歌、IBM、Twitter：国外主流科技公司如何实践AI伦理》，载腾讯研究院官网，https://www.tisi.org/23798，2023年11月8日访问。

2.生成式人工智能内容安全与伦理安全合规要点

固然,目前美国就生成式人工智能内容安全与伦理安全,暂未形成统一的强制性规定。但考虑到相关原则性规定已经在一定程度上强化了生成式人工智能内容安全与伦理安全领域的要求,且从行业上也已有了多元化的实践进一步巩固和落实内容安全与伦理安全问题,行业合规水位正在不断提升。综合考虑,面对美国内容安全与伦理安全的此种现状,我们理解,从重点关切的角度出发,生成式人工智能企业应当尤其关注价值观对齐问题,并在模型训练筛选、模型训练和模型优化等生成式人工智能全流程中对算法歧视的风险和公民权利受损风险予以特别保护,尤其是对于少数群体、工人、患者、学生等易因数据代表性欠缺或者未对不平等差异进行测试、缓解或有效的监督学习机制而导致最终生成的内容造成其权益受损的情况予以特别注意,并采取使用有代表性的数据、在部署前后持续对不平等差异进行测试和环境、完善监督学习机制等予以回应。此外,如可行,还可以内部进行算法影响评估,以作为自证合规底稿,并在后续监管要求报告或公布的情况下及时发布。

不过,考虑到美国关于生成式人工智能内容安全与伦理安全的细化监管规定暂未得到充分明确,为确保企业能够有序应对相关合规要求,在充分关注价值观对齐问题并准备内部评估的基础上,企业还应当时刻关注美国关于生成式人工智能的监管要求动向,以及时跟随监管要求更新自身合规安排。

第九章 | 英国生成式人工智能合规框架

一、英国生成式人工智能合规监管体系概述

（一）英国生成式人工智能治理的基本原则

英国在人工智能领域有着悠久而卓越的历史，在人工智能公司的私人风险资本投资方面排名世界第三，并拥有欧洲三分之一的人工智能公司。[1] 2021年9月22日，英国发布了其首个《国家人工智能战略》（National AI Strategy），[2] 以帮助英国巩固作为全球科学超级大国的地位。《国家人工智能战略》指出，英国政府的人工智能策略与相关立法将主要围绕以下三项重点原则展开：（1）投资并规划人工智能生态系统的长期需求，明确使英国成为计算机科学和人工智能超级大国的目标；（2）支持向基于人工智能的经济社会转型；（3）采取知情和平衡的方法监管人工智能技术，鼓励创新，同时保护公共和基本价值观。

---

[1] The UK government, *New ten-year plan to make the UK a global AI superpower* (September.22 2021), https://www.gov.uk/government/news/new-ten-year-plan-to-make-britain-a-global-ai-superpower.（参见英国政府官网上的"英国制定新十年计划成为全球人工智能超级大国"，2025年2月5日访问）

[2] Department for Science, Innovation and Technology, Office for Artificial Intelligence, Department for Digital, Culture, Media & Sport, and Department for Business, Energy & Industrial Strategy, *National AI Strategy* (September.22 2021), https://www.gov.uk/government/publications/national-ai-strategy.（参见英国政府官网上的"国家人工智能战略"，2025年2月5日访问）

《国家人工智能战略》确立了英国未来十年在人工智能领域的规划与监管战略，具体包括以下计划。

表31 人工智能领域的规划与监管战略

计划方案	计划目标
启动国家人工智能研究和创新计划	改善国家研究人员之间的协调和合作 帮助转变英国的人工智能能力 促进企业和公共部门对人工智能技术的采用及其将人工智能技术推向市场的能力
发起由人工智能办公室（Office for Artificial Intelligence，OAI）和英国研究与创新局（UK Research & Innovation，UKRI）组成的联合计划	继续在伦敦和东南部以外的领域开发人工智能 侧重于将想法商业化
与英国研究与创新局联合发布一份关于英国研究人员和组织计算能力的可用性和能力的评估报告	大规模推广人工智能技术所需的物理硬件。该评估报告还将考虑人工智能商业化和部署的更广泛需求，如人工智能对环境的影响等
通过知识产权局（Intellectual Property Office，IPO）发起人工智能版权和专利咨询计划	确保英国将其产生的创意资本化，并通过版权和专利制度最好地支持人工智能的开发和使用等
建立人工智能标准中心（AI Standards Hub）与艾伦·图灵研究所合作	协调英国在全球制定规则方面的参与 更新公共领域人工智能伦理和安全指南，并创建实用性工具以确保技术的使用不违反公共秩序与道德

（二）主要监管部门及职责

英国未设有统一监管与规制全行业范围内人工智能领域事项的专职监管机构，目前，除部分现有行业主管部门外，英国还就《国家人工智能战略》主要原则的实施与监督工作设立了主管机构，具体而言：

表32 英国人工智能监管主管机构

部　　门	主要职责
数据伦理与创新中心（Centre for Data Ethics and Innovation，CDEI）	数据伦理与创新中心于2017年成立，主要负责对人工智能和数据驱动技术的使用提供监督和指导，该中心专注于与数据隐私、偏见、透明度和问责相关的问题
人工智能办公室（OAI）	由数字、文化、媒体和体育局（Department for Digital，Culture，Media and Sport）以及商业、能源和工业战略局（Department for Business，Energy，and Industrial Strategy）于2018年共同设立，并于2024年2月作为科学、创新和技术部（Department for Science，Innovation and Technology）的内部单位负责监督国家人工智能战略的实施
人工智能委员会（AI Council）	人工智能委员会是一个独立的专家委员会，为英国政府和人工智能生态系统的高层领导提供建议，其成员将被邀请担任科学、创新和技术部的个人专家顾问
英国知识产权局（IPO）	英国知识产权局已开展一系列审查工作以评估人工智能对知识产权法律的影响，确保其持续相关和有效
英国研究与创新局（UKRI）	英国研究与创新局是由科学、创新和技术部赞助的非部门公共机构

（三）监管框架思路、依据、风险

英国政府旨在实施一项新的框架监管模式，使人工智能监管环境更加清晰和一致。英国政府表示，其在人工智能监管领域有意采取灵活和迭代的方法，是因为英国政府可以认识到人工智能相关技术的发展速度，并期待将监管框架建立在证据基础之上，以便政府与相关监管部门能够从经验中学习并且不断调整，以发展尽可能最佳的监管制度。

具体而言，英国科学、创新和技术部于2023年3月底发布《促进创新的人工智能监管方法》(A Pro-innovation Approach to AI Regulation)[①]（以下简称人工智能白皮书），概述了监管机构应考虑的五项监管原则，以最佳的方式促进人工智能在其各自监管的行业中的安全和创新使用。

表33　人工智能白皮书提出五项监管原则

原　则	具体内容
安全性、可靠性和稳健性	人工智能的应用应该以一种安全、可靠和稳健的方式运行，并警惕管理风险
透明度和可解释性	开发和部署人工智能的组织应该能够沟通何时以及如何使用它，并以适当的详细程度解释系统的决策过程，以匹配人工智能的使用所带来的风险
公平性	人工智能的使用应符合英国现有的法律，如《2010年平等法案》(Equality Act 2010) 或英国《通用数据保护条例》(United Kingdom General Data Protection Regulation)，不得歧视个人或产生不公平的商业结果
问责制和治理	需要采取措施以确保对人工智能的使用方式进行适当的监督，并对结果进行明确的问责
可争议性和补救	需要有明确的途径来对人工智能产生的有害结果或决定提出异议

此外，人工智能白皮书还提出了四项监管重点考量因素，旨在增强现有监管机构的能力，并促进全监管领域的一致性。该四项监管重点考量因素分别为：

表34　人工智能白皮书提出四项监管重点考量因素

序号	监管重点考量因素
1	根据人工智能的独特特征对其进行定义，以支持监管机构的协调工作
2	采用背景特定的方法
3	提供一套跨部门原则，以指导监管机构应对人工智能风险和机遇
4	实施新的中央职能，以支持监管机构落实人工智能监管框架，最大化更新迭代方法论的益处，并确保监管框架的一致性

---

① Department for Science, Innovation and Technology and Office for Artificial Intelligence, *A pro-innovation approach to AI regulation* (March.29 2023), https://www.gov.uk/government/publications/ai-regulation-a-pro-innovation-approach.（参见英国政府官网上的"人工智能监管：一种有利于创新的方法"，2025年2月5日访问）

从以上内容可以看出，在英国，以人工智能白皮书为例的监管框架更加趋近于开放式与动态式监管，而白皮书作为纲领性文件，在提出监管与治理的原则基础之上，更多的是将监管实权下放至每一具体领域的监管主管部门，要求其在遵循总原则的根本要求的前提下，因地制宜地落实本领域的相关具体监管措施。

二、主要规定与历史沿革

（一）《国家人工智能战略》提出的未来立法监管规划

英国政府在2021年9月提出《国家人工智能战略》之初就倡导以更为宽泛的治理目标投资于人工智能技术领域，并以阶段式目标与里程逐渐完善英国在人工智能治理领域的长远目标，例如：[①]

表35 英国人工智能领域治理目标（非穷尽列举）

短期目标（未来三个月）		
投资于人工智能生态系统的长期需求	确保人工智能有益于全领域与地区	有效治理人工智能
公布一项在更广泛的经济中政府用于提高数据可用性的监管框架	通过国民医疗服务体系（National Health Service，NHS）人工智能实验室开始商讨《健康和社会保健领域由人工智能驱动技术的国家战略草案》[National Strategy for Artificial Intelligence（AI）in Healthand Social Care]①的准备工作	发布英国数据伦理与创新中心（Centre for Data Ethics and Innovation，CDEI）人工智能保障路线图
就国家网络物理基础设施框架的角色和选择进行磋商		确定数据保护在更广泛的人工智能治理中的作用，遵循"数据：磋商的新方向"原则
通过教育部的技能训练营支持人工智能、数据科学和数字技能的发展		

---

① Department for Business, Energy & Industrial Strategy, Department for Digital Culture, Department forScience, Innovation & Technology and Office for Artificial Intelligence, *National AI Strategy* (September 2021), https://www.gov.uk/government/publications/national-ai-strategy（参见英国政府官网上的"国家人工智能战略"，2025年2月5日访问）

① NHS AI Lab, *National Strategy for Artificial Intelligence (AI) in Health and Social Care* (October.14 2021), https://www.techuk.org/what-we-deliver/events/the-national-strategy-for-ai-in-health-and-social-care.html.（参见英国techUK官网上的"卫生和社会保健领域人工智能国家战略"，2025年2月5日访问）

续表

短期目标（未来三个月）		
投资于人工智能生态系统的长期需求	确保人工智能有益于全领域与地区	有效治理人工智能
	通过国防部发布《国防人工智能战略》（Defence Artificial Intelligence Strategy）[①]	发布国防部在采用和使用人工智能时将采取的方法的细节
	通过知识产权局启动人工智能版权和专利咨询	对国际人工智能活动制定一种政府参与（all-of-government）的方法
中期目标（未来六个月）		
投资于人工智能生态系统的长期需求	确保人工智能有益于全领域与地区	有效治理人工智能
发布关于需要哪些技能才能使雇员在商业环境中使用人工智能的能力研究，并确定国家技术将如何满足这些需求	发布关于鼓励人工智能在经济领域融合机遇的研究	发布人工智能白皮书，就国家在治理与监管人工智能方面采取支持创新的国家立场
评估私人领域资金支持的需求以及人工智能升级给其带来的挑战	通过双边与多边努力，考虑创新计划（Innovation Mission）将如何包含人工智能能力并提升远大的、以任务为导向的合作	针对算法透明性完成深度分析，以期发展跨政府部门的标准
支持国家计算机教育中心，确保学校可以开展人工智能相关项目	将英国政府协助延伸至发展中国家当地的创新项目	试点建立人工智能标准中心（AI Standards Hub），协调英国在人工智能领域的全球标准化
通过确保职业里程的重要机遇与人工智能合作或发展人工智能，以支持更广泛的人群可以接触与人工智能相关的工作	与真实世界的应用建立一项开放性的人工智能挑战的智慧库	建立中长期的水平监管功能，以提高政府对人工智能安全的认识
在人工智能研发领域实施美国—英国合作宣言（US-UK Declaration on Cooperation）		

---

① Ministry of Defence, *Defence Artificial Intelligence Strategy* (June.15 2022), https://www.gov.uk/government/publications/defence-artificial-intelligence-strategy.（参见英国政府官网上的"国防人工智能战略"，2025年2月5日访问）

续表

中期目标（未来六个月）		
投资于人工智能生态系统的长期需求	确保人工智能有益于全领域与地区	有效治理人工智能
发布针对英国算力能力需求的评估，以支持人工智能的创新、商业化与部署 开展全新的签证政策以吸引世界范围内的人工智能优秀从业者		
长期目标（十二个月及以上）		
投资于人工智能生态系统的长期需求	确保人工智能有益于全领域与地区	有效治理人工智能
审查英国对半导体供应链的国际与国内监管方式 考虑何种公开的、可机读的政府数据集可被用于人工智能模型 启动一项全新的国家人工智能与创新计划，旨在统一UKRI全领域的投资计划以支持更加广泛的生态系统 与国际合作伙伴共同合作共享的研发挑战，通过将人工智能纳入全球合作的核心来调整海外发展协助 通过延伸现有对顶尖人才、博士、人工智能与数据科学相关课程以及产业资助的硕士学位的干预，为人工智能的多样性提供支持 监测并运用《国家安全与投资法案》（National Security and Investment Act）[1]以在保护国家	通过启动由人工智能办公室与UKRI开展的项目，以刺激在高潜力、低成熟度行业的开发与采用人工智能技术 通过国家智能研究与创新计划，持续支持围绕人工智能技术的可信性、可采用性与透明性的能力开发 促使跨政府性质的参与以识别在何处使用人工智能可以对战略性挑战带来突破式的贡献	与利益相关者探索开发人工智能技术标准，以支持人工智能生态系统参与全球人工智能标准化工作 与多边及多方利益相关者合作，投资于人工智能全球合作组织（Global Partnership on Artificial Intelligence）以改变并支持人工智能的治理与英国的价值观及优先性一致 与艾伦·图灵研究院合作，对公共领域的人工智能道德伦理与安全指南进行更新 与国家安全、国防以及领先研究学者合作，了解在公共领域采取何种措施可以安全地促进人工智能发

---

[1] Cabinet Office, *National Security and Investment Act 2021* (November.11 2020), https://www.gov.uk/government/collections/national-security-and-investment-act.（参见英国政府官网上的"2021年国家安全与投资法"，2025年2月5日访问）

续表

长期目标（十二个月及以上）		
投资于人工智能生态系统的长期需求	确保人工智能有益于全领域与地区	有效治理人工智能
安全的同时，保持英国对商业领域的开放态度 在新兴技术领域（包括人工智能）纳入贸易交易条款		展并避免重大风险

综合分析以上短期、中期与长期的目标里程，可以看出《国家人工智能战略》旨在就人工智能生态系统的长期性需求进行投资与计划部署，继续深耕英国在科学与人工智能领域的优势，支持向人工智能导向的经济环境转变，认同创新为英国带来的利益，确保人工智能有益于全领域与地区，同时确保英国在国内与国际范围内有能力促进人工智能技术治理的创新，并保护公共利益与英国遵循的基础价值。

（二）英国生成式人工智能监管规则概览

虽然英国未制定人工智能治理的统一立法与规定，但关于人工智能治理的原则、思路、要求可散见于各项法规、指引性文件中，具体而言：

表36　英国人工智能政策一览

文件名称	发布时间	内容介绍
《大语言模型和生成式人工智能报告》 （Large language Models and Generative AI）[①]	2024年	该报告由英国上议院通信和数字委员会（Communications and Digital Committee）于2024年2月发布，倡导英国平衡人工智能安全监管与发展，并将英国定位为世界人工智能领导者

---

① Communications and Digital Committee, *Large language models and generative AI* (February.2 2024), https://publications.parliament.uk/pa/ld5804/ldselect/ldcomm/54/54.pdf.

续表

文件名称	发布时间	内容介绍
《促进创新的人工智能监管方法》（A Pro-innovation Approach to AI Regulation）	2023年	该白皮书由英国科学、创新和技术部发布，其中概述了监管机构应考虑的五项明确原则，以最佳的方式促进人工智能在其各自监管的行业中的安全和创新使用
《数据保护和数字信息法案》（Data Protection and Digital Information Bill）[1]	2023年	该法案由科学、创新和技术部提出，放松了对人工智能对个人数据潜在危害的管制，旨在减轻企业遵守《数据保护法》（Data Protection Act）[2]的负担
《人工智能（监管）法案》[Artificial Intelligence (Regulation) Bill][3]	2023年	该法案由英国上议院提出，目前正处于二读阶段，该法案要求设立人工智能管理局，并概述了人工智能管理局在监管人工智能时必须考虑的原则
《国家人工智能战略》（National AI Strategy）	2021年	阐述了英国对于人工智能战略愿景，提出了三个核心行动支柱，人工智能的规划与监管战略，致力于为英国未来十年人工智能发展奠定基础
《人工智能道德伦理与安全指南》（Understanding Artificial Intelligence Ethics and Safety）[4]	2019年	2019年6月10日，以艾伦·图灵研究所设立的公共政策项目为例，并与英国人工智能办公室以及政府数字服务局（Government Digital Service）合作，出台该指南，强调在人工智能系统的透明度、可问责性、公平性以及负责任地部署人工智能技术

---

[1] Department for Science, Innovation & Technology, *Data Protection and Digital Information Bill* (November.8 2023), https://commonslibrary.parliament.uk/research-briefings/cbp-9803/.

[2] Department of Justice, *Data Protection Act 2018* (May.25 2018), https://www.legislation.gov.uk/ukpga/2018/12/contents/enacted.

[3] The House of Lords, *Artificial Intelligence (Regulation) Bill* (November.22 2023), https://bills.parliament.uk/bills/3519.

[4] Department for Science, Innovation and Technology, Office for Artificial Intelligence, and Centre for Data Ethics and Innovation, *Understanding artificial intelligence ethics and safety* (June.10 2019), https://www.gov.uk/guidance/understanding-artificial-intelligence-ethics-and-safety.

续表

文件名称	发布时间	内容介绍
《人工智能领域协议》（AI Sector Deal）①	2018年	英国政府在2018年发布了一项人工智能领域协议，概述了支持人工智能在英国的发展和应用的各种措施，该协议包括对人工智能研发的投资，对人工智能初创企业的资助，以及确保符合道德和责任制人工智能发展的举措
《2018年自动驾驶汽车和电动车法》（Automated and Electric Vehicles Act 2018）②	2018年	该法为英国在自动驾驶领域的专门性立法，其侧重于保障自动驾驶汽车的安全，以及自动驾驶汽车事故能有充分的保险或赔偿机制
《监管沙盒》（Regulatory Sandbox）③	2015年	监管沙盒是英国金融行为监管局（Financial Conduct Authority，FCA）为监管金融科技（FinTech）及相关创新产品的一项监管措施。监管沙盒作为一项实验性空间，有关企业可以在其中测试新的人工智能技术，具有一定程度的监管灵活性

三、英国治理体系特征

（一）秉承去中心化监管理念，以行业自主治理为主

在立法方面，英国并未制定人工智能相关的一般性立法，且并未就此展开横向或纵向的监管框架，而是以行业自身作为发力点，支持各行业自主治

---

① The UK government, *AI Sector Deal* (April.26 2018), https://www.gov.uk/government/publications/artificial-intelligence-sector-deal.

② The House of Commons, *Automated and Electric Vehicles Act 2018* (July.19 2018), https://www.legislation.gov.uk/ukpga/2018/18/contents/enacted.

③ Financial Conduct Authority, *Regulatory Sandbox* (November 2015), https://www.fca.org.uk/publication/research/regulatory-sandbox.pdf.

理。根据英国人工智能委员会的报告，现阶段，对人工智能展开专门性和综合性的监管是不适当的，相反，由现有的特定行业监管机构自行考虑切合实际需要的监管方式以及衡量监管对产业的影响更为合适。因此，英国议会并不主张通过综合立法规制人工智能发展，而是建议人工智能办公室以及数据伦理与创新中心在充分利用现有监管部门专业知识的前提下，研究并确定现有监管的盲区或短板，据此再决定是否需要对现有监管规则进行改进。[1]

英国对待人工智能发展的态度十分积极，数份官方报告均表达了其在人工智能领域成为世界领先国家的愿景。例如，早在2017年11月27日，英国就发布了《产业战略：建设适应未来的英国》(Industrial Strategy：Building a Britain Fit for the Future)[2]报告，并表达了"英国政府将会努力使英国成为人工智能和数据改革的世界领跑者"的期待。而英国后续颁布的人工智能政策也体现出，英国对人工智能相关的许多方面问题均进行了分析，并积极地为政府各部门提出了应对建议。因此，英国秉承对人工智能开放灵活的监管模式，恰恰反映出英国对人工智能技术发展的不确定性及快速性有较为明确的认知和预期，也与其领跑世界人工智能发展和数据改革的初衷的一脉相承。

英国开放灵活的治理体系贯穿其对人工智能的定义和对人工智能技术的使用以及对人工智能的分行业精细化监管。

1.英国模式下的人工智能的特征性定义

根据人工智能白皮书的描述，从人工智能的定义来看，与其他国家的

---

[1] Department for Science, Innovation and Technology and Department for Business, Energy & Industrial Strategy, *Government response to House of Lords Artificial Intelligence Select Committee's Report on AI in the UK: Ready, Willing and Able?* https://www.parliament.uk/globalassets/documents/lords-committees/Artificial-Intelligence/AI-Government-Response2.pdf.（参见英国议会官网上的"政府回应上议院的报告英国的人工智能：准备好、愿意、能够吗？"，2025年2月5日访问）

[2] The UK government, *Industrial Strategy:Building a Britain Fit for the Future* (November 2017), https://www.gov.uk/government/publications/industrial-strategy-building-a-britain-fit-for-the-future.（参见英国政府官网上的"产业战略：建设面向未来的英国"，2025年2月5日访问）

治理角度不同，英国认为目前尚无得到广泛认可的普遍定义，因此并没有就"人工智能"给予官方的确定性定义，而是通过两项特性因素——"适应性"和"自主性"——来判断某项服务/产品是否会落入依据人工智能的监管理念进行规制的范畴。具体而言，其一，人工智能具有"适应性"，这是指人工智能系统能够根据环境和数据的变化，调整和优化自身的模型和策略，以适应不同的任务和场景。人工智能系统通过一次或连续多次的训练来识别和推断人类难以识别的数据中的模式和联系，通过这种训练，人工智能系统能够发展出新形式的推理能力。例如，在交通运输领域，人工智能系统可以通过分析复杂的交通数据和模式，为自动驾驶车辆和智能交通系统提供更高级的决策和操作能力。其二，人工智能具有"自主性"，这是指人工智能系统能够在一定程度上自主地进行学习、推理和决策，而无须人类的干预和控制。人工智能的训练方式决定了它难以解释系统得出某项结果的目的或逻辑，因此人工智能难以为其结果负责。人工智能系统可以在没有人类的明确意图或持续控制下作出决策，这导致使用人工智能带来潜在的风险和责任问题。例如，在金融投资领域，基于人工智能的算法交易系统可能会根据市场数据和模式进行自主的交易决策，如果这些人工智能系统未经充分的监督和控制，可能会产生意想不到的结果，导致金融市场的不稳定或引发风险事件。

由于人工智能的复杂性和难以解释的特性，使用人工智能过程中导致的风险在确定具体责任和追究责任主体方面十分困难。这就需要在金融领域制定相应的指导原则和监管规定，以确保人工智能系统在决策过程中能够透明、可解释，并受到必要的监督和控制，以最大程度地降低潜在的风险和不确定性。同时，由于对人工智能特性的普遍性认识，在其他行业领域，英国政府也逐渐形成了依行业特征进行管理的治理思路。

2.英国模式下的分行业精细化监管

从英国政府对人工智能的监管态度来看，英国政府立足于促进人工智能的发展，且关注到各行业之间的实际差异，努力避免"一刀切"地采用一套覆盖全行业各领域的监管手段，避免限制不同行业人工智能技术的发展。

英国政府倾向于采取情境化的方法，根据人工智能在特定应用中可能产生的结果来进行监管。英国政府认为，将所有关键基础设施中的人工智能应用一概划分为高风险不是合理有效的做法，某些情形下在关键基础设施中使用人工智能的风险可能相对较低，比如将人工智能应用于识别机械表面划痕。同样，对于同一类的人工智能聊天机器人，用于在线服装零售客服，与用于医疗诊断过程，受到的监管应当有所区别。而所谓"情境化的方法"，就是对具体情境作出区分使监管框架能够以相称的方式回应风险水平，避免扼杀创新或错失利用人工智能带来社会利益的机会。只有这样，监管机构才能够充分权衡使用人工智能的风险和错失利用其机会的成本，监管措施才不至于扼杀创新或错失利用人工智能带来社会利益的机会。

为了实现这种情境特定性，英国政府决定授权现有的各行业监管机构使用更为普遍性、可跨领域适用的原则，因为在其专业领域内的监管机构才最适合进行详细的风险分析和执法活动。

（二）重点行业治理特点与制度

上文从英国的"人工智能观"出发，探究英国如何看待人工智能本身及其发展。正是基于前述对人工智能特征的认识，英国产生了"定制化监管"的需求。本节将通过举例说明英国人工智能治理理念在重点行业中的应用，进一步展示英国去中心化的监管思路。

1. 自动驾驶领域

英国在自动驾驶领域已有相应的专门性立法，为《2018年自动驾驶汽车和电动车法》。该法侧重于保障自动驾驶汽车的安全，以及自动驾驶汽车事故能有充分的保险或赔偿机制。该法涵盖了自动驾驶汽车登记、事故责任分配、共同过失、保险公司向事故责任人提出索赔的权利、法令的适用、国务卿关于本部分运行情况的报告和解释等内容。自动驾驶汽车行业存在产业链长、参与主体多、主体间界限不明晰的问题，自动驾驶汽车事故损害赔偿责任分配问题更是各国重点关注的问题。对此，英国成为全球首个在立法上落实此类损害赔偿责任问题的国家，也充分体现出英国对人工智能领域问题的积极探索。

2. 金融领域

英国在金融行业领域也制定了关于人工智能使用的监管框架。金融行业作为被各国共识认为系严监管的领域，同样需要在其系统与产品中使用人工智能时遵守相关的监管框架。与此同时，英国金融行为监管局以及英格兰银行采取的是"技术中立"的监管思路，这意味着英国并不规定或禁止有关金融机构使用某一特定的技术，即在金融服务领域尚没有明确禁止使用人工智能的规定。[1]

在金融领域部署人工智能产品或服务需要仔细考量现有的监管架构。例如，有关机构首先需要遵循英国金融行为监管局与审慎监管局（Prudential Regulation Authority）设立的总原则与部分基础规定，如平等对待客户、提供的服务明确、公平且没有误导性等。[2] 2023年10月26日，英格兰银行、审慎监管局和金融行为监管局发布了关于人工智能和机器学习的回应文件。回应文件总结了业界对英国金融当局拟议的人工智能监管方法的反馈，并指出

---

[1] Simon Treacy & Sophia Le Vesconte, *How AI in Fiancial Services is Regulated in the UK?* (October 2021), https://www.linklaters.com/en/knowledge/publications/alerts-newsletters-and-guides/2021/october/07/how-ai-in-financial-services-is-regulated-in-the-uk.（参见年利达律师事务所官网上的"英国如何监管金融服务领域的人工智能"，2025年2月5日访问）

[2] John Salmon, Leopold von Gerlach, and Daniel Lee, *AI Regulation in Fiancial services in the EU and the UK: Governance and Risk Management* (May 2023), https://www.hoganlovells.com/en/publications/ai-regulation-in-financial-services-in-the-eu-and-the-uk-governance-and-risk-management.（参见英国霍金路伟国际律师事务所官网上的"欧盟和英国金融服务领域的人工智能监管：治理和风险管理"，2025年2月5日访问）

了英国金融当局未来可能如何处理人工智能监管。英国金融监管规则下的风险评估标准与欧盟《人工智能法案》的风险评估标准存在差异。[1] 在讨论文件中，英国金融当局确定了非常详尽的可能影响金融领域的人工智能相关风险，包括消费者保护、竞争、财务安全和稳健性、保险保单持有人保护、金融稳定和市场诚信。[2] 在回应文件中，受访者普遍认为人工智能监管应以风险为中心，但不同于欧盟《人工智能法案》对个人主体权益的关注，许多受访者建议英国金融监管机构将金融稳定等其他方面的风险纳入风险考虑因素。因此对于企业而言，或许应当制订适应英国特定的监管要求的合规计划，而非使用欧盟《人工智能法案》的"高水位线"作为人工智能治理和合规的参考标准。[3]

3.公共部门领域

英国政府认识到人工智能技术的发展对企业和公共部门的重要性，对于公共部门的工作人员来说，人工智能技术的使用意味着他们花在基本任务上的时间减少，这将使他们有更多时间投入改善公共服务的创新方式上。为了使公共部门了解人工智能并抓住机遇，2020年1月，英国政府数字服务局和人工智能办公室联合发布了关于如何在公共部门构建和使用人工智能的指南，主要内容包括评估、规划和管理人工智能，以合乎道德和安全

---

[1] Bank of England, *FS2/23-Artificial Intelligence and Machine Learning*, https://www.bankofengland.co.uk/prudential-regulation/publication/2023/october/artificial-intelligence-and-machine-learning.（参见英国银行官网上的"FS2/23人工智能和机器学习"，2025年2月5日访问）

[2] Bank of England, *DP5/22-Artificial Intelligence and Machine Learning*, https://www.bankofengland.co.uk/prudential-regulation/publication/2022/october/artificial-intelligence.（参见英国银行官网上的"DP5/22人工智能和机器学习"，2025年2月5日访问）

[3] Debevoise&Plimpton, *UK Financial Regulators Publish Response to AI Consultation—Seven Takeaways*, https://www.debevoise.com/insights/publications/2023/11/uk-financial-regulators-publish-response-to-ai.（参见德普律师事务所官网上的"英国金融监管机构发布对人工智能咨询的回应——七大要点"，2025年2月5日访问）

的方式使用人工智能，以及人工智能使用的部分示例。[①]此外，英国公共生活标准委员会（Committee on Standards in Public Life，CSPL）作为为英国政府提供关于公共服务道德伦理标准建议的咨询性非政府部门，在2019年启动了人工智能与公共标准审查。根据公共部门人工智能技术应用的特殊场景，CSPL通过调查样本案例形成了十五项人工智能和公共标准最佳实践，为公共部门的人工智能技术应用提供了标准化操作指南。

4.版权保护领域

就人工智能版权而言，根据英国法律，完全由人工智能生成的作品，可能获得版权。但是在保护期限上，自然人作者创作的作品的保护期是70年，而人工智能生成作品的保护期将缩短为50年。早在《1988年版权、外观设计和专利法案》（Copyright，Designs and Patents Act 1988）[②]中便有针对计算机生成物的相关规定，即"对于计算机生成的文字、戏剧、音乐或艺术作品而言，作者应是对该作品的创作进行必要安排的人"。[③]自2021年10月29日起，英国知识产权局公开就人工智能版权制度征求意见，并在2022年6月对人工智能版权和专利的咨询进行了回应，其中与AIGC相关的部分回应主要为：对于计算机生成的作品，英国知识产权局没有修改相关立法的计划，因为目前人工智能的使用仍处于早期阶段，尚没有证据表明对计算机生成作品的保护是有害的。英国上议院通信和数字委员会主席曾发表观点称，人工智能大语言模型的快速发展很可能对社会产生深远影响，因此，政府必须采取

[①] The Government Digital Service and the Office for Artificial Intelligence, *A guide to using artificial intelligence in the public sector*, https://www.gov.uk/government/collections/a-guide-to-using-artificial-intelligence-in-the-public-sector.（参见英国政府官网上的"公共部门使用人工智能的指南"，2025年2月5日访问）

[②] The UK government, *Copyright, Designs and Patents Act 1988* (Aprial 1988), https://www.legislation.gov.uk/ukpga/1988/48/contents.

[③] Intellectual Property Office, *Copyright, Designs and Patents Act 1988*, https://assets.publishing.service.gov.uk/media/60180c2b8fa8f53fc62c5897/Copyright-designs-and-patents-act-1988.pdf.

恰当的监管手段，避免采取过于谨慎的监管态度导致错失人工智能发展机会，而是要采取适度和务实的手段利用人工智能机遇，应对人工智能风险，真正从技术变革中受益。

此外，英国正在推进更敏捷的人工智能监管，为监管机构提供应对人工智能风险和挑战的工具，2024年2月6日，英国科学、创新和技术部和英国研究与创新部发布了对人工智能白皮书咨询的回应，包括通信办公室（Office of Communication，OFCOM）和竞争与市场管理局（Competition and Markets Authority，CMA）在内的主要监管机构被要求在2024年4月30日之前公布其人工智能监管的方法。具体而言，监管机构需列出各自领域与人工智能相关的风险，详细说明其当前应对人工智能风险的技能和专业知识，以及未来一年的人工智能监管计划。与此同时，英国政府宣布投入1000万英镑，用于帮助监管机构开发尖端研究和实用工具，以监测和应对其行业的风险和机遇，从而提高监管机构应对人工智能风险和利用人工智能机遇的能力。[①]

四、合规要点

自英国脱欧以来，拟进入欧洲市场的企业逐渐意识到欧盟—英国层面的双层合规的重要性，对此，对于拟在泛欧洲国家部署其人工智能产品或服务的企业，建议重点关注以下合规问题。

（一）确定适用的人工智能监管规范与范围

对于拟进入欧洲市场的人工智能企业而言，其应当首要关注人工智能监

---

① Department for Science, Innovation and Technology, UK Research and Innovation, and The Rt Hon Michelle Donelan MP, *UK signals step change for regulators to strengthen AI leadership*, https://www.gov.uk/government/news/uk-signals-step-change-for-regulators-to-strengthen-ai-leadership.（参见英国政府官网上的"英国发出信号，要求监管机构采取重大变革，加强人工智能领导地位"，2025年2月5日访问）

管思路和监管方向，英国采取的做法明显与欧盟不同。如前所述，欧盟对于人工智能的监管思路延续了横向监管为基础、风险规制为主要方式的综合性立法趋势。相比之下，英国于2023年3月底发布的人工智能白皮书显示，英国为了平衡成为人工智能超级大国的目标与按比例监管人工智能带来的严重风险，采取了去中心化、开放性、常识性、以结果为导向的行业自治监管方法。企业实践落地人工智能产品或服务时，首先要确定在何种程度与颗粒度上遵守欧盟层面与英国层面的相关法律法规，否则可能会给企业带来不必要的过于繁重的合规成本，或是忽略欧盟层面监管与英国层面监管的重合性范围而无法确定其应当按照较严谨或较宽松的合规要求开展业务。例如，欧盟对人工智能采取了相对固定且狭义的人工智能定义方式。自2022年《人工智能法案》妥协版本以来，欧盟理事会及欧洲议会认为"人工智能系统"的定义范围应在2021年《人工智能法案》提案的基础上适当缩窄，[①]并侧重强调机器学习的方法，这一思路和定义延续至了通过版本的《人工智能法案》。相比之下，英国人工智能白皮书给出了更广泛的定义，将人工智能定义为具有"适应性"和"自主性"功能的产品和服务。这一广泛的定义为法规适用提供了较大可裁量空间，优势是可以随着技术的不断发展进行灵活的应用和修改，但相应的监管力度偏弱，监管范围可解释性大。对于企业而言，在人工智能研发阶段之初就应首先识别不同监管法规的适用性以及适用重合性，以便规划后续产品与技术的研发、调整以及配套合规政策与内部政策文件的设计。

---

① 2021年《人工智能法案》提案对人工智能的界定标准相对宽泛，该提案第3条对人工智能的定义为："人工智能系统指采用附录1中所列的一种或多种技术和方法开发的软件，该软件能生成影响交互环境的输出（如内容、预测、建议或决策），以实现人为指定的特定目标。"其中，附录1列举的技术方法主要包括：机器学习方法（包括监督、无监督、强化和深度学习）；基于逻辑和知识的方法（包括知识表示、归纳编程、知识库、影响和演绎引擎、符号推理和专家系统）；统计方法，贝叶斯估计，以及搜索和优化方法。

（二）追踪主管行业立法与监管措施

与欧盟对人工智能系统风险进行分类并分别配备不同程度的监管措施不同，英国着力避免针对特定产品的分类，而是倾向于基于结果的监管。英国对于人工智能的治理原则核心即促进创新，且在提出五大规制性原则之外，明确具体的监管措施将由不同领域的主管机构因地制宜发布配套规则，这样看似契合人工智能内在的发展性与多样性的监管思路，在实践中可能给监管执法机构与企业开展业务带来了相对较多的不确定性。因此，建议企业在投放具体人工智能产品/服务之前先行确定其所处领域的主管机构是否对人工智能的规范有针对性的立法与政策文件，如在汽车自动驾驶领域以及金融行业已有部分政策文件涉及人工智能在具体业务场景中的应用，企业在实践中可尝试追踪行业惯例以及主管部门监管动态从而动态调整自身业务的研发与应用。

（三）关注持续性合规义务与成本

鉴于英国人工智能现有立法状态虽然延续了其作为普通法国家的核心，但在人工智能飞速发展的现代社会中，人工智能系统与服务实施，在研发阶段、测试阶段以及上市之后均需要企业履行持续性义务以保证时刻监测与排查人工智能可能给社会与公众带来的潜在危险，而仅从纲领性的原则性规定角度出发，延伸至何种明确的义务与责任尚存在很大困难，这将会导致监管执法机构与企业均可能无法明确，某一人工智能系统或服务是否合乎规范性规定，是否存在内在的风险而未进行识别与排查。在此基础上，企业应当持续性关注目前已被广泛认可的指南性文件和/或实验项目，如由美国国家标准与技术研究院（National Institute of Standards and Technology，NIST）颁布的《人工智能风险管理框架》（AI Risk Management Framework，AI RMF），要求从人工智能的设计到部署均做到至少在行业水准层面合法合规。此外，英国政府于2023年11月向英国上议院提出了《人工智能（监管）法案》[Artificial Intelligence (Regulation) Bill]，[1]该法案为开发、部署或使用人工智能系统的企业提出部分新的合规要求，如企业可能会被要求任命一名人工智能负责人，以确保人工智能使用的安全性、合乎道德性、不存在歧视与偏见等问题。该法案同时提出设立统一的人工智能监管主体，这与人工智能白皮书提出的去中心化原则看似存在冲突。此外，《人工智能（监管）法案》提出了开发、部署或使用人工智能的企业有义务允许由人工智能监管主体认可的独立第三方对其流程和系统进行审计，这对于仅仅是使用第三方开发的人工智能技术/产品的企业而言，无形中增加了更多长期、持续性的合规工作，提高了合规成本。因此，无论是作为人工智能技术/产品的提供方还是使用方，对于人工智能领域的合规问题都应当给予持续性的重视与关注，并尽早调整企业内部的合规治理制度与政策，了解企业所开发或使用的不同系统、涉及的模型基本情况以及数据类型，并从协议与技术层面确保人工智能使用的安全性与合法合规。

（四）关注人工智能训练数据的版权合规

2024年2月2日，英国上议院通信和数字委员会发布《大语言模型和生成式人工智能报告》，呼吁政府支持版权所有者，建议政府采取一系列措施，包括让权利人检查训练数据是否侵犯版权，投资新的数据集以鼓励科技公司为许可内容付费，以及要求科技公司声明其网络爬虫的用途，从而限制科技公司未经许可或支付费用使用受版权保护的材料来训练大语言模型。为了引导英国取得积极成果，委员会提出了十项核心建议措施，这些措施包括增加机会、应对风险、支持有效的监管监督（包括确保公开竞争和避免老牌科技

---

[1] UK parliament, *Artificial Intelligence (Regulation) Bill*, https://bills.parliament.uk/publications/53068/documents/4030.

巨头的市场主导地位)、实现人工智能白皮书中设定的目标、引入新标准以及解决版权纠纷。[①]对于企业而言,一方面,要积极关注大模型训练使用的训练数据是否侵犯版权或是否支付费用;另一方面,人工智能自动生成的作品在英国法律下受版权法保护,企业要避免侵犯此类作品的版权。

[①] UK Parliament, *UK will miss AI goldrush unless Government adopts a more positive vision*, https://committees.parliament.uk/committee/170/communications-and-digital-committee/news/199728/uk-will-miss-ai-goldrush-unless-government-adopts-a-more-positive-vision/.

第十章 | 日本生成式人工智能合规框架

一、日本生成式人工智能合规监管体系概述

（一）日本生成式人工智能治理的基本原则

在2023年开始的生成式人工智能浪潮之前，日本政府就已经制定和实施了《AI战略2019》《AI战略2021》《AI战略2022》《以人为中心的AI社会原则》等基本战略以及理念，以促进日本人工智能技术发展。2025年2月，日本政府基于七国集团峰会（G7）2023年"广岛AI进程"确定的方针，由内阁府发布的AI战略相关《中期报告》进一步明确了日本人工智能相关制度设计的四项基本原则："风险应对与促进创新并重""构建应对技术与商业快速变化的灵活制度""与国际各国之间的互通互用""政府机构妥善利用AI技术"。① 2025年5月28日，日本参议院以214票赞成对187票反对通过了《关于推进人工智能相关技术研发与应用的法律》（以下简称《日本AI法》），该法于2025年6月4日正式公布。《日本AI法》进一步规定了日本人工智能研发和应用的基本原则：考虑到人工智能在经济社会和安全保障方面的重要性，应保持相关技术研发能力，提高国际竞争力，有计划地推进基础研究到应用落地的综合发展；为应对人工智能犯罪行为、个人信息泄露、侵犯著作权等法律风险，日本将采取措施确保人工智能研发和应用过程中的透明度；

---

① 参见《中間とりまとめ（2025年2月2日 AI戦略会議・AI制度研究会）》，载日本内阁府，https://www8.cao.go.jp/cstp/ai/interim_report.pdf，2025年6月10日访问。

日本将努力在国际合作下主导参与制定人工智能研发和应用的国际规则。

（二）主要治理主体以及职责

鉴于《日本AI法》是以推动政府促进人工智能发展为核心的法律，并未强调人工智能治理监管相关的义务与处罚，因此针对日本人工智能治理，仍需要以此前日本各政府部门在各自权责范围内进行的大量讨论，并根据技术发展制定的符合当下技术发展的指导性文件为准。

表37　日本各部门的立法讨论以及制定的文件

	部门	目前的立法讨论以及制定的文件
1	日本内阁府	日本内阁府通过设置如下会议制度制定国家AI战略： （1）AI战略会议（2023年4月开始） 日本2023年4月内阁府正式成立新的"AI战略会议"，针对"ChatGPT"等不断快速普及的AIGC技术，统筹日本各部门，共同讨论与人工智能相关的国家战略。AI战略会议2025年2月4日发布了《中期报告》，在该文件中AI战略会议基于当前AI发展明确了日本AI治理的基本原则与具体制度、实施策略的方向 （2）AI战略小组 践行AI战略会议的各相关部门组成的会议小组，包括内阁府科学技术创新推进事务局、数字化厅、总务省、外务省、文部科学省、经济产业省、内阁府知识产权战略推进事务局、个人信息保护委员会事务局 （3）AI制度研究会 2024年7月在AI战略会议下设置的AI制度研究会，由相关企业、学者、协会相关人员组成，共同讨论AI相关制度设计
2	日本总务省与经济产业省	日本总务省与经济产业省于2024年4月19日正式发布《AI事业者指南（第1.0版）》，并且于2024年11月22日更新为《人工智能事业者指南（第1.01版）》。该指南在G7的广岛AI进程框架基础下，将日本既有《AI开发指南》《AI使用指南》《AI实践治理指南》整合为《AI事业者指南》，以企对AI开发者、服务提供者、使用者进行统一管理

续表

	部门	目前的立法讨论以及制定的文件
3	内阁府知识产权推进局	2023年10月4日内阁府决定开始召开AI时代的知识产权研讨会,以其解决日本AIGC对已有知识产权体系的挑战和冲击,2024年5月发布了《AI时代的知识产权研讨会中期报告》以说明解释人工智能时代下的知识产权法律适用问题(主要包括著作权、外观设计、商标、不正当竞争等的法律规制)
4	内阁府与日本文化厅	2024年3月15日发布了《有关AI与著作权的思考》以说明解释人工智能时代下的著作权法律适用问题
5	个人信息保护委员会	2023年6月,日本个人信息保护委员会针对ChatGPT的大量应用,发布了《生成式AI服务的使用注意事项》,以帮助个人信息处理者、行政机关了解如何完成AIGC产品的个人信息合规,以及帮助普通用户了解AIGC产品可能会侵害的个人信息权益
6	文部科学省	日本文部科学省2023年7月发布《初高中教育阶段生成式AI利用的暂行指南》
7	法务省	日本法务省2023年8月发布《使用AI等技术提供合同书等相关业务支持服务时与律师法第72条》

二、主要法律规定与监管文件

(一)《日本AI法》

日本于2025年6月4日公布且部分生效("AI基本计划"章节以及"设置AI战略本部"章节等将于公布后三个月内生效)的《关于推进人工智能相关技术研究开发与应用的法律》,除前述第一部分所述的《日本AI法》基本原则外,该法还规定了如下主要内容。

1.AI相关技术定义:指通过人工实现的,替代人类认知、推理和判断等智力功能所必要的,以及利用该技术处理输入信息并输出结果的信息处理系统相关技术。

2.各方责任：国家、地方公共团体、研发机构、应用事业者、国民应当基于《日本AI法》规定的基本原则促进、计划、制定实施以及使用AI技术。

3.AI基本政策：推进研究开发的应用落地；整合训练数据相关基本设施；制定符合国际规范的AI研发应用适用规则；培养相关人才；提升国民相关教育；整合国内外相关资讯；分析相关违法侵权案例并据此制定合规指引；推进国际合作。

4.制定AI基本计划：日本政府根据前述AI基本政策制定"AI基本计划"，具体包括相关政策的基本方针，以及全面、有计划的政策。

5.设立AI战略本部：在内阁下设AI战略本部，负责制定促进、全面推动AI研发及应用的相关政策。

（二）日本生成式人工智能治理的现有法律适用

日本针对人工智能风险治理是以"现有法律的适用与软法（对法律的解释/说明以及非强制性指南/指引）相互配合"的方式进行治理，针对生成式人工智能涉及的法律风险可以通过下述现有法律以及相关软法解释进行治理。

表38 现有法律以及相关软法解释

生成式人工智能相关风险	基于现有法律等的法律规制
向AI输入企业商业秘密	《反不正当竞争法》《民法》中规定的"商业秘密"进行法律规制
AI开发、训练以及生成、使用过程中的著作权侵权	适用《著作权法》进行规制 同时文化厅于2024年3月发布《关于AI与著作权的思考》对AI时代的《著作权法》适用进行了解释说明
AI开发、训练以及生成、使用过程中的工业产权（专利、商标）侵权	适用《外观设计法》《商标法》进行规制 同时AI时代知识产权研讨会于2024年5月发布《AI时代的知识产权研讨会中期报告》对AI时代的知识产权法律适用进行了解释说明

291

续表

生成式人工智能相关风险	基于现有法律等的法律规制
AI开发、训练以及生成、使用过程中涉及的隐私权、个人信息侵权	适用《宪法》（隐私权、肖像权）《个人信息保护法》进行规制
深度合成的声音、肖像等人格权侵权以及犯罪行为	适用如下法律进行规制：《民法》（人格权）、《刑法》（威胁罪、诽谤罪、传播淫秽物品罪、诈骗罪等）、《儿童色情禁止法》、《信息流通平台处理法》（处理侵权信息）
AI对歧视的助长（例如利用AI进行不适当地员工录用、辞退）	适用如下法律进行规制：《仇恨言论消除法》、劳动相关法令、《民法》、《个人信息保护法》、《残疾人歧视消除法》、《部落歧视消除法》
虚假信息生成、传播	适用如下法律进行规制：《民法》（人格权）、刑法（名誉毁损罪）、《信息流通平台处理法》（处理侵权信息）
利用AI制造电脑病毒进行网络攻击	适用如下法律进行规制：《刑法》（与非法指令电子记录相关罪名）、《禁止非法入侵法》
对话型AI引导的人类自杀等	《自杀对策基本法》

（三）日本生成式人工智能现有监管体系

1.《AI事业者指南》下建立的监管体系

日本总务省与经济产业省于2024年4月19日发布了《AI事业者指南》。[①] 该指南为符合日本AI战略基本原则的软法规制（指导性文件）要求的文件，其虽不具有强制效力，但为人工智能行业全生命周期主体在促进创新与降低风险并重的框架下针对全部AI事业者提出了合规建议，并且分别针对AI开发者、AI提供者、AI使用者提出如下合规建议。

---

① 参见《AI事業者ガイドライン案》，载日本経済産業省，https://www.meti.go.jp/shingikai/mono_info_service/ai_shakai_jisso/20240119_report.html，2025年6月10日访问。

（1）AI开发者（AI Developer）

《AI事业者指南》中定义的AI开发者是指进行AI系统研究开发的主体，通过AI模型、算法的开发、数据收集、预处理、AI模型训练与优化，构建包含AI模型、AI模型系统基础设施、输入输出功能等的AI系统。

指南提出的具体合规建议包括：

数据训练：通过隐私设计在收集训练数据时，注意不侵犯第三方的个人信息、知识产权，并且确保在AI全生命周期中合法使用相关数据；在数据训练前、数据训练过程中对训练数据采取合法适当的保护措施；应当注意训练数据、AI模型训练过程中产生的歧视问题，为保证数据质量采取适当措施。

AI开发：避免对人身生命、身心、财产以及自然环境造成危害的AI开发；为避免产生开发时未设想到的使用方法导致的危害，应当制定明确AI安全使用指引；采取技术手段全面审查数据、算法、模型等，避免出现歧视；在AI开发过程中导入安全保护措施；由于AI系统可能在投入使用后与预期产生较大差异，因此应当确保留有相关操作记录。

AI开发后：由于面向AI系统的攻击方式日新月异，因此应当注意相关技术的最新发展；保证AI系统安全、及时适当地向利益相关群体提供AI相关信息，以保证AI透明度要求；向AI提供者说明AI系统/服务在投入使用后可能产生相关风险（包括训练数据、提示词等中可能存在的歧视问题）；就开发过程、重要数据及标签、算法相关信息进行保存。

（2）AI提供者（AI Provider）

《AI事业者指南》中定义的AI提供者是指将AI系统集成到应用程序、产品、现有系统、业务流程等中，向AI使用者提供服务的主体。向AI使用者提供AI系统验证、不同AI系统协作、AI系统相关服务、AI系统运营支持等服务。

指南提出的具体合规建议包括：

安装AI系统：针对可能危害人类生命、身心、财产以及自然环境的风险采取应对措施；协助AI使用者正确使用AI系统，包括正确规定AI系统使用注意事项、在AI开发者设定的范围内使用AI、确保AI系统/服务的准确性，以及必要时要保证训练数据的时效性等；避免AI系统/服务以及数据中包含歧视内容，为此也需要定期进行审查，避免歧视的发生；导入保护隐私、安全保障的技术措施等。

AI系统服务提供后：合法适当地提供系统服务，并对此进行定期检查，确保AI系统/服务未被恶意使用；采取保护隐私的技术措施，对于已经发现的侵犯隐私情形采取措施避免再次发生；应对最新技术措施应对可能针对AI系统/服务不断变化的脆弱性攻击；使用适当方式向利益相关者及时进行信息披露，包括不正确的AI系统/服务使用方式、可能产生的风险以及降低风险的安全性措施等；向AI使用者说明AI系统/服务投入使用后可能产生相关风险（包括AI系统的正确性，以及必要时的时效性、输入个人信息时的留意事项等）；制定明确的服务协议、隐私政策。

（3）AI使用者（AI Business User）

在业务范围内使用AI系统或者使用AI服务的主体，其承担按照AI提供者要求妥善使用、与AI提供者共享环境变化等信息以维持系统的正常运行的职责。同时AI使用者也要注意避免对非AI使用者可能造成的不利影响，实现AI效能最大化。

指南提出的具体合规建议包括：使用AI系统/服务时，遵守AI提供者规定的注意事项，在AI提供者规定使用范围内使用AI系统/服务；确保向AI系统/服务正确输入内容，必要时应当保证时效性；在正确理解AI输出内容的准确性和风险的前提下使用AI系统/服务；避免输入信息导致的歧视问题，如果输出内容将被用于业务决策时应当向相关方进行适当说明；避免输入不适当的个人信息；遵守AI提供者要求的安全保护措施；注意不向AI系统/服务输出不适当的商业秘密；在必要情况下，就使用AI系统/服务输出结果之情形向相关方进行适当必要说明；遵守AI提供者规定的AI系统/服务的服务规定。

2.隐私和数据保护

在AIGC受到普遍关注后，日本个人信息保护委员会（PPC）向公众发布了《生成式AI服务的使用注意事项》（以下简称《注意事项》）。PPC《注意事项》中明确说明，公众应当注意在使用生成式AI过程中，存在违反日本个人信息保护法的可能性，因此在日本使用生成式AI时应当注意如下事项。

个人信息处理者：如果要使用用户输入信息进行训练时，应当保证其使用的个人信息应当在必要范围内，并且应当事先获得个人同意（《个人信息保护法》第27条、第28条）。

行政机关：使用类ChatGPT产品而输入其持有的个人信息时，应保证只能用于特定的目的，且应当最小程度使用（《个人信息保护法》第69条）。

普通用户：应当充分确认线上协议内容，并且在清楚如果输入了个人信息可能被用于正确或者不正确的AI输出之后再行使用类ChatGPT产品。

同时PPC也向运营ChatGPT的OpenAI公司公开发出了要求其遵守日本《个人信息保护法》的注意事项：

（1）在收集用于机器学习的信息中不应包括敏感个人信息；

（2）在获得相关信息后应当尽快采取技术措施删除其中包括的敏感个人信息；

（3）如果在采取上述两项措施后发现仍然包括敏感个人信息，应当在进行训练前尽快删除或者匿名化处理敏感个人信息；

（4）用户如果需要其prompt不允许被机器学习训练，则在没有正当理由时不得处理敏感个人信息。

（5）应当向用户或者用户以外的人发送通知或者以公示的方式告知个人信息的处理目的。

3.知识产权

目前生成式人工智能技术对现有知识产权法律的挑战是最被关注的问题

之一，这其中包括了数据训练过程中的著作权侵权问题、生成物是否受到著作权法保护以及生成物是否侵犯第三方著作权。日本虽然并未针对生成式人工智能知识产权问题进行单独立法，但是以解释现有法律的方式梳理了生成式人工智能的知识产权问题。2024年5月日本内阁府知识产权战略推进事务局发布了《AI时代的知识产权研讨会中期报告》，梳理了人工智能时代下，包括著作权、外观设计、商标、不正当竞争等的知识产权法律适用；另一方面最为受到关注的著作权问题，2024年3月15日日本内阁府与文化厅也发布了《有关AI与著作权的思考》，[1]明确梳理了人工智能时代下的著作权法律适用问题。基于前述两部文件，日本对生成式人工智能的法律规制的基本观点如下。

（1）AI训练过程中作品复制行为是否可以适用《著作权法》项下的合理使用

日本与中国一样，主要也是通过在《著作权法》中的有限列举明确可以不经著作权人授权即可使用作品的合理使用行为。而日本2018年修改的《著作权法》中增加了新的合理使用事项（第30条第4款），其修改正是为了应对物联网、大数据、AI等的"第四次产业革命"的技术发展。

该条增加后，如果将受到《著作权法》保护的作品用于信息分析、技术开发或者试验，如果并非享受作品所表达的思想或者感情，同时不损害著作权人的合法利益，则无论具体如何使用，均可以适用合理使用，即无需获得著作权人授权即可使用作品。

可以看出，"信息分析""技术开发"均明显是AI数据训练过程中的作品复制行为，但是否可以适用前述第30条第4款的其他情形则需要分析。

①AI的数据训练是否并非享受作品所表达的思想或者感情：根据日本

---

[1] 参见《AIと著作権に関する考え方について》，载日本文化厅，https://current.ndl.go.jp/car/218811，2025年6月10日访问。

文化厅对日本《著作权法》在AI使用过程中知识产权问题的解读，AI数据训练并非是以享受作品所表达的思想或者感情作为目的。可以被认为是享受的例子包括阅读图书、使用软件、欣赏音乐、电影，因此原则上AI的数据训练可以不被认为是享受作品所表达的思想或感情。

根据文化厅的举例，例如为了制作3D CG图像，从原始的风景照片中提取"表达特征"的情况下，提取"表达特征"的目的是为了制作用于欣赏享受的3D CG图像，从而无法适用前述条款。

②同时，除了"非享受目的"以外，还不能超过必要的限度或者侵害著作权人的利益：日本文化厅认为在用于AI训练的数据是有偿提供的、或者采取了禁止复制的技术措施、未来存在有偿提供的计划的情况下，如果并非授权进行复制则侵害了著作权人的利益，从而无法适用日本《著作权法》规定的用于信息解析等情形的合理使用。

同时文化厅也提示如果明知训练数据来自于盗版网站仍将相关内容下载复制用于AI训练，同样是可能构成侵犯著作权的。

因此在日本如果要确保训练数据的收集不侵犯第三方著作权，需要事先明确相关数据内容中的著作权权利人是否提供用于AI训练的授权，或者有这样的计划，以及是否采取了禁止下载复制的技术措施，以及确保获得相关数据是来自于合法网站。

（2）AI生成内容是否侵犯第三方著作权

日本《著作权法》判断是否构成著作权侵权的标准为满足依据性要件（与中国《著作权法》的"接触"要件相似，即被控侵权作品是依据权利人原作品创作完成的）与相似性要件（与中国《著作权法》的"实质性相似"要件相似，即与权利人原作品构成实质性相似）的情况下就构成著作权侵权。而AI生成内容的侵权判断与既有的侵权判断标准是相同的，也就是需要判断AI生成物是否是依据权利人原作品创作完成，以及权利人原作品与AI生成物是否构成相似。基于目前日本文化厅的解释，是否基于权利人原作品创作完成需要证明权利人原作品是否被用于AI训练，但只要能证明AI生成物与权利人原作品构成高度近似进行就可以推定权利人原作品被用于该AI的训练，从而满足构成著作权侵权的认定要件。

（3）AI生成物是否可以构成作品

对于AI生成物是否可以构成受到《著作权法》保护的作品，日本《著作权法》是相对清晰的，日本文化厅认为日本《著作权法》项下的作品是独创性地表达思想或者感情的，属于文艺、学术、美术或者音乐范畴的，但AI生成物并非思想或者感情的创作性表达，一般不能构成日本《著作权法》项下的作品，并且受到《著作权法》保护。

但针对何种情况下可以认定AI生成物构成了思想或者感情的创作性表达，则需要根据人类的指示（Prompt）对生成创作性表达的贡献度，指示（Prompt）的次数以及根据人类的选择不断修改/再次指示对生成创作性表达的贡献度，以及生成多个生成物后进行选择对生成创作性表达的贡献度，综合判断是否存在适用《著作权法》作为作品受到保护的可能性。

（4）生成式人工智能的侵权责任主体

针对AI生成物的著作权侵权主体，文化厅解释说明应当根据如下情况判断：

在使用特定生成式人工智能会导致高频度侵权内容，以及AI事业者在明知其生成式人工智能系统/服务容易产生著作权侵权生成物但并未采取避免生成侵权内容的合理措施的情况下，AI事业者将更为有可能作为侵权主体承担著作权侵权责任。

另外，如果在AI事业者已经采取了避免生成侵权内容的相关措施的情况下，其作为侵权主体承担著作权侵权责任的可能性将降低。

图书在版编目（CIP）数据

生成式人工智能法律实务：理论概览与合规要点 / 张欣主编；陈晨，王新锐，吴涵副主编. -- 北京 : 中国法治出版社，2025.8. -- ISBN 978-7-5216-4639-9

Ⅰ. D912.170.4

中国国家版本馆CIP数据核字第2024QD2656号

责任编辑：程　思　　　　　　　　　　　　　　　　封面设计：周黎明

生成式人工智能法律实务：理论概览与合规要点
SHENGCHENGSHI RENGONG ZHINENG FALÜ SHIWU：LILUN GAILAN YU HEGUI YAODIAN

主编/张　欣
副主编/陈　晨　王新锐　吴　涵
经销/新华书店
印刷/保定市中画美凯印刷有限公司
开本/710毫米×1000毫米　16开　　　　　印张/19.75　字数/271千
版次/2025年8月第1版　　　　　　　　　　2025年8月第1次印刷

中国法治出版社出版
书号ISBN 978-7-5216-4639-9　　　　　　　　　　　　　定价：79.00元

北京市西城区西便门西里甲16号西便门办公区
邮政编码：100053　　　　　　　　　　　　　传真：010-63141600
网址：http://www.zgfzs.com　　　　　　　　编辑部电话：010-63141806
市场营销部电话：010-63141612　　　　　　　印务部电话：010-63141606
（如有印装质量问题，请与本社印务部联系。）